金融学系列

清廉金融

从大学迈入实践前沿的人生基石

何鹏程　陈志法　曹　啸　主编

上海财经大学出版社
SHANGHAI UNIVERSITY OF FINANCE & ECONOMICS PRESS
上海学术·经济学出版中心

图书在版编目(CIP)数据

清廉金融：从大学迈入实践前沿的人生基石 / 何鹏程，陈志法，曹啸主编. --上海：上海财经大学出版社，2024.9

（匡时. 金融学系列）

ISBN 978-7-5642-4381-4/F.4381

Ⅰ. ①清… Ⅱ. ①何… ②陈… ③曹… Ⅲ. ①金融业—廉政建设—中国—高等学校—教材 Ⅳ. ①F832.1 ②D630.9

中国国家版本馆 CIP 数据核字(2024)第 092029 号

本书得到上海市银行同业公会资助

□ 责任编辑 林佳依
□ 封面设计 张克瑶

清廉金融

从大学迈入实践前沿的人生基石

何鹏程 陈志法 曹 啸 主编

上海财经大学出版社出版发行
（上海市中山北一路 369 号 邮编 200083）
网 址：http://www.sufep.com
电子邮箱：webmaster @ sufep.com
全国新华书店经销
上海华业装璜印刷厂有限公司印刷装订
2024 年 9 月第 1 版 2025 年 7 月第 2 次印刷

---

787 mm×1092 mm 1/16 14.75 印张(插页：2) 314 千字
定价：52.00 元

编委会名单

序　言

金融是国民经济的血脉，是国家核心竞争力的重要组成部分。习近平总书记在省部级主要领导干部推动金融高质量发展专题研讨班开班式上发表重要讲话时指出，“推动金融高质量发展、建设金融强国，要坚持法治和德治相结合，积极培育中国特色金融文化”。这一重要论述把中国特色金融文化建设摆在金融强国建设的重要位置，赋予中国特色金融文化建设助推金融高质量发展的使命任务。

文化建设的本质是以文化人，高校在其中承担着重要作用。作为以经济金融见长的财经类高校领头羊，上海财经大学始终秉持“厚德博学、经济匡时”的校训精神，着力培养具有坚定理想信念、全球视野和民族精神，富有创造力、决断力、组织力、坚韧力的卓越财经人才。2020 年，银保监会（2023 年改组为国家金融监督管理总局）开展清廉金融进校园活动，学校积极响应并与银保监会上海监管局（2023 年改组为国家金融监督管理总局上海监管局）开始合作，2021 年双方签订了合作协议。

2022 年，上海财经大学与银保监会上海监管局合作开发了“清廉金融：思想政治与职业道德”慕课，并在智慧树平台上线。其中，我以“做传承中国精神的金融青年”为题主讲了慕课的第一讲。2023 年、2024 年，双方又连续两年共同举办“毕业季廉洁文化主题分享”活动，对毕业生入行之前开展职业道德教育，为廉洁从业奠定思想基础，并发起成立了“沪上财经类高校清廉金融文化建设联盟”，在社会各界引起积极反响。

在此过程中，双方依托合作框架，协同上海市银行同业公会和上海市保险同业公会，启动了《清廉金融：从大学迈入实践前沿的人生基石》教材编写工作，希望为教育引导广大金融专业学生增强责任感和使命感、塑造良好的金融职业道德品质提供教材支撑。历经两年多的深入金融机构实地调研，广泛吸收借鉴业界经验，以及积极听取学生和教师的意见，数易其稿，精心打磨，这才有了呈现在读者面前的这本教材。本教材具有以下三个特点：

一是在专业课程中有机融入了思政元素。本教材是一本金融专业教材，用翔实的案例告诉同学们，未来走上金融行业实践工作岗位后，需要具备的职业道德素养和承担的社会责任，金融从业人员的行为规范要求以及金融机构合规和风控制度的内在逻辑。同时，本教材将习近平总书记关于廉洁文化建设的重要论述和指示批示精神有机融入，让同学们真正理解扣好金融人生“风纪扣”“思想扣”和“文化扣”的意义和价值。

二是在理论传授中有机融入了实践元素。本教材由上海财经大学、国家金融监督管理总局上海监管局协同上海市银行同业公会和上海市保险同业公会共同编写，并多次召开教材编写专题研讨会，广泛凝聚了金融监管机构、同业公会、各个金融机构以及高校的知识、智慧与力量，打破了传统金融教材高度理论化、与实践相脱节的局限，使得本教材在理论性和实践性上实现了较好的融合。

三是在时代特征中有机融入了传统元素。本教材在内容编排上从中国历史和革命史中探寻清廉金融的文化传统和红色基因，从中国金融改革开放的初心出发，探究中国特色金融强国使命对于人才培养的要求，既具有历史的厚重感，也体现了鲜明的时代特征。同时，本教材注重用案例剖析金融行业的本质规律，从中提炼金融从业者应具备的基本职业道德与应承担的社会责任，以起到警示教育作用。

整体上，本教材力求以通俗简练的语言为读者表达专业复杂的清廉金融教育内容，期望能为广大师生及金融从业者提供有价值的参考，为推动清廉金融思政教育事业的发展贡献重要力量，充分体现了上财人“经济匡时”的精神追求。当然，任何一本教材都有一个不断更新优化的过程，希望广大师生在教材使用的过程中不吝提出宝贵意见。

是为序！

上海财经大学党委书记　许涛

2024 年 6 月

前　　言

金融强，则国家强！加快建设金融强国是全面建成社会主义现代化国家的需要。它不仅关系到一个国家经济的繁荣和社会的稳定，而且是推动社会进步和文明发展的重要力量，而培育中国特色金融文化则是推进金融高质量发展、建设金融强国的文化根基。清廉的品德与操守是中国特色金融文化的核心内涵之一。基于此，近年来国家金融监督管理总局大力开展“清廉金融进校园”工作，对于新时代金融人才的培养工作发挥了积极的作用。

在国家金融监督管理总局上海监管局的积极支持和指导下，在上海市银行同业公会以及上海市保险同业公会的热心协助下，从2020年开始，上海财经大学金融学院与多家金融机构合作开设了“清廉金融——思想政治与职业道德”的思政慕课以及本科生和研究生的思政课程，得到了学生的欢迎和好评。

在课程讲授的基础上，我们着手编写了《清廉金融：从大学迈入实践前沿的人生基石》的教材。作为一本面向金融专业的思政教材，编写工作从2022年开始，为了实现将思政教育融于专业内容的目标，编委会多次召开专业研讨会，多方听取意见建议，历经三次大改，几易其稿，在各方的无私帮助下，终于成稿。

本书共有九个章节，由教材编委会的相关成员和上海财经大学金融学院的五位博士研究生同学合力完成，五位博士生分别承担了相关章节的编写任务：郑安迪（导论、第五章）、李雨杭（第一、六、九章）、张瑞峰（第二、八章）、张年华（第三、四章）、庄凌泽（第七章）。

衷心感谢国家金融监督管理总局上海监管局、上海市银行同业公会以及上海市保险同业公会领导及相关工作人员的支持，衷心感谢上海相关金融机构专家的指导。最后，特别致谢上海财经大学出版社的黄磊董事长和策划编辑王芳老师，黄磊董事长对本书的结构和内容提出了许多完善建议，王芳老师承担了大量校订、修改完善工作，为本书付出了大量的辛勤劳动。

本书初次成稿付印，若存在不足及失误之处，恳请广大读者给予批评指正。新学年，在大家的鼓励鞭策下，我们将在教学实践中不断总结完善本书，同时以本书为依托，全力将“清廉金融”打造成为受广大师生欢迎的精品思政课程！

作　者

2024 年 6 月

目　录

导　论　扣好金融人生的纽扣 / 1

一、党规党纪：金融人生的“风纪扣” / 3

二、思想政治：金融人生的“思想扣” / 4

三、清廉金融：金融人生的“文化扣” / 5

第一章　中国历史中的清廉金融：优秀文化与传统 / 7

一、中国历史中的廉洁观念 / 7

二、中国历史中的廉洁典故 / 8

三、中国古代“金融机构”的清廉要求 / 21

四、学习廉洁典故的意义 / 30

第二章　中国革命史中的清廉金融：红色基因与传承 / 32

一、清廉金融的红色印记 / 32

二、清廉金融的根基：红色基因的哲学 / 35

三、革命典范：清廉金融的实践者 / 37

四、影响与传承：清廉金融的力量 / 44

第三章　中国金融改革与开放中的清廉金融：目标与初心 / 46

一、中国金融改革与开放：历史回顾 / 46

二、中国金融改革历程中的问题与挑战 / 48

三、清廉金融对中国金融改革顺利推进的意义和价值 / 52

第四章　习近平新时代中国特色金融建设中的清廉金融：强国目标与使命 / 58

一、新时代中国金融的创新发展 / 58

二、清廉金融对实现金融强国目标的意义 / 60

三、清廉金融对于中国式现代化人才培养的意义和价值 / 68

第五章　全球视野下的清廉金融：金融伦理与哲思 / 70
一、早期西方金融伦理 / 70
二、近现代西方金融伦理 / 74
三、西方金融伦理的缺陷 / 89

第六章　金融行业实践中的清廉金融：职业道德 / 93
一、金融职业道德与操守 / 93
二、金融机构对从业人员行为规范的总体要求 / 99
三、清廉金融对职业道德的新要求 / 114

第七章　金融行业前沿中的清廉金融：合规与风控 / 133
一、金融机构合规与风控的内涵、演进与意义 / 133
二、我国金融机构合规管理与风险控制的现状与存在的问题 / 138
三、清廉金融思想政治教育对金融机构合规与风险的价值 / 141
四、金融机构的合规要求与从业人员行为规范 / 143
五、金融机构的风控要求与从业人员行为规范 / 164

第八章　金融从业人员的行为底线与清廉金融：预防金融犯罪 / 182
一、金融从业人员的红线和底线 / 182
二、我国金融行业犯罪现象、原因及防范措施 / 185
三、清廉金融思想政治教育与金融犯罪的预防 / 194

第九章　开展清廉金融思想政治教育的工作方法与经典案例 / 199
一、清廉金融思想政治教育机制的构建 / 200
二、如何进行清廉金融思想政治教育 / 206
三、开展清廉金融思想政治教育工作的优秀案例 / 212

参考文献 / 222

跋 / 225

导　论

扣好金融人生的纽扣

2024 年 1 月，习近平总书记在省部级主要领导干部推动金融高质量发展专题研讨班开班式上发表重要讲话，再次强调把“坚持把金融服务实体经济作为根本宗旨”作为中国特色金融发展之路的重要内容，提出“积极培育中国特色金融文化，做到诚实守信，不逾越底线；以义取利，不唯利是图；稳健审慎，不急功近利；守正创新，不脱实向虚；依法合规，不胡作非为”，要求各级领导干部要增强金融思维和金融工作能力，坚持经济和金融一盘棋思想，认真落实中央金融工作会议的各项决策部署，统筹推进经济和金融高质量发展，为以中国式现代化全面推进强国建设、民族复兴伟业做出新的更大贡献。

这不是习近平总书记第一次强调金融文化建设问题。多年以来，习近平总书记一直高度关注金融行业清廉文化建设工作。

2017 年 4 月 25 日，习近平总书记在全国金融工作会议上指出，防止发生系统性金融风险是金融工作的永恒主题。要把主动防范化解系统性金融风险放在更加重要的位置，科学防范，早识别、早预警、早发现、早处置，着力防范化解重点领域风险，着力完善金融安全防线和风险应急处置机制。

2019 年 1 月 11 日，在中国共产党第十九届中央纪律检查委员会第三次全体会议上，习近平总书记强调，要坚持靶向治疗、精确惩治，聚焦党的十八大以来着力查处的重点对象，紧盯事关发展全局和国家安全的重大工程、重点领域、关键岗位，加大金融领域反腐力度，对存在腐败问题的，发现一起坚决查处一起。要深化标本兼治，夯实治本基础，一体推进不敢腐、不能腐、不想腐。同年 2 月 22 日，在主持中共中央政治局第十三次集体学习时，习近平总书记又发表重要讲话，再度强调坚决打好防范化解包括金融风险在内的重大风险攻坚战，推动我国金融业健康发展。习近平总书记指出，防范化解金融风险，特别是防止发生系统性金融风险，是金融工作的根本性任务。

2020 年 1 月 13 日，习近平总书记在中国共产党第十九届中央纪律检查委员会第四次全体会议上强调，要坚决查处各种风险背后的腐败问题，深化金融领域反腐败工作，加大国有企业反腐力度，加强国家资源、国有资产管理，查处地方债务风险中隐藏的腐败问题。

2021年1月22日，习近平总书记在中国共产党第十九届中央纪律检查委员会第五次全体会议上指出，要坚定不移推进反腐败斗争，不断实现不敢腐、不能腐、不想腐一体推进战略目标。要将正风肃纪反腐与深化改革、完善制度、促进治理贯通起来，用好“四种形态”，综合发挥惩治震慑、惩戒挽救、教育警醒的功效。要持续压实金融管理部门、监管机构和地方党委、政府主体责任，做好金融反腐和处置金融风险统筹衔接，强化金融领域监管和内部治理。要将防腐措施与改革举措同谋划、同部署、同落实，推进重点领域监督机制改革，有针对性地补齐制度短板。

2021年8月17日，习近平总书记在中央财经委员会第十次会议上发表重要讲话强调，共同富裕是社会主义的本质要求，是中国式现代化的重要特征，要坚持以人民为中心的发展思想，在高质量发展中促进共同富裕；金融是现代经济的核心，关系发展和安全，要遵循市场化法治化原则，统筹做好重大金融风险防范化解工作。要坚持底线思维，增强系统观念，遵循市场化法治化原则，统筹做好重大金融风险防范化解工作。要夯实金融稳定的基础，处理好稳增长和防风险的关系，巩固经济恢复向好势头，以经济高质量发展化解系统性金融风险，防止在处置其他领域风险过程中引发次生金融风险。要落实地方党政同责，压实各方责任，畅通机制、明确职责、分工配合、形成合力。要落实全面从严治党要求，提升金融系统干部队伍监管能力，提高监管数字化智能化水平，一体推进惩治金融腐败和防控金融风险，加快重点领域改革，做好金融市场舆情引导。要加强金融法制和基础设施建设，深化信用体系建设，发挥信用在金融风险识别、监测、管理、处置等环节的基础作用。

2022年1月18日，习近平总书记在中国共产党第十九届中央纪律检查委员会第六次全体会议上指出，2022年是党的十八大以来第十个年头，十年磨一剑，党中央把全面从严治党纳入“四个全面”战略布局，以前所未有的勇气和定力推进党风廉政建设和反腐败斗争，刹住了一些多年未刹住的歪风邪气，解决了许多长期没有解决的顽瘴痼疾，清除了党、国家、军队内部存在的严重隐患，管党治党宽松软状况得到了根本扭转。

不过，习近平总书记还指出，要保持反腐败政治定力，不断实现不敢腐、不能腐、不想腐一体推进的战略目标，我们就必须清醒认识到：腐败和反腐败较量还在激烈进行，并呈现一些新的阶段性特征，防范形形色色的利益集团成伙作势、“围猎”腐蚀还任重道远，有效应对腐败手段隐形变异、翻新升级还任重道远，彻底铲除腐败滋生的土壤、实现海晏河清的社会环境还任重道远，清理系统性腐败、化解风险隐患还任重道远。我们要保持清醒头脑，永远吹冲锋号，牢记反腐败永远在路上。只要存在腐败问题产生的土壤和条件，腐败现象就不会根除，我们的反腐败斗争也就不可能停歇。领导干部特别是高级干部要带头落实《关于加强新时代廉洁文化建设的意见》，从思想上固本培元，提高党性觉悟，增强拒腐防变能力。领导干部要增强政治敏锐性和政治鉴别力。领导干部特别是高级干部一定要重视家教家风，以身作则管好配偶、子女，本分做人、干净做事。

习近平总书记关于金融发展的重要论述内涵丰富、思想深刻，是习近平新时代中国特色社会主义经济思想的重要组成部分，为做好新时代金融工作、推动中国金融高质量发展奠定了坚实理论基础、提供了需要遵循的根本原则，为清廉金融体系的构建和相关工作开展提供了行动指南。金融是国民经济的命脉，是现代经济的核心。因此，我们必须以习近平新时代中国特色社会主义思想为指导，深入学习领会习近平总书记关于金融工作和全面从严治党的重要论述及指示批示精神，以期更科学、更有效地推动我国清廉金融文化建设走深走实。

金融反腐不单是金融行业内部的问题，更与防范化解风险、维护国家安全、落实党对国家的全面领导息息相关。因此，既是响应党政工作的号召，又是为了行业健康发展、国家经济增长和保障国家安全的需要，建立正确的从业观念、树立积极的从业目标，融入中国特色的金融文化，应该是金融人进入金融行业不可或缺的第一门课。正如习近平总书记所说，“扣好第一颗扣子”至关重要。

一、党规党纪：金融人生的“风纪扣”

习近平总书记曾说过：“法律是成文的道德，道德是内心的法律。”作为成文的道德，法律和纪律规定了人最底线的义务和责任。因此，当我们谈论金融人生的“扣子”时，党规党纪是当之无愧的“风纪扣”。

自 2012 年党的十八大以来，以习近平同志为核心的党中央站在党和国家生死存亡的高度，全面加强党的领导和党的建设，坚决改变管党治党宽松软状况，以顽强意志品质正风肃纪、反腐惩恶。

时至今日，党风廉政工作已经形成“六个统一”的规律性认知，即坚持思想建党和制度治党相统一，坚持使命引领和问题导向相统一，坚持抓“关键少数”和管“绝大多数”相统一，坚持行使权力和担当责任相统一，坚持严格管理和关心信任相统一，坚持党内监督和群众监督相统一。

2023 年年末，中共中央印发了修订后的《中国共产党纪律处分条例》（以下简称《条例》）。其中不乏与金融清廉文化建设相关的条目。

例如，《条例》第三十条规定，党组织在纪律审查中发现党员有刑法规定的行为，虽不构成犯罪但须追究党纪责任的，或者有其他破坏社会主义市场经济秩序、违反治安管理等违法行为，损害党、国家和人民利益的，应当视具体情节给予警告直至开除党籍处分。违反国家财经纪律，在公共资金收支、税务管理、国有资产管理、政府采购管理、金融管理、财务会计管理等财经活动中有违法行为的，依照前款规定处理。

《条例》第九十九条规定，借用管理和服务对象的钱款、住房、车辆等，可能影响公正执行公务，情节较重的，给予警告或者严重警告处分；情节严重的，给予撤销党内职务、留党察看或者开除党籍处分。通过民间借贷等金融活动获取大额回报，可能影响公正执行公务的，依照前款规定处理。

《条例》第一百零四条规定，利用职权或者职务上的影响，为配偶、子女及其配偶等亲属和其他特定关系人在审批监管、资源开发、金融信贷、大宗采购、土地使用权出让、房地产开发、工程招投标以及公共财政收支等方面谋取利益，情节较轻的，给予警告或者严重警告处分；情节较重的，给予撤销党内职务或者留党察看处分；情节严重的，给予开除党籍处分。利用职权或者职务上的影响，为配偶、子女及其配偶等亲属和其他特定关系人吸收存款、推销金融产品、经营名贵特产类特殊资源等提供帮助谋取利益的，依照前款规定处理。

《条例》作为党纪建设的基础主干，画出了党组织和党员不可触碰的纪律底线，也为广大金融从业者树立了行为的模范标杆。大学生是社会的高端人才、未来国家发展的中坚力量，因此，作为金融专业的学生、金融行业的预备从业者，更有必要坚持党的领导，领会党纪精神，规范自己的行为，系好“风纪扣”，打下金融人生的坚实基础。

二、思想政治：金融人生的“思想扣”

律法和纪律规定了人最底线的义务与责任，然而，如果仅仅以最底线作为行业的上限，那么，这个行业必定是混乱不堪的。因此，在律法之上，还要提倡思想道德。通过弘扬积极的思想，营造向上的行业文化氛围。这样，行业形成自发进步迭代的正向循环，才能充分发挥金融的行业功能，为经济发展做最大的贡献。从这个角度来说，在“风纪扣”之下，应当是一枚“思想扣”。

在这个方面，对于中国未来的金融发展，以习近平同志为核心的党中央结合长期的实践经验，提出了一套极具先进性的理论思想，指明了中国金融未来发展的最核心、最迫切的方向。譬如，有以下几点为例：

服务实体经济是金融的天职和宗旨。习近平总书记指出，经济是肌体，金融是血脉，两者共生共荣。纵观历史，金融一旦脱离实体经济，就是无源之水、无本之木。服务实体经济是金融的本源。不能“就金融谈金融”，更不能搞脱实向虚的过度衍生交易。我们要始终把金融服务实体经济发展放在第一位，摆正金融工作位置，促进经济和金融良性循环、健康发展。

金融是资源配置和宏观调控的重要工具。习近平总书记强调，金融制度是经济社会发展中重要的基础性制度。我们要深刻认识金融对于经济社会发展的重大作用，强化货币金融和财政、产业、科技、就业、区域等政策协调配合，共同服务好经济社会发展大局。

管好货币信贷是经济健康循环的基本保证。习近平总书记深刻指出，千招万招，管不住货币都是无用之招。防范化解金融风险，追根溯源，就是要管好货币信贷总闸门，避免总量过度宽松。否则，就可能导致脱实向虚和投机套利，增加金融体系脆弱性，也会迟滞结构性改革步伐。我们要坚持实施稳健的货币政策，在精准扩大有效需求的同时，防止“大水漫灌”固化结构扭曲，推升债务和杠杆水平，削弱经济持续增长的动能。

金融安全是国家安全的重要组成部分。习近平总书记强调，维护金融安全，是关系我国经济社会发展全局的一件带有战略性、根本性的大事。我们要以更加主动的态度应对各类风险隐患，坚持早识别、早预警、早发现、早处置，避免出现严重集中的“大震”，切实维护经济金融安全和社会政治稳定。

金融发展必须始终坚持以人民为中心。习近平总书记强调，要始终坚持以人民为中心的发展思想，更好满足人民群众和实体经济多样化的金融需求。

强化党对金融工作的集中统一领导。习近平总书记强调，做好新形势下金融工作，要坚持党中央对金融工作的集中统一领导，确保金融改革发展正确方向。党中央明确要求健全地方党政主要领导负责的重大财政金融风险处置机制，中央金融管理部门要依照法定职责承担监管主体责任，派出机构要自觉服从地方党委政府的领导，积极发挥专业优势和履行行业管理职责，与地方党委政府密切配合、协同发力。

习近平总书记关于金融发展的重要论述内涵丰富、思想深刻，是习近平新时代中国特色社会主义经济思想的重要组成部分，为做好新时代金融工作、推动中国金融高质量发展奠定了坚实理论基础、提供了需要遵循的根本原则。因此，必须坚持以习近平新时代中国特色社会主义思想为指导，深入学习领会习近平总书记关于金融工作和全面从严治党的重要论述及指示批示精神，只有树立正确的思想政治观念，才能成为于行业、于社会、于国家有益的金融人。

三、清廉金融：金融人生的“文化扣”

以思想指导行动，是一种非条件反射，需要花额外的精力去维持。而文化是思想的积淀，是约定俗成的习惯。因此，在明确思想之后，还需要以此建立起行业文化，润物无声地浸润每一个行业从业者，形成行业惯例与共识。孔子曾说：“从心所欲不逾矩”，这句话正适用于描述行业文化的影响。成熟的行业文化氛围应当能够使从业者在追求个人发展的同时，自觉自发自然地遵守行业规范。也就是说，在扣好“风纪扣”与“思想扣”之后，最后应当落足于“文化扣”上。这种文化就是清廉金融文化。

清廉金融文化顾名思义就是清正廉洁的金融文化，是廉政建设与经济金融的有机组合，是关于清正廉洁的金融理念、金融制度、金融道德、金融价值观念或行为规范的总和，是金融从业人员追求以清为美、以廉为荣价值取向的集中体现，是中华优秀传统金融文化、红色革命金融文化和新时代中国特色社会主义金融文化的重要组成部分。

长期以来，我国金融业进行的是一场缺乏伦理规范的市场游戏，并且由于市场经济体制、约束机制和法律制度不健全等原因，导致诚信、公平和公正这些重要的职业伦理道德在金融从业人员身上缺失的现象非常严重。我国传统的金融高校在培养过程中忽视甚至根本没有金融职业道德教育和服务意识培养，以致大学毕业生很难适应未来金融实务部门的要求。在这种环境下，在金融学科的教学中广泛地融入清廉金融方面的内容十分必要，正如前文所说，大学生是社会的高端人才，是未来行业发展的中坚力量。面对缺乏优秀行业文化的行业现状，正本清源，从新生代金融从业者入手，在学科教育中加入清廉金融文化思想教育，是改变行业现状最有效的做法。当一批又一批拥有遵纪守法意识、诚实守信道德的学生进入行业，清廉的金融行业文化也将随之逐步成形。这样，就能实现从纪律与思想到文化与实践的转变，才能为将来的每一位金融从业者扣好金融人生的纽扣。

第一章
中国历史中的清廉金融：优秀文化与传统

一、中国历史中的廉洁观念

中国历史上对于清廉的观点源远流长，是中华优秀传统文化的重要组成部分。廉洁文化在中国社会与中华文明的发展过程中逐渐形成，强调官员的清正廉洁、为民服务，以及个人的道德修养，可以总体概括为以下几个方面（卜宪群，2024）：

民本思想：中国古代廉政思想强调以民为本，认为国家的稳定与繁荣依赖于民众的幸福和安定。这种思想体现在“民惟邦本，本固邦宁”的理念中，强调官员应以仁爱治天下，恤民养民，推动社会发展。

廉洁教化：历代明君贤相常告诫官吏为政以德，做廉、明、慎、勤的典范。例如，唐太宗李世民曾比喻说，鸟栖于林，鱼藏于水，还被人捉住，是因其贪吃诱饵，故“为臣贪，必丧其身”。这种教化旨在引导官员自觉筑牢拒腐防变的思想道德防线。

典章制度：中国古代围绕如何惩贪倡廉进行了诸如监察制、巡视制、上计制、官吏考课制等制度设计，并依靠严刑峻法，促使官吏清廉。这些制度的建立旨在加强对权力运行的制约和监督，减少体制障碍和制度漏洞。

清廉故事与典故：中国历史上有许多关于清廉的故事和典故，如于谦的“两袖清风”、杨继宗的“不私一钱”、陶侃的“陶母退鱼”等，这些故事成为后人学习的榜样，体现了清廉自律的价值取向。

廉洁文化与社会风尚：古代廉政文化中，清官文化融入社会舆论教化，倡导以吏治优化世风，以世风影响吏治。这种文化氛围鼓励人们崇尚廉洁，形成了廉荣贪耻的社会风尚。

清廉与政治清明：历史上，清廉被视为政治清明的标志。官员的清廉与否直接影响国家的治理效果和民众的福祉。如春秋时期的宋国司城子罕，因其清正廉洁而受人爱戴，成为后世推崇的典范。

廉洁自律与道德修养：个人层面上，廉洁被视为个人道德修养的重要体现。古人强调“廉者不求非其有”“智者不为非其事”，倡导人们在日常生活中保持廉洁自律，不为私欲所动。

这些观点和实践在中国历史上形成了丰富的廉洁文化遗产，对后世产生了深远影响。在新时代，这些传统廉洁文化的价值观念仍然具有重要的现实意义，为推进反腐倡廉建设提供了历史智慧和文化支撑。

二、中国历史中的廉洁典故

1. 周公辅政

周公，即周公旦，是西周初期杰出的政治家、军事家、思想家和教育家。他在辅佐周成王期间，提出了一系列重要的政治理念和道德规范，对后世的廉洁文化产生了深远影响。

敬德保民：周公在对殷亡周兴等问题的追问和思考中，得出了“皇天无亲，惟德是辅；民心无常，惟惠之怀”的结论。他认为，只有通过敬德保民，才能赢得民心，保持政权的稳定。这一思想强调了德行的重要性，为官者应以德治国、以民为本。

《诫伯禽书》：周公在《诫伯禽书》中告诫儿子伯禽，要严格要求自己，谦虚谨慎，不要因为受封于鲁国就怠慢、轻视人才。他强调了德行广大者应以谦恭自处，土地广阔者应以节俭生活，官高位尊者应以卑微自律，兵多人众者应以畏怯坚守。这些教诲体现了周公对廉洁自律的重视，以及对权力的敬畏。

礼乐制度：周公制定的西周礼乐制度，不仅规范了社会秩序，而且体现了对廉洁政治的追求。礼乐制度强调了等级秩序和道德规范，要求官员在行为上有所节制，不得越轨，这在一定程度上遏制了腐败现象。

德治思想：周公的德治思想强调君主和官员应以德行来治理国家，认为德行是维护国家稳定和繁荣的基础。他提倡的“敬德保民”和“以德服人”的理念，对后世的儒家思想产生了深远影响，成为中国古代政治文化的重要组成部分。

相关启示：周公的这些廉洁思想和实践，不仅在当时起到了巩固周王朝统治的作用，而且为后世的廉洁政治和文化建设提供了宝贵的经验和启示。他的教诲和制度设计，对中国古代社会的廉洁文化发展产生了广泛而深远的影响。

周公辅政中的廉洁思想，对于现代清廉金融建设具有重要的启示和借鉴意义。周公的廉洁思想主要体现在以下几个方面：

礼乐制度与合规文化：周公制定的礼乐制度强调了社会秩序和道德规范，这与现代金融行业的合规文化建设相呼应。金融机构应建立健全内部控制和合规体系，确保业务操作符合法律法规，防范金融风险，同时通过合规文化教育，提高员工的合规意识。

德治思想：周公的德治思想强调以德治国，这在现代金融领域体现为以德治行，即通过提升从业人员的道德素养，促进其自觉遵守职业道德，抵制腐败行为。金融监管部门和机构应加强道德教育和廉政建设，培养从业人员的廉洁自律意识。

清廉金融文化建设：周公的廉洁思想为现代清廉金融文化建设提供了历史智慧。金融机构应将清廉金融文化融入企业文化，通过教育、培训、激励和监督等手段，推动形成风清气正的金融环境。同时，应加强与高校、研究机构的合作，共同研究和推广清廉金融文化，为金融行业的健康发展提供文化支撑。

总之，周公的廉洁思想为现代清廉金融建设提供了宝贵的历史经验和文化资源。通过学习和借鉴这些思想，金融行业可以更好地构建清廉、高效、透明的金融环境，促进金融市场的稳定和可持续发展。

2. 子罕论廉

子罕，即乐喜，字子罕，是春秋时期宋国的贤臣，担任司城一职，主管建筑工程，位列六卿。他的廉洁思想主要体现在以下几个方面：

以廉为宝：子罕将廉洁视为最宝贵的品质，他拒绝接受贿赂，认为廉洁是自己的“宝物”。当有人试图以美玉贿赂他时，子罕明确表示，他视不贪为宝，如果接受贿赂，双方都会失去各自的宝物。这种廉洁自守、拒绝贪腐的行为，体现了他对廉洁的极高自觉。

为民着想：在宋国遭遇饥荒时，子罕向宋平公请求，拿出公家的粮食借给百姓，并让大夫们也出借粮食以赈济饥荒。他借出粮食时不写契约，表明他根本没有打算让百姓还债，这种无私为民的行为赢得了百姓的拥护和尊敬。

公正无私：子罕在处理邻里关系时，也展现了他的公正和无私。他没有因为邻居的房屋影响自己的出入而要求邻居搬迁，也没有因为邻居家的积水流过自己的院子而加以制止，体现了他舍弃个人利益、以民为本的高尚品质。

以德服人：子罕的廉洁行为不仅赢得了百姓的尊敬，而且影响了其他国家。楚国大臣士尹池在了解到子罕的廉洁行为后，劝阻楚王不要攻打宋国，认为宋国有贤明的君主和廉洁的臣子，攻打宋国不会有功，反而会被天下耻笑。

子罕的行为强调了廉洁自律的重要性，以及领导干部应以身作则、以德服人。在金融行业中，这种思想可以转化为对从业人员的道德要求，即在面对诱惑时坚守廉洁，以公正无私的态度服务客户，以实际行动维护金融市场的公平和正义。通过学习和传承子罕的廉洁思想，可以促进金融行业的健康发展，构建风清气正的金融环境。

相关启示：子罕的廉洁思想对于现代清廉金融建设具有深远的意义，其核心价值观念可以为金融行业的廉洁自律提供历史借鉴和道德指引。

强化廉洁自律意识：子罕将廉洁视为个人最宝贵的品质，这种自我约束的精神对于金融从业人员尤为重要。在金融行业中，面对各种利益诱惑，从业人员应树立起强烈的廉洁自律意识，坚守职业道德，确保个人行为不受私利影响。

树立正确的价值观：子罕的故事强调了以德服人、以廉为宝的价值观。在现代金融建设中，这种价值观可以帮助金融机构和从业人员树立正确的发展观，将诚信、公正、透明作为业务发展的根本，从而提升整个行业的信誉和形象。

促进公平正义：子罕在处理公共事务时，始终坚持公平正义、不偏不倚。在金融行业中，这种精神可以转化为对客户权益的尊重和保护，确保金融服务的公平性，防止因不公正行为导致的市场失灵。

提升风险管理能力：子罕的廉洁行为有助于维护社会稳定和国家利益。在金融领域，廉洁自律有助于防范金融风险，通过规范操作和透明管理，减少因腐败行为导致的经济损失和负面社会影响。

增强社会责任感：子罕在面对国家和人民的困难时，能够挺身而出，积极寻求解决方案。现代金融机构和从业人员应学习这种精神，增强社会责任感，积极参与社会公益活动，为社会和谐稳定做出贡献。

传承优秀传统文化：子罕的廉洁思想是中华优秀传统文化的重要组成部分。在现代金融建设中，传承和弘扬这种文化，有助于构建具有中国特色的金融伦理体系，为金融行业的健康发展提供文化支撑。

总之，子罕的廉洁思想为现代清廉金融建设提供了宝贵的历史经验和道德资源。通过学习和实践这些思想，金融行业可以在新时代背景下，更好地发挥其在经济社会发展中的重要作用，为实现可持续发展目标贡献力量。

3. 晏婴辞礼

晏婴，字仲，春秋时期齐国的著名政治家、思想家和外交家，以其清廉和智慧著称。他在齐国辅佐了齐灵公、齐庄公、齐景公三朝，历时约 40 年。晏婴的廉洁故事，尤其是“晏婴辞礼”，在中国古代清廉文化中占有重要地位，对后世产生了深远影响。

晏婴在任齐国丞相期间，齐景公为了表彰他的功绩，曾多次想要赏赐他，包括一千两黄金、豪车宝马以及豪华府第。然而，晏婴每次都婉言谢绝，他认为廉洁是政治的根本、德行的主导。他坚持不接受任何形式的贿赂，哪怕是来自君主的赏赐。晏婴的这种行为，不仅体现了他的个人品德，而且展示了他对国家和人民的忠诚。

晏婴的廉洁从政、清白做人，是他政治生涯的核心。他主张“廉者，政之本也，德之主也”，这一理念贯穿于他的整个政治生涯。晏婴不仅在公务上保持清廉，而且在生活中严于律己，他常常用俸禄帮助亲戚朋友和劳苦百姓，这种无私的精神赢得了人民的尊敬和爱戴。

相关启示：晏婴辞礼的故事对于现代清廉金融建设具有深远的意义，它不仅体现了个人品德的重要性，而且为金融行业的道德规范和行为准则提供了历史借鉴，其对现代清廉金融建设具有以下几方面的意义：

树立廉洁自律的榜样：晏婴辞礼的故事强调了廉洁自律的重要性。在现代金融行业中，从业人员应以晏婴为榜样，自觉抵制各种诱惑，坚守职业道德，确保个人行为的清正廉洁。这种自律精神是维护金融市场秩序和防范金融风险的基石。

强化职业道德教育：晏婴的故事可以作为职业道德教育的生动教材，通过教育和培训，引导金融从业人员树立正确的价值观，培养他们的廉洁自律意识。这种教育有助于提升金融行业的整体道德水平，促进行业的健康发展。

促进清廉文化建设：晏婴的清廉故事是中华优秀传统文化的重要组成部分。在现代金融建设中，传承和弘扬这种清廉文化，有助于构建具有中国特色的金融伦理体系，提升金融机构的整体形象，增强公众对金融行业的信任。

提升社会责任感：晏婴的清廉行为体现了他对社会责任的担当。现代金融机构和从业人员应学习这种精神，不仅要关注自身的利益，而且要关注社会的整体福祉，为社会的和谐稳定做出贡献。

培养清廉金融人才：晏婴的故事强调了个人品德的重要性。在金融行业中，培养具有清廉品质的金融人才，对于提升行业整体素质、防范金融腐败具有重要作用。这种人才的培养需要结合教育、实践和制度建设，形成长效机制。

推动金融监管和法制建设：晏婴的故事提醒我们，个人品德的提升需要制度的支撑。在金融监管中，应结合晏婴的清廉精神，加强法制建设，完善监管体系，确保金融活动的合法合规，为金融行业的健康发展提供制度保障。

促进金融创新与风险管理：晏婴的清廉精神鼓励金融从业人员在创新金融产品和服务时，始终坚持诚信原则，确保创新活动不偏离道德和法律的轨道，同时在风险管理中，这种精神有助于识别和防范潜在的道德风险。

总之，晏婴辞礼的故事对现代清廉金融建设具有多方面的启示和意义。它不仅强调了个人廉洁自律的重要性，而且为金融机构提供了道德规范和行为准则，有助于推动金融行业的健康发展和金融市场的稳定运行。同时，这个故事也是对现代金融从业者的一种激励，鼓励他们在追求个人职业发展的同时，不忘社会责任，为构建和谐社会贡献力量。

4. 桑弘羊为国理政

桑弘羊是西汉时期的政治家、理财专家，他在汉武帝时期担任重要职务，推行了一系列重要的经济政策，对汉朝的财政和经济有着深远的影响。关于桑弘羊的清廉故事，史料记载并不多，但可以从他的政策和行为中窥见其清廉的品质。

推行盐铁官营：桑弘羊在汉武帝支持下，推行了盐铁官营政策。这一政策将盐和铁的经营权收归国有，打击了富商大贾的垄断，增加了国家财政收入。尽管这一政策在一定程度上增加了普通百姓的经济负担，但从国家财政和经济控制的角度来看，桑弘羊的政策体现了他为国家利益考虑的清廉精神。

酒类专卖和平准均输：桑弘羊还推行了酒类专卖和平准均输政策，这些政策旨在通过国家对重要商品的控制来调节市场、稳定物价、保障民生。这些政策的实施，减少了私人利益对国家经济的干扰，体现了桑弘羊以国家利益为重的清廉理念。

算缗和告缗：桑弘羊还实行了算缗（对商人财产征税）和告缗（鼓励告发逃税者）的政策，这些政策旨在打击逃税漏税行为，增加国家税收。虽然这些政策在实施过程中可能引起一些争议，但它们反映了桑弘羊对财政纪律的严格要求和对国家财政清廉的坚持。

反对和亲政策：桑弘羊还反对与匈奴的和亲政策，主张通过屯田戍边来加强边防，这一立场体现了他坚持国家利益和民族尊严的清廉品质。

总的来说，桑弘羊的清廉故事并不是传统意义上的廉洁自律的典范，而是通过他的政策和行为，展现了他为国家利益和经济发展考虑的清廉精神。他的一系列经济政策，虽然在当时可能引起了一些争议，但从长远来看，对汉朝的财政稳定和经济发展起到了积极的作用。桑弘羊的故事告诉我们，清廉不仅仅是个人品德的体现，更是对国家和民族利益的忠诚和奉献。

桑弘羊作为西汉时期的政治家和理财专家，他的一系列经济政策和行为对于现代清廉金融建设有着重要的启示作用。以下是从桑弘羊的故事中得到的几点启示：

以国家和公众利益为重：桑弘羊推行的经济政策，如盐铁官营、酒类专卖等，虽然在当时可能引起了一些争议，但这些政策的核心目的在于增强国家财政实力和调控市场，以实现国家和民众的整体利益。这启示现代金融业，应当始终将国家和公众利益放在首位，避免因追求短期利益而损害长远发展。

强化监管和法制建设：桑弘羊的政策中，算缗和告缗等措施旨在打击逃税漏税行为，增加国家税收。这表明了对经济活动的监管和法制建设的重要性。现代金融体系中，应当建立健全的法律法规和监管机制，确保金融市场的透明和公正，打击金融犯罪，保护投资者和消费者权益。

促进金融创新与风险控制：桑弘羊的经济政策体现了一种创新精神，他尝试通过国家干预来调节市场，稳定物价。在现代金融领域，创新是推动发展的关键，但同时伴随着风险。因此，金融创新应当在严格的风险控制和合规管理下进行，以确保金融市场的稳定和可持续发展。

维护金融稳定和防范系统性风险：桑弘羊的政策在一定程度上有助于维护当时的经济稳定。现代金融体系中，维护金融稳定和防范系统性风险是至关重要的。金融机构和监管部门应当密切监控金融市场的动态，及时采取措施防范和化解潜在的金融风险。

综上所述，桑弘羊的清廉故事对现代清廉金融建设的启示在于：始终以国家和公众利益为重，强化监管和法制建设，促进金融创新与风险控制，坚持原则反对腐败，以及维护金融稳定和防范系统性风险。通过汲取历史的智慧，结合现代社会的实际，我们可以构建一个更加公正、透明、稳定和有责任感的金融体系。

5. 陆绩“廉石”

陆绩，字公纪，东汉末年吴郡（今苏州）人，是三国时期东吴的一位著名政治家、文学家。他的父亲陆康曾任庐江太守，与袁术关系密切。陆绩自幼聪明过人，知礼节、懂孝悌，成年后博学多识，通晓天文、历算，曾作《浑天图》，注《易经》，撰写《太玄经注》。他的才华和品德得到了孙权的赏识，被任命为郁林郡（今广西贵港市）太守。

郁林郡地处岭南，气候炎热、疫病流行，环境十分艰苦。陆绩到任后，处处为百姓着想，积极改善百姓的生活环境。他发动民众建房凿井，改善饮水条件，减少疫病传播。当地人民感激他，将所凿之井称作“陆公井”。陆绩关心热爱郁林郡的百姓，他下决心要将郁林郡治理好，为此，他将自己在任内所生的女儿取名“郁生”。

任职期满后，陆绩经由海道坐船返回故里。由于他在任上廉洁奉公、两袖清风，告老还乡时无物随行。船夫怕船太轻，经不住海上风浪的颠簸，于是，陆绩便让船夫从岸上搬来一块巨石压在船中。这块巨石后来被称为“廉石”，象征着陆绩的清廉品质。

陆绩回到故里后，有感这块巨石为其旅途安全所做的贡献，便请人将此巨石搬到自己故里的宅院中，人们称之为“郁林石”。后来，陆绩为官廉正的美名与此巨石一起传扬出去，受到人们的赞誉，还给他起了个“廉石太守”的美名。

到了明朝，有一位名叫樊祉的监察御史到苏州视察，听到当地老百姓传诵有关陆绩“郁林石”的故事，非常感动，认为这是为官清廉的一个生动教材，便下令将这块“郁林石”移到苏州府察院场，并建亭立碑予以保护。樊祉亲题“廉石”二字，命匠人刻于石上，以警示百官廉洁。

清朝康熙年间，苏州知府陈鹏年又将此石移入苏州文庙之内。此石高约 2.45 米，宽约 2 米，厚约 0.7 米，石上“廉石”二字漆以红色，非常醒目。怀着敬仰心情前来拜谒此石的人络绎不绝。

陆绩“廉石”的故事，不仅是对个人品德的赞扬，而且是对清廉政治的推崇。在现代社会，这个故事仍然具有重要的启示意义。它告诉我们，无论在何种职位，都应该保持清廉，不为私利所动，以民为本，勤政爱民。这种精神对于构建风清气正的社会环境、推动社会和谐发展具有不可替代的作用。

在金融行业中，陆绩“廉石”的故事同样具有重要的现实意义。金融行业作为现代经济的核心，其从业人员的廉洁自律对于维护金融市场的稳定和健康发展至关重要。陆绩的故事可以作为金融从业人员的道德标杆，激励他们在面对各种诱惑时，坚守职业道德，保持清正廉洁，为金融市场的健康发展贡献力量。

总之，陆绩“廉石”的故事是对清廉政治的生动诠释，它跨越时空，激励着一代又一代人。在新时代背景下，我们更应该学习和传承这种精神，将其融入现代社会的各个领域，特别是金融行业，以实现社会的公平正义和经济的可持续发展。

相关启示：陆绩“廉石”的故事对于现代清廉金融建设具有深远的意义，它不仅是对个人品德的赞扬，而且是对清廉政治和职业道德的推崇。

树立清廉榜样：陆绩的故事展示了一个官员在面对权力和财富时能够保持清廉自律的品质。在现代金融行业中，这种榜样的力量对于激励从业人员坚守职业道德、拒绝腐败至关重要。通过学习陆绩的故事，金融从业者可以更加自觉地维护行业诚信，为金融市场的健康发展做出贡献。

强化职业道德教育：陆绩“廉石”的故事可以作为职业道德教育的重要内容，帮助金融从业者树立正确的价值观。在金融行业中，职业道德是确保业务合规、防范风险的基础。通过教育和培训，可以引导从业人员在面对利益冲突时，能够坚守原则，做出正确的决策。

促进清廉文化建设：陆绩的故事体现了古代清廉文化的价值，这对于现代金融行业的文化建设具有借鉴意义。金融机构可以通过举办相关活动、建立清廉文化墙等方式，将陆绩的精神融入企业文化，营造风清气正的工作环境。

提升公众信任：清廉是金融行业赢得公众信任的关键。陆绩的故事可以帮助金融机构树立良好的公众形象，增强客户和投资者的信心。在金融市场中，一个清廉的金融机构更容易获得市场的认可和支持。

推动制度建设：陆绩的故事强调了个人品德的重要性，也提示了制度建设的必要性。现代金融监管应结合陆绩的精神，加强制度建设，完善监管体系，确保金融活动的合法合规，为金融行业的健康发展提供制度保障。

培养清廉金融人才：陆绩的故事可以作为金融教育和人才培养的案例，教育金融从业者树立正确的价值观，培养他们的廉洁自律意识。这种教育实践有助于提升金融行业的整体道德水平，促进行业的健康发展。

增强国际竞争力：在全球化背景下，金融行业的国际形象对于吸引外资、促进国际合作具有重要意义。陆绩的故事可以帮助金融机构树立良好的国际形象，展现中国金融行业的清廉和专业，增强国际竞争力。

促进社会和谐：清廉金融不仅有助于金融市场的稳定，而且是社会和谐的重要保障。陆绩的故事可以激励金融从业者在追求经济效益的同时，关注社会效益，为构建和谐社会做出贡献。

总之，陆绩“廉石”的故事对现代清廉金融建设具有多方面的启示和意义。它不仅强调了个人廉洁自律的重要性，而且为金融机构提供了道德规范和行为准则，有助于推动金融行业的健康发展和金融市场的稳定运行。同时，这个故事也是对现代金融从业者的一种激励，鼓励他们在追求个人职业发展的同时，不忘社会责任，为构建和谐社会贡献力量。

6. 陆贽拒贿

陆贽，唐朝时期的宰相，以其清廉和坚贞著称。他的故事在历史上留下了深刻的印记，尤其是他拒绝贿赂的行为，成为后世清廉官员的典范。

科举考试中的清廉：公元 793 年，唐朝的科举考试即将举行，一些大臣的亲戚也参加了考试。当他们得知宰相陆贽具有最终决定权时，便纷纷登门拜访，试图用重金贿赂陆贽。然而，陆贽坚决拒绝了这些贿赂，他的清廉行为在当时的官场中显得格外突出。尽管一些人认为他过于绝情，甚至在朝野中出现了对他的议论和毁谤，但陆贽坚守原则，不为所动。

唐德宗的劝说与陆贽的坚持：唐德宗一向聚敛无度，得知陆贽拒绝贿赂的事情后，劝告陆贽不要太过清廉，认为这样可能影响他处理政务。面对皇帝的劝说，陆贽并没有“奉旨”受贿，而是在一份奏章中写道：“贿道一开，展转滋甚。”这句话的意思是一旦开始接受贿赂，贪欲就会越来越大，无法控制。陆贽的这一回答，展现了他对清廉的坚定立场。

劝谏唐德宗摒弃私欲：陆贽不仅在个人行为上保持清廉，而且积极劝谏唐德宗。公元783年，唐德宗派兵出关平叛，但由于将士们吃不饱饭，对朝廷不满，最终发动兵变，攻陷长安。在奉天避难期间，陆贽劝谏唐德宗废除“琼林”和“大盈”两个私库，强调君主应崇尚礼仪、保持廉洁，避免追逐利益、聚敛财物。陆贽的劝谏最终促使唐德宗撤去了这两个私库。

个人生活中的清廉：陆贽在个人生活中也始终保持清廉。他回乡探母时，曾拜访寿州刺史张镒，张镒赠送给他大量钱财作为其母亲的饭费，但陆贽婉拒了。多年后，陆贽母亲病逝，地方官员和富商纷纷携重金登门拜祭，陆贽同样全部拒收。

陆贽的故事在历史上被广泛传颂，他的清廉和坚持原则的精神，对后世产生了深远的影响。他的行为不仅体现了个人的高尚品质，而且为官员树立了廉洁自律的榜样。在现代社会，尤其是在金融行业这样一个与金钱密切相关的领域，陆贽的故事依然具有重要的启示意义，鼓励从业人员坚守职业道德，拒绝腐败，为维护金融市场的公平、公正和稳定做出贡献。

陆贽拒贿的故事，作为中国古代清廉官员的典范，对现代清廉金融建设具有深远的意义。其影响主要体现在以下五个方面：

树立清廉榜样：陆贽的故事是对清廉官员的生动诠释，他的行为成为后世官员和金融从业者的榜样。在现代金融行业中，这种榜样的力量对于激励从业人员坚守职业道德、拒绝腐败至关重要。通过学习陆贽的故事，金融从业者可以更加自觉地维护行业诚信，为金融市场的健康发展做出贡献。这种榜样的力量有助于提升整个行业的道德标准，形成以清廉为核心的行业文化。

强化职业道德教育：陆贽“贿道一开，展转滋甚”的观点，强调了一旦开始接受贿赂，贪欲就会越来越大，无法控制。这对于金融行业的职业道德教育具有重要的启示作用。金融从业人员应以此为鉴，坚守职业道德，确保业务操作的公正性和透明度。金融机构应将陆贽的故事纳入职业道德教育课程，通过案例分析、讨论和反思，使从业人员深刻理解清廉的重要性。

促进清廉文化建设：陆贽的故事体现了古代清廉文化的价值，这对于现代金融行业的文化建设具有借鉴意义。金融机构可以通过举办相关活动、建立清廉文化墙等方式，将陆贽的精神融入企业文化，营造风清气正的工作环境。这种文化建设有助于提升金融机构的整体形象，增强客户和投资者的信心，也为金融行业的稳定发展提供精神支撑。

提升公众信任：清廉是金融行业赢得公众信任的关键。学习陆贽的故事可以帮助金融机构树立良好的公众形象，增强客户和投资者的信心。在金融市场中，一个清廉的金融机构更容易获得市场的认可和支持。金融机构应通过透明公开的业务流程、严格的内部控制和合规管理，以及积极的社会责任实践，展现其清廉形象，从而在激烈的市场竞争中获得优势。

推动制度建设：陆贽的故事强调了个人品德的重要性，也提示了制度建设的必要性。现代金融监管应结合陆贽的精神，加强制度建设，完善监管体系，确保金融活动的合法合规。这包括建立健全的内部控制机制、风险管理体系和合规审查流程，以及对违规行为的严厉惩处。通过制度的约束和激励，可以形成不敢腐、不能腐、不想腐的良好氛围，为金融行业的健康发展提供制度保障。

陆贽拒贿的故事不仅能够为现代金融行业提供道德指引，而且能够促进行业的健康发展，提升公众对金融行业的信任，增强国际竞争力，最终实现金融市场的稳定和经济的可持续发展。同时，这个故事也是对现代金融从业者的一种激励，鼓励他们在追求个人职业发展的同时，不忘社会责任，为构建和谐社会贡献力量。

7. 王安石廉政为民

王安石，字介甫，号半山，是中国北宋时期杰出的政治家、文学家、思想家，也是中国历史上著名的改革家。他在政治舞台上的活跃，尤其是他所推行的一系列改革措施，被称为“王安石变法”或“熙宁变法”，对后世产生了深远的影响。然而，除了他在政治和经济领域的成就外，王安石的清廉品德也是历史上广为传颂的佳话。

清廉朴实，生活简约：王安石的清廉不仅体现在他的政治生涯中，而且贯穿于他的日常生活。尽管他曾贵为宰相，但他的生活极为俭朴。他不溺于财利酒色，视富贵如浮云。有一次，有人送给他两件珍贵的古物：一面古镜和一方宝砚。当被告知这面古镜能远照两百里，宝砚呵气即可磨墨时，王安石笑着回应说，自己并不需要这样的东西。他认为自己的脸面不及碟子大，不需要能照两百里的镜子；而且他有自己磨墨的习惯，不需要能呵气出水的砚台。最终，他将这两件古物还给了送礼的人。

拒收贿赂，坚守原则：王安石在任宰相期间，得了气喘病，需要紫团山人参作为药材。有人送来这种药材，但他坚决不受，认为自己一辈子没吃过这种药，也不差这一时。这体现了他不接受贿赂、坚持原则的态度。他的清廉不仅赢得了人民的尊敬，甚至连他的政敌也不得不承认他的高尚品德。

救助穷人，心怀百姓：王安石在鄞县（今宁波鄞州区）任知县时，遇到灾荒年景，米价飞涨。他没有简单地压制米价，而是允许米价上涨，同时接受米商的贿赂，将这些钱财用于救助无力购买粮食的穷人。这一做法既保证了市场的供应，又解决了贫困百姓的生活问题。他的这种做法体现了他的政治智慧和对百姓的深切关怀。

清廉的晚年，捐献家产：王安石晚年退居江宁，他将自己居住的地方捐给了寺庙，生活非常清贫。即使在病重时，他也只租住别人的房子，没有为自己留下任何财产。他的这种无私精神，展现了他的高尚人格和对物质生活的超然态度。

王安石的清廉不仅体现在他个人的行为上，而且体现在他的思想和政策上。他提倡“勤俭持家”，反对奢侈浪费。他认为，官员应该以身作则、廉洁自律，这样才能赢得人民的信任和尊敬。他的这种清廉思想，对后世的官员有着深远的影响。

王安石的清廉故事，不仅在当时产生了积极的影响，而且为后世提供了宝贵的精神财富和道德榜样。他的清廉事迹成为中国传统文化中反腐倡廉的重要内容，至今仍激励着人们追求廉洁政治。他的清廉精神，不仅在当时促进了经济的发展和社会的稳定，而且为后人提供了宝贵的治国理政经验。

相关启示：王安石的清廉故事，是中国历史上的一笔宝贵财富。他的一生，无论是在政治上的改革，还是在生活中的俭朴，都体现了他坚定的清廉信念和高尚的道德情操。他的故事，至今仍然被人们传颂，成为后人学习的榜样。

王安石的廉洁精神首先强调了正确的价值观和职业道德的重要性。在现代金融行业，这一点尤为重要。金融从业者面临的利益诱惑较多，如何在复杂的市场环境中保持清醒的头脑，坚守诚信、公正、透明的职业操守，是每个金融从业者必须面对的挑战。因此，金融行业应当在招聘、培训、日常管理的各个环节，都要注重职业道德的培养和实践。这要求金融行业从教育和制度两个层面出发，通过不断教育和实践，使金融从业者将职业道德内化于心、外化于行。

王安石通过制度创新来规范经济秩序，防止腐败。现代金融行业也需要建立和完善监管体系，以确保金融市场的健康稳定运行。这不仅需要金融监管机构的严格监督，而且需要金融机构自身建立健全的合规体系。金融监管机构的独立性和权威性是保证监管有效性的关键，同时，金融机构应建立完善的内部控制和风险管理体系，对潜在的风险进行识别、评估、监控和控制，防范金融风险。

王安石的故事中体现了他对公开透明的重视，以及对社会责任的承担。现代金融行业应提高信息披露的透明度，确保投资者和公众能够及时准确地获取市场信息。金融机构应积极履行社会责任，推动普惠金融发展，支持小微企业和弱势群体，促进社会公平和谐。透明度的提升不仅能够增强市场参与者的信心，而且能够促进金融市场的健康发展，减少信息不对称带来的风险。

王安石的廉洁故事告诉我们，反腐倡廉是一个持续的过程。现代金融行业需要建立健全的反腐倡廉机制，通过教育、监督、惩治等手段，持续推进清廉金融建设。金融文化建设是提升行业整体廉洁水平的重要途径。通过培育积极向上的金融文化，形成崇尚廉洁、抵制腐败的行业风气，可以从根本上提升金融行业的廉洁自律水平。

王安石的廉洁故事不仅是历史的遗产，而且是现代金融行业清廉建设的宝贵财富。通过汲取历史的智慧，结合现代社会的实际，我们可以构建一个更加公正、透明、稳定和有责任感的金融体系，为经济的持续健康发展和社会的和谐稳定做出贡献。同时，这也需要金融从业者、监管机构、教育机构和社会各界的共同努力，才能实现清廉金融的目标。

8. 于谦“于少保”

明朝名臣于谦，以其清正廉洁、刚正不阿的品质在中国历史上留下了深刻的印记。他的一生，是对清廉政治的不懈追求和实践，也是对后世官员的示范。

《石灰吟》与清白人生：于谦年少时所作的《石灰吟》是其清廉人生的真实写照。“千锤万凿出深山，烈火焚烧若等闲。粉身碎骨浑不怕，要留清白在人间”表达了他不畏艰难、坚守清白的决心。这首诗不仅反映了他个人的品格，而且成为他一生的行事准则。

两袖清风的典故：于谦在官场上的清廉更是广为人知。当时，大宦官王振把持朝政，贪污盛行，贿赂成风。许多官员为了讨好王振，纷纷携带金银财宝进京求见。然而，于谦每次进京述职，总是两手空空，他的同僚劝他至少带些土特产作为人情，于谦却风趣地回应：“我这两袖中自有清风，这便是我带的见面礼。”这一行为，后来被概括为“两袖清风”，成为形容官员清廉的成语。

为民请命，不畏权贵：于谦在任河南、山西巡抚期间，积极为民请命，打击土豪劣绅，平反冤狱，安抚流离失所的百姓。他的政绩卓著，深得民心。在处理政务时，他坚持公平正义，不畏惧权贵的压力。他的这些行为，赢得了百姓的一致称赞。人们将其与包拯相提并论，称其为“于青天”“于龙图”。

清贫生活，忠诚担当：于谦的生活非常清贫，他严于律己、生活节俭，即使被任命为兵部右侍郎兼巡抚河南、山西都御史，上任时也仅乘坐普通的骡马车，无锣鼓仪仗，无卫兵随从。他的生日从不搞庆典，拒收所有贺礼。这种清贫的生活方式，在当时的官场上极为罕见，体现了他的廉洁自律。

忠诚报国，至死不渝：于谦在国家危难之际，挺身而出。在蒙古瓦剌部围攻北京时，他担任兵部尚书，主持军事，成功击退了敌军，保卫了国家。然而，在明英宗复辟后，于谦因坚持原则而遭到诬陷，最终被冤杀。即便在生命的最后时刻，于谦依然保持着他的清白和忠诚，他的家中被抄时，除了皇帝赐给他的物品外，几乎一无所有。

于谦的一生，是对清廉政治的不懈追求和实践，也是后世官员的榜样。他的名言和事迹，对我们当前加强政治建设、净化政治风气，有着重要的历史启示。作为党员领导干部，就要有“但愿苍生俱饱暖，不辞辛苦出山林”的敬民之心，以“人民至上”践行公仆情怀。要廉洁自律，以身作则，做好表率，按照廉洁从政的各项规定和纪律要求，增强自律意识，加强自我约束，自重、自省、自警、自励，努力做到为政以廉、为政以德、为政以民。

于谦的廉洁故事，是对现代清廉金融建设的有力启示。于谦清廉、正直、勇于担当的精神在中国历史上留下了浓墨重彩的一笔。在现代清廉金融建设的背景下，于谦的故事提供了丰富的启示和借鉴，其意义深远而持久。

在今天，我们仍然需要于谦这样的精神，来引导我们在金融行业中坚持廉洁自律，维护金融市场的公正和透明。通过学习和借鉴于谦的廉洁精神，我们可以促进金融行业的健康发展，增强金融市场的稳定性和可持续性，为社会的繁荣和进步做出贡献。同时，这也需要金融从业者、监管机构、教育机构和社会各界的共同努力，才能实现清廉金融的目标。

树立清廉价值观：于谦的故事强调了清廉自律的重要性，这对现代金融从业者来说，意味着需要树立正确的价值观和职业道德观。在金融行业，诚信是基石，廉洁是保障。金融从业者应当以于谦为榜样，坚持诚信原则，拒绝贪污腐败，确保金融市场的公正和透明。这不仅要求金融从业者在日常工作中的一言一行都要体现出清廉自律的精神，而且要求他们在面对利益诱惑时能够坚守原则，不为私利所动。

强化制度建设和执行：于谦在任期间，通过自己的行为树立了清廉的标杆，这启示现代金融行业需要通过完善法律法规和强化制度执行来保障清廉金融。金融机构应建立健全的内部控制和风险管理体系，同时，监管机构应严格执法，确保所有金融活动都在法律框架内进行，对违法违规行为实施零容忍政策。这要求金融监管机构不仅要有明确的法规和规章，而且要有强有力的执行力度，确保法规不被架空、制度不被侵蚀。

提升透明度和公众监督：于谦的"两袖清风"形象体现了他对公开透明的重视。现代金融行业应提高信息披露的透明度，让投资者和公众能够清楚地了解金融市场的运作情况。这包括加强上市公司的信息披露、提高金融机构的财务透明度、公开金融产品和服务的相关信息等，以增强市场参与者的信心。透明度的提升不仅能够增强投资者对金融市场的信心，而且能够有效地防止内幕交易和市场操纵等不法行为，维护金融市场的公平性和秩序。

培养专业精神和责任感：于谦不仅廉洁自律，而且具有深厚的专业知识和专业精神。现代金融行业的发展需要大量既廉洁又专业的人才，他们应当具备扎实的金融知识，能够运用专业知识为金融市场的健康发展做出贡献。同时，金融从业者应有强烈的责任感，将服务社会、保护投资者利益放在首位。这意味着金融从业者不仅要在专业技能上不断提升，而且要在道德修养上不断自我完善，以确保在金融市场中的每一次决策都能够经得起历史的检验。

持续推进反腐倡廉：于谦的故事告诉我们，廉洁金融的建设是一个持续的过程，需要不断地与腐败现象作斗争。现代金融行业应当建立健全的反腐倡廉机制，通过教育、监督和惩治等多种手段，持续推进清廉金融建设。这包括建立有效的内部控制和审计系统、鼓励和保护内部举报、对金融犯罪行为进行严厉的法律制裁等。反腐倡廉不仅是监管机构的责任，而且是每一个金融从业者的责任。只有当每个人都成为廉洁金融的守护者，金融市场才能真正实现清廉、公正、透明。

于谦的廉洁故事，不仅是历史的遗产，更是现代金融行业清廉建设的宝贵财富。在当前金融市场中，面临着诸多挑战和诱惑，于谦的精神依然具有强烈的现实意义。他的清廉、正直、勇于担当的精神，激励着现代金融从业者在复杂的市场环境中坚守原则，维护金融市场的稳定和发展。同时，于谦的故事也提醒着监管机构和政策制定者，必须不断完善金融监管体系，加强法规执行，确保金融市场的健康发展。

9. 张伯行"天下第一清官"

张伯行，字孝先，号恕斋，晚年更号敬庵，是清朝康熙年间的著名清官，以其清正廉洁、刚直不阿的品质闻名于世。他出生于河南仪封（今兰考县东），康熙年间进士，历任中书舍人、山东济宁道、江苏按察使、福建巡抚、江苏巡抚、仓场侍郎、户部右侍郎、礼部尚书等职。张伯行的一生，是清廉为官、勤政爱民的典范。康熙皇帝曾称赞他为“天下第一清官”。

张伯行的清廉故事，首先体现在他对民生疾苦的深切关怀。康熙三十八年（1699年），张伯行为父服丧期间，家乡仪封一带暴雨成灾，城北河堤被洪水冲垮。在这危急时刻，张伯行自掏腰包，招募民众用沙袋修筑防洪大堤，确保了仪封城的安全。他的这一行为，不仅展现了他的清廉品质，而且体现了他对百姓生命财产安全的高度重视。

在山东济宁道任上，张伯行面对灾荒，立即投入救灾，从家里运送钱粮到济宁，并缝制棉衣救济灾民。他动用仓谷赈济灾民，深受百姓爱戴。康熙皇帝对他的治理河务和救灾政绩大加赞赏，亲笔为他题写了“布泽安流”的匾额。

张伯行在江苏巡抚任上时，参劾两江总督葛礼科场受贿案，展现了他刚正不阿、不畏权贵的精神。他上奏弹劾葛礼贪赃枉法，请求皇帝严惩。尽管葛礼反诬张伯行，但康熙皇帝深知张伯行的清廉，最终保全了这位清官，降旨张伯行留任，葛礼被革职。

张伯行的清廉精神还体现在他对待馈赠的态度上。他从不收受任何形式的贿赂，甚至在赴任江苏按察使时，拒绝向总督、巡抚馈送礼金。他写下《禁止馈送檄》，明确表示拒绝馈送，这一行为使得行贿送礼者望而却步，悻悻离去。他的这一举措，使得当地百姓称他为“悬檄督抚”。

张伯行的清贫生活也是他清廉精神的体现。尽管出身富裕士绅之家，且官居高位，但他从不贪图享受，始终坚持俭朴的生活。他在福建巡抚任上，发现衙署中帷幕都是锦绣，器皿都是金银制作，便命悉数撤除，只留下前任巡抚不用之旧物。他还每年派人到江浙买米，设立义仓，救济饥民。

张伯行的清廉故事，对现代清廉金融建设有着重要的启示。首先，他的清廉自律为金融行业树立了榜样，提醒金融从业者坚守职业道德，拒绝任何形式的不正当利益。其次，他的公正无私和勇于改革创新的精神，鼓励金融机构在业务操作中保持公正，不断优化服务流程，提高效率。再次，张伯行的清廉精神强调了以民为本的服务理念，金融机构应以客户需求为导向，提供优质服务，保护消费者权益。最后，张伯行的清廉故事也启示金融机构加强内部控制和监督机制，严惩腐败行为，形成不敢腐、不能腐、不想腐的良好氛围。

总之，张伯行的清廉故事不仅是对个人品德的赞扬，而且是对清廉政治的推崇。在新时代背景下，我们更应该学习和传承这种精神，将其融入现代社会的各个领域，特别是金融行业，以实现社会的公平正义和经济的可持续发展。张伯行的故事激励着我们，在追求个人职业发展的同时，不忘社会责任，为构建和谐社会贡献力量。

相关启示：张伯行，作为清朝康熙年间的著名清官，以其清正廉洁、刚直不阿的形象，成为历史上清廉为官的典范。他的一生，无论是在地方治理还是在中央任职，都始终坚持清廉自律、为民造福，其清廉精神对于建设清廉金融具有深刻的启示。

树立清廉榜样，强化职业道德：张伯行的清廉故事为金融行业树立了清廉自律的典范。在金融行业中，职业道德是从业人员行为的基石。金融机构应通过教育和培训，让员工深刻理解清廉的重要性，培养他们自觉抵制腐败的意识。同时，应强化职业道德教育，确保从业人员在面对利益诱惑时能够坚守原则，公正执行业务，维护金融市场的公平和透明。这种教育不仅包括法律法规的学习，而且应融入对历史清廉人物故事的传承，如张伯行的事迹，以此来激励和引导金融从业者。

公正无私，确保业务公正性：张伯行在处理政务时的公正无私，为金融业务操作提供了典范。金融机构在业务操作中，应确保公正无私，避免利益冲突，确保所有决策和操作都以客户和市场的最大利益为出发点。这要求金融机构建立健全的内部控制和监督机制，对违规行为进行严格查处，形成有效的风险防范体系。同时，应鼓励员工在面对不正当行为时勇于说"不"，并为其提供保护，确保清廉文化的深入人心。

以民为本，提供优质服务：张伯行的为民情怀体现了以民为本的服务理念。金融机构应将客户需求放在首位，提供优质服务，保护消费者权益。这不仅能够增强金融机构的市场竞争力，而且有助于实现金融业的可持续发展。金融机构应通过实际行动赢得公众的信任和支持，如通过支持教育、扶贫、环保等公益活动，积极回馈社会。同时，应积极参与社会治理，通过金融创新支持小微企业、农业发展等，促进社会经济的均衡发展。

俭朴生活，倡导节制工作作风：张伯行的俭朴生活和对奢华的拒绝，提醒金融从业者保持谦逊和节制。金融机构应倡导俭朴的工作作风，避免不必要的奢侈，专注于职业发展和社会责任。这种文化有助于提升员工的道德标准，营造风清气正的工作环境。

教育与传承，弘扬清廉文化：张伯行的故事应成为清廉金融教育的一部分，通过教育和培训，将清廉精神传承给新一代金融从业者。金融机构应建立清廉文化墙，展示清廉人物的故事，以此激励员工。同时，应参与社会治理，通过金融创新支持小微企业、农业发展等，促进社会经济的均衡发展。教育机构也应将清廉教育纳入课程体系，培养学生的清廉意识，为金融行业输送具有良好职业道德的人才。

通过这些措施，张伯行的清廉精神可以在金融行业中得到有效传承和实践，为构建清廉、高效、透明的金融市场环境提供坚实的道德支撑。同时，这也有助于提升金融机构的整体形象，增强公众对金融行业的信任，促进金融市场的稳定和经济的可持续发展。金融从业者应以张伯行为榜样，不断提升自身的道德修养，为金融行业的健康发展贡献力量（李洪峰，2013）。

三、中国古代"金融机构"的清廉要求

1. 南北朝时期寺庙信用机构

南北朝时期的寺庙信用机构，作为中国金融史上的重要篇章，其理念和实践对后世

的金融发展产生了深远的影响（周建波等，2018）。其核心理念包括以下几个方面：

宗教信仰与金融服务的结合：南北朝时期的寺庙信用机构，如寺库和僧祇粟，将佛教信仰与金融服务紧密结合。寺庙不仅是宗教活动的场所，而且是金融服务的提供者。通过传播佛教信仰，寺庙聚集了社会财富，并利用这些财富为信徒和非信徒提供信贷服务。这种结合体现了宗教对经济活动的影响力，以及宗教组织在社会经济中扮演的多重角色。

社会资本的动员与使用：寺庙信用机构通过宗教信仰的力量，动员社会资本，将信徒的捐赠和香火钱转化为放贷资金。这种模式超越了传统的家族和血缘关系，实现了社会资本的广泛动员和有效利用。寺庙信用机构的这种运作方式，为后来的金融组织提供了社会化募资的早期模式。

信用与道德约束：在南北朝时期，寺庙信用机构的运作在很大程度上依赖于佛教信仰所带来的道德约束。这种道德约束是寺庙信贷活动能够顺利进行的关键因素。当时的社会普遍信奉佛教，人们深信因果报应，认为在寺庙进行的借贷活动受到佛祖的庇佑和监督。因此，借款人在借贷时往往出于对宗教的敬畏和对来世报应的担忧，而更加注重信用和履约。

此外，寺庙信用机构的运作还体现了一种基于信仰的社区信任机制。在这种机制下，借款人的社会声誉和宗教信仰成为其偿还债务的重要动力。寺庙不仅是放贷的场所，而且是社区的精神中心，借款人的信用记录和道德行为受到社区的关注和评价。因此，违约不仅是经济问题，而且是道德和社会问题，会受到社区的谴责和排斥。

社会福利与经济活动相结合：南北朝时期的寺庙信用机构在提供金融服务的同时，也承担了社会福利的角色。寺庙通过接受捐赠和香火钱，积累了一定的财富，这些财富不仅用于宗教活动，而且用于支持社会福利事业。在发生自然灾害、战争或其他社会危机时，寺庙会利用其积累的财富进行赈灾和救济，为贫困和受灾的民众提供帮助。

寺庙信用机构的这种双重角色，使其在社会经济中发挥了独特的作用。一方面，通过放贷活动，寺庙信用机构促进了资本的流动和经济的发展；另一方面，通过社会福利活动，寺庙信用机构缓解了社会矛盾，增强了社会的凝聚力和稳定性。

同时，这种结合也反映了当时社会对金融组织的一种期待，即金融组织不仅要追求经济效益，而且应承担社会责任，为社会的和谐与稳定做出贡献。这一点对现代金融机构而言，仍然具有重要的启示意义，即在追求经济效益的同时，也应注重社会效益，实现经济效益与社会效益的统一。

金融创新：南北朝时期的寺庙信用机构在金融创新方面做出了尝试，如通过质押放款收息的商铺（质库）等形式，为当时的经济活动提供了新的动力。这些创新不仅促进了金融工具的发展，而且为后来的金融制度提供了宝贵的经验。

南北朝寺庙信用机构与现代清廉金融的关联：南北朝寺庙信用机构的理念与现代清廉金融之间存在着一定的历史联系和理念共鸣。尽管两者相隔千年，但南北朝寺庙信用机构的某些理念对现代清廉金融的建设仍有一定的启示作用。

南北朝寺庙信用机构的理念如下：

宗教信仰与金融服务的结合： 南北朝时期的寺庙信用机构将佛教信仰与金融服务紧密结合，利用宗教信仰的力量来聚集社会资本，并约束借款人，有效节约了组织运作的交易成本。

信用与道德约束： 寺庙信用机构依赖于佛教信仰所带来的道德约束，信徒们因为对佛教教义的信仰，相信善行会得到善报，所以在借贷行为中表现出较高的信用度。

社会福利与经济活动相结合： 寺庙信用机构在提供金融服务的同时，也承担了一定的社会福利功能，如在遭遇自然灾害或社会动荡时，寺庙会通过放贷或直接赈济的方式，帮助社会成员渡过难关。

现代清廉金融则要求以下要素：

诚信经营： 现代金融机构应以诚信为本，公正公平地对待所有客户，不参与任何形式的欺诈和不正当交易。

透明监管： 金融市场的运作需要高度的透明度，包括金融机构的财务状况、业务操作和风险管理等，以便监管机构和公众能够有效监督。

反腐倡廉： 金融机构和从业人员应积极反对和防止腐败行为，建立严格的内部控制和合规体系，确保金融活动的清廉。

南北朝寺庙信用机构与现代清廉金融之间的关系如下：

信仰与道德约束的现代体现： 现代清廉金融强调诚信经营和反腐倡廉，这与南北朝寺庙信用机构依赖宗教信仰和道德约束来维持信用体系有相似之处。现代金融业通过法律法规和职业道德教育，建立起一套基于诚信的金融运作体系。

服务实体经济与社会福利： 南北朝寺庙信用机构在服务经济的同时，也关注社会福利，这与现代金融业的服务实体经济和承担社会责任的理念相呼应。现代金融机构在追求经济效益的同时，也应关注社会效益，促进经济的均衡发展。

监管与透明度： 虽然南北朝的寺庙信用机构与现代金融监管体系在形式上有所不同，但两者都强调了监管的重要性。现代金融业通过建立严格的监管体系和提高透明度，来确保金融市场的公正和稳定。

综上所述，南北朝寺庙信用机构的理念与现代清廉金融在道德约束、服务社会和监管透明度等方面存在着内在联系。通过研究古代金融机构的经营原则，我们可以更好地理解和推动现代金融体系的清廉和健康发展。

2. 唐代柜坊

唐朝的柜坊作为中国古代最早的金融机构之一，其经营理念和业务模式在当时具有创新性，对后世的金融发展产生了深远的影响（范金民，2020）。

柜坊的起源与背景： 唐朝是中国历史上一个经济繁荣、文化多元的时期，尤其是在唐玄宗开元年间，国力强盛，商业贸易兴旺，城市经济得到了空前的发展。在这样的背景下，商业活动的频繁促进了对金融服务的需求，柜坊应运而生，成为专门从事钱币和贵重物品存放与借贷的机构。

柜坊的主要业务是代客商保管金银财物，并提供借贷服务。商人们可以将大量的铜钱或其他贵重物品存放于柜坊，柜坊则根据存放物品的价值收取一定的租金或保管费。这种业务模式不仅为商人们提供了便利，而且使得资金得以集中和流通，从而促进了经济的进一步发展。

收取保管费用：与现代银行向储户支付利息不同，柜坊向客户收取保管费用。这种收费模式反映了当时对金融服务的价值认识，以及柜坊作为金融机构的营利方式。

便利商业交易：柜坊的出现极大地方便了商业交易。商人们在进行买卖时，无须携带大量沉重的铜钱，只需凭借柜坊发放的凭证即可进行交易，这在当时是一项重大的金融创新。

支票的雏形：柜坊发行的凭证，即“帖”，在一定程度上类似于现代的支票。客户凭借这种凭证可以提取存放的财物，这种凭证的使用，标志着早期金融工具的诞生。

促进经济发展：柜坊的资金雄厚，吸引了许多有钱人寄存钱财和贵重物品，这在一定程度上促进了资本的集中和流通，为唐代成为当时世界级强国提供了经济基础。

政府监管：随着柜坊业务的发展，政府开始对其进行监管。唐德宗时期，由于货币短缺，政府对柜坊的经营进行了一定的限制。这表明了政府对金融稳定和货币政策的初步认识和管理。

柜坊的出现和发展，对唐代社会经济产生了深远的影响。首先，柜坊的业务模式促进了商业贸易的便利化，降低了交易成本，提高了交易效率。其次，柜坊通过集中存储和管理资金，为当时的商业活动提供了资金支持，加速了资本的流动和积累。此外，柜坊的经营也为后来的金融机构提供了经验和模式，对后世的金融业发展产生了积极的推动作用。

唐朝的柜坊是中国金融史上的重要篇章，其经营理念和业务模式在当时具有创新性，为后世的金融发展奠定了基础。柜坊的出现和发展，不仅促进了唐代经济的繁荣，而且为现代金融业的兴起提供了宝贵的经验和启示。通过研究柜坊的经营特点和社会影响，我们可以更好地理解金融服务在经济发展中的重要作用，以及金融创新对于社会进步的推动力量。

柜坊虽然与现代银行在许多方面存在差异，但其经营理念和业务模式在一定程度上预示了现代金融业的发展方向。柜坊的存放和借贷业务、收取保管费用的模式，以及发行类似支票的凭证等，都为现代银行业务的开展提供了早期的雏形和参考。同时，柜坊的经营也体现了金融业服务实体经济、促进经济发展的基本职能。

唐朝柜坊的经营理念主要体现在以下几个方面：

服务实体经济：柜坊的出现是为了满足商业贸易中的实际需求，如存放货币和贵重物品、提供借贷服务等，这些都是为了促进商业活动的便利和经济的发展。

收取保管费用：柜坊通过提供金融服务，收取一定的保管费用作为营利模式，而不是通过支付利息吸引存款，这在当时是对金融服务价值的一种认可。

便利性和安全性：柜坊为商人们提供了一个安全存放财物的地方，减少了携带大量货币的风险，也方便了货币的流通和使用。

现代清廉金融强调的是金融体系的诚信、透明和公正，主要体现在以下几个方面：

诚信经营：金融机构应以诚信为本，公正公平地对待所有客户，不参与任何形式的欺诈和不正当交易。

透明监管：金融市场的运作需要高度的透明度，包括金融机构的财务状况、业务操作和风险管理等，以便监管机构和公众能够有效监督。

反腐倡廉：金融机构和从业人员应积极反对和防止腐败行为，建立严格的内部控制和合规体系，确保金融活动的清廉。

柜坊与现代清廉金融的关系如下：

服务实体经济的共同目标：唐朝柜坊服务实体经济的理念与现代清廉金融的目标是一致的。现代金融同样强调金融活动应服务于实体经济的发展，而不是进行投机或非法活动。

风险管理与安全性：柜坊通过收取保管费用来确保客户的财物安全，这与现代金融强调的风险管理和安全性有相似之处。现代金融机构通过建立健全的风险管理体系，保护客户资产和金融市场的稳定。

收费合理性：柜坊的收费模式虽然与现代银行的利息模式不同，但都体现了金融服务的合理定价。现代清廉金融同样强调金融服务的合理性和公正性，反对任何形式的不正当收费和利益输送。

促进经济公平：柜坊的出现促进了商业活动的公平，使得商人可以更加安全、便利地进行交易。现代清廉金融也致力于通过打击腐败和不正当行为，促进金融市场的公平和正义。

综上所述，唐朝柜坊的经营理念与现代清廉金融在服务实体经济、风险管理、合理收费和促进经济公平等方面存在着内在联系。虽然两者在形式和具体操作上有所不同，但都体现了金融服务的本质目的和社会价值。通过研究古代金融机构的经营原则，我们可以更好地理解和推动现代金融体系的清廉和健康发展。

3. 明代钱庄

明朝时期的钱庄，作为中国古代金融组织的一种，其经营理念和业务模式在当时具有创新性，对后世的金融发展产生了深远的影响。明朝钱庄的经营业务主要分为以下几个方面：

存贷款业务：明朝钱庄的存贷款业务是其核心经营活动之一。这一业务的开展，为当时的商业贸易提供了重要的资金支持。商人们可以将暂时不用的资金存入钱庄，钱庄则根据存款量和市场需求，向需要资金的商人或个人提供贷款。这种存贷款业务的开展，不仅为存款人提供了资金增值的机会，而且为借款人提供了资金支持，促进了商业活动的繁荣。钱庄通过这种方式，有效地促进了资金的流动和经济的发展。

汇兑业务：钱庄提供的汇兑服务，对于商业贸易尤其重要。在明朝，随着商业活动的扩展，商人们需要在不同地区之间进行交易，这就涉及资金的转移问题。钱庄通过建立广泛的网络和合作关系，实现了资金的快速转移。这种服务不仅减少了携带大量现金的风险和不便，而且降低了交易成本，对于加强地区间的经济联系、促进资源的合理配置起到了积极作用。钱庄的汇兑业务，实际上是一种早期的支付结算系统，为商业交易提供了便利。

信用创造：钱庄在经营过程中，实际上发挥了信用创造的功能。通过接受存款和发放贷款，钱庄扩大了货币供应，创造了信用。这种信用扩张对于经济活动的繁荣具有积极的推动作用。钱庄通过信用扩张，增加了市场上的货币流通量，促进了经济的增长。在当时，钱庄的信用创造作用是不可忽视的，它通过信用扩张，为经济发展提供了动力。

风险管理：钱庄在经营过程中注重风险管理。通过审查借款人的信用状况和还款能力，以及对市场动态的观察，钱庄控制了贷款风险。同时，钱庄也会储备一定的现金或贵金属，以应对可能的挤兑风险。这种风险管理的意识和实践，对于钱庄的长期稳定经营至关重要。钱庄的风险管理不仅体现在对单一贷款项目的审查上，而且包括对整体市场环境的敏感性和应对策略。

客户服务：钱庄注重提供优质的客户服务，以吸引和保留客户。这包括提供便捷的存取款服务、快速的汇兑服务，以及相对合理的利率。钱庄通过提供个性化的服务，满足了不同客户的需求，从而在激烈的市场竞争中获得了优势。钱庄的客户服务不仅限于商业客户，而且包括普通民众。通过提供便捷的金融服务，钱庄在社会中建立了良好的声誉，吸引了更多的客户。

社会影响：钱庄的出现和发展，对明朝社会经济产生了深远的影响。钱庄的存贷款和汇兑业务，促进了商业贸易的便利化，降低了交易成本，提高了交易效率。同时，钱庄的信用扩张，增加了市场上的货币流通量，促进了经济的增长。此外，钱庄的汇兑业务，对于加强地区间的经济联系、促进资源的合理配置也起到了积极作用。钱庄的这些业务活动，不仅促进了商业的繁荣，而且推动了社会经济的发展。

综上所述，明朝钱庄的经营理念体现了金融服务的多元化和专业化，它们通过提供存贷款、汇兑等业务，促进了资金的流动和经济的发展。同时，钱庄也注重风险管理和客户服务，这些经营理念对现代金融业的发展有着重要的启示作用。通过研究古代金融机构的经营原则，我们可以更好地理解和推动现代金融体系的创新和发展。明朝钱庄的历史经验，为现代金融业提供了宝贵的借鉴，特别是在如何平衡风险与创新、如何提供优质的客户服务，以及如何在激烈的市场竞争中保持竞争力等方面。

明朝钱庄的经营理念对现代金融业的发展有着重要的启示作用。钱庄的多元化金融服务，为现代金融机构提供了业务创新的参考。钱庄的风险管理和客户服务理念，强调了金融机构在经营中应注重风险控制和客户需求的重要性。钱庄的合规经营，提醒现代金融机构在追求经济效益的同时，也应遵循法律法规，维护金融市场的稳定和健康发展。

明代钱庄的经营理念如下：

信用基础：明代钱庄的业务建立在信用基础之上。钱庄通过信用创造，接受存款和发放贷款，扩大了货币供应，促进了经济活动。这种信用体系的建立，为商业交易提供了便利，也为社会经济的发展注入了活力。

风险管理：钱庄在经营过程中注重风险管理，通过审查借款人的信用状况和还款能力，以及对市场动态的观察来控制贷款风险。这种风险管理意识体现了钱庄对金融稳定性的重视，也为现代金融机构提供了风险控制的早期模式。

客户服务：钱庄注重提供优质的客户服务，以吸引和保留客户。这包括提供便捷的存取款服务、快速的汇兑服务，以及相对合理的利率。钱庄通过提供个性化的服务，满足了不同客户的需求，从而在激烈的市场竞争中获得了优势。

现代清廉金融的要素如下：

诚信经营：现代金融机构应以诚信为本，公正公平地对待所有客户，不参与任何形式的欺诈和不正当交易。诚信经营是现代金融业的基石，也是维护金融市场秩序的关键。

透明监管：金融市场的运作需要高度的透明度，包括金融机构的财务状况、业务操作和风险管理等，以便监管机构和公众能够有效监督。透明监管有助于提高金融市场的效率和公信力。

反腐倡廉：金融机构和从业人员应积极反对和防止腐败行为，建立严格的内部控制和合规体系，确保金融活动的清廉。反腐倡廉是现代金融业健康发展的重要保障，也是维护金融稳定和社会公正的基础。

明代钱庄与现代清廉金融的关联如下：

信用与清廉的结合：明代钱庄的信用基础与现代清廉金融的诚信经营有着内在联系。信用是金融活动的基石，而清廉则是金融行业健康发展的保障。两者都强调了在金融交易中保持诚信和透明度的重要性。

风险管理与合规：钱庄的风险管理意识与现代金融的合规监管相呼应。现代金融机构通过建立健全的风险管理体系和合规制度，来控制金融风险，保障金融市场的稳定。

客户服务与金融伦理：钱庄对客户服务的重视体现了金融伦理的一部分，这与现代清廉金融强调的以客户为中心的服务理念相契合。现代金融机构在提供优质服务的同时，也要注重维护客户的权益，防止不当销售和欺诈行为。

反腐倡廉的现代实践：虽然明代钱庄的经营中并未明确提出反腐倡廉的概念，但其注重信用和风险管理的做法，为现代金融机构提供了一种避免腐败和不正当行为的经营模式。

明代钱庄的经营理念对现代清廉金融的启示如下：

信用体系的建立：明代钱庄的信用体系建立在个人信用和商誉之上，这对现代金融业建立信用评估和信用管理机制提供了历史借鉴。现代金融机构应继续完善信用体系，提高信用评估的准确性和信用管理的有效性。

风险管理的创新：钱庄的风险管理实践启示现代金融机构在风险管理上要不断创新，通过科学的方法和技术手段，提高对市场变化的敏感度和应对能力。

客户服务的深化：钱庄对客户服务的重视，提示现代金融机构在服务上要更加深入和细致，不仅要满足客户的基本需求，而且要提供增值服务，增强客户黏性。

反腐倡廉的制度化：明代钱庄虽然没有明确的反腐倡廉制度，但其经营活动中的某些做法，如对借款人信用的严格审查，实际上起到了防范腐败的作用。现代金融机构应将反腐倡廉制度化，通过建立健全的内部控制和合规体系，确保金融活动的清廉。

4. 清代票号

清代票号作为中国古代金融业的重要组成部分，其经营制度和理念在当时具有创新性，并对后来的金融发展产生了深远的影响（王路曼，2023）。

清代票号的经营制度如下：

总号与分号制度：清代票号通常在山西设立总号，并在全国各地设立分号。这种制度使得票号能够跨地区经营，形成了广泛的金融服务网络。总号负责统筹管理，而分号则根据地域特点和市场需求开展业务。这种分散与集中相结合的管理模式，既保证了业务的灵活性，又维护了整体的统一性和协调性。

汇兑业务：票号的主要业务之一是汇兑，即在不同地区之间转移资金。这种业务减少了携带大量现金的风险和不便，降低了交易成本，促进了商业贸易的发展。汇兑业务的开展，体现了票号对市场需求的敏锐洞察和对金融创新的积极探索。

存款与放贷：除了汇兑，票号还接受存款和发放贷款。这些业务为当时的经济发展提供了资金支持，促进了资本的流动和积累。存款业务为票号提供了稳定的资金来源，而放贷业务则通过利息收入增加了票号的利润。这种存贷结合的经营模式，是现代银行业务的雏形。

风险管理：票号在经营过程中注重风险管理，通过审查借款人的信用状况和还款能力，以及对市场动态的观察，来控制贷款风险。这种风险管理意识体现了票号对金融稳定性的重视，也为现代金融机构提供了风险控制的早期模式。

内部管理：票号的内部管理相对严格，强调账目的清晰和资金的安全管理。这种管理方式有助于维护票号的信誉和稳定运营。内部管理的严格性体现在对员工的选拔、培训、监督和激励上，以及对财务的审计和对业务流程的规范上。

清代票号的经营理念如下：

信义制利：清代票号的经营核心理念是“信义制利”，即通过建立和维护良好的信用关系来实现利润的增长。这种理念强调了信用在金融交易中的重要性。票号通过诚信经营，赢得了客户的信任，从而在激烈的市场竞争中获得了优势。

家族经营：许多票号是由家族控制和经营的，这种家族式的经营模式有助于保持企业的稳定性和长期发展。家族经营的票号往往能够更好地传承经验和文化，同时能够在面对市场变化时保持一定的灵活性和适应性。

客户至上：票号注重客户服务，力求为客户提供便捷、安全的金融服务。这种以客户为中心的服务理念，有助于吸引和保留客户，增强了票号的市场竞争力。票号通过提供个性化的服务，满足了不同客户的需求，从而在激烈的市场竞争中获得了优势。

稳健经营：票号在追求利润的同时，也注重稳健经营，避免过度投机和风险。这种稳健的经营策略有助于票号在动荡的市场环境中生存和发展。票号通过谨慎的贷款政策和严格的风险控制，确保了业务的可持续发展。

地方与中央的结合：票号在经营中既服务于地方经济，也与中央政府的财政活动有所联系。例如，它们曾为清政府的税收提供汇兑服务，这体现了票号在国家经济中的重要角色。这种地方与中央的结合，使得票号能够在更广阔的范围内发挥其金融服务的功能。

清代票号的经营制度和理念在当时具有创新性，对现代金融业的发展有着重要的启示作用。通过研究古代金融机构的经营原则，我们可以更好地理解和推动现代金融体系的创新和发展。同时，这也提醒现代金融机构在追求经济效益的同时，应注重社会责任和道德规范，构建一个公正、透明、稳定的金融环境。

现代清廉金融的要素如下：

诚信经营：现代金融机构应以诚信为本，公正公平地对待所有客户，不参与任何形式的欺诈和不正当交易。

透明监管：金融市场的运作需要高度的透明度，包括金融机构的财务状况、业务操作和风险管理等，以便监管机构和公众能够有效监督。

反腐倡廉：金融机构和从业人员应积极反对和防止腐败行为，建立严格的内部控制和合规体系，确保金融活动的清廉。

清代票号与现代清廉金融的关联如下：

信用与清廉的结合：清代票号的信用基础与现代清廉金融的诚信经营有着内在联系。信用是金融活动的基石，而清廉则是金融行业健康发展的保障。两者都强调了在金融交易中保持诚信和透明度的重要性。

风险管理与合规：票号的风险管理意识与现代金融的合规监管相呼应。现代金融机构通过建立健全的风险管理体系和合规制度，来控制金融风险，保障金融市场的稳定。

客户服务与金融伦理：票号对客户服务的重视体现了金融伦理的一部分，这与现代清廉金融强调的以客户为中心的服务理念相契合。现代金融机构在提供优质服务的同时，也要注重维护客户的权益，防止不当销售和欺诈行为。

反腐倡廉的现代实践：虽然清代票号的经营中并未明确提出反腐倡廉的概念，但其注重信用和风险管理的做法，为现代金融机构提供了一种避免腐败和不正当行为的经营模式。

清代票号的经营理念与现代清廉金融在信用基础、风险管理、客户服务等方面存在着内在联系。通过研究古代金融机构的经营原则，我们可以更好地理解和推动现代金融体系的清廉和健康发展。同时，这也提醒现代金融机构在追求经济效益的同时，应注重社会责任和道德规范，构建一个公正、透明、稳定的金融环境。清代票号的历史经验，为现代金融业提供了宝贵的借鉴，特别是在如何平衡风险与创新、如何提供优质的客户服务，以及如何在激烈的市场竞争中保持竞争力等方面。

四、学习廉洁典故的意义

中国历史中的廉洁故事，如桑弘羊、张伯行等人的事迹，不仅是中华民族传统美德的体现，而且是现代社会特别是金融行业清廉建设的重要资源（范仁碧，2017）。这些故事对于现代清廉金融建设的意义主要体现在以下几个方面：

弘扬传统美德，树立道德标杆：历史上的廉洁故事，都是清廉自律的典范。这些故事可以作为现代金融从业者的道德标杆，激励他们在面对诱惑时坚守诚信和正直，为金融市场的诚信体系建设做出贡献。通过这些故事，金融从业者可以深刻理解到清廉不仅是个人品德的体现，而且是职业责任和社会责任的体现。

强化职业道德教育：金融行业作为与金钱直接相关的行业，职业道德尤为重要。通过学习历史上的廉洁故事，金融机构可以将其融入职业道德教育体系，教育员工认识到廉洁自律的重要性。这种教育有助于提升员工的道德素养，增强他们对职业道德的认同感和执行力，从而在实际工作中自觉遵守行业规范，维护金融市场的公平和正义。

促进清廉文化建设：廉洁故事中蕴含的清廉文化是构建健康金融环境的重要文化资源。金融机构可以通过举办讲座、研讨会等形式，将这些故事传播给员工，从而在机构内部形成崇尚廉洁、抵制腐败的文化氛围。这种文化建设有助于提升整个行业的道德水平，为金融市场的稳定和发展提供精神支撑。

提升公众信任和行业形象：清廉的金融行业能够赢得公众的信任和尊重。通过学习和传承历史上的廉洁故事，金融机构可以提升自身的社会形象，增强公众对金融行业的信任，为行业的稳定发展创造良好的外部环境。公众的信任是金融市场健康发展的基石，而清廉故事的传播有助于构建这种信任。

防范金融风险，维护市场秩序：历史上的廉洁故事强调了廉洁自律对于防范腐败和维护社会秩序的重要性。在现代金融领域，清廉文化有助于防范金融风险，确保金融市场的稳定运行，防止因腐败行为导致的市场失序。清廉的金融环境能够减少信息不对称，降低交易成本，提高市场效率。

推动制度建设和法治完善：历史上的廉洁故事往往与严格的制度和法治相结合。现代金融行业应借鉴这些经验，建立健全内部控制和监督机制，完善法律法规，确保金融活动的合法合规。制度和法治是清廉金融的保障，通过制度约束和法治教育，可以有效地预防和惩治金融腐败行为。

培养清廉金融人才：廉洁故事可以作为金融教育和人才培养的重要内容，帮助培养具有清廉品质的金融人才。这些人才将成为推动金融行业健康发展的中坚力量。清廉的金融人才不仅能够提升金融服务质量，而且能够在国际金融市场中展现中国金融行业的专业形象。

促进社会和谐与经济发展：清廉金融不仅有助于金融市场的稳定，而且是社会和谐与经济发展的重要保障。通过学习历史上的廉洁故事，金融从业者可以更好地理解自己的社会责任，为构建和谐社会和推动经济的可持续发展做出贡献。清廉的金融环境能够促进资源的合理配置，支持实体经济的发展，为社会经济的繁荣稳定提供支持。

树立行业典范，引导正向行为：廉洁故事中的主人公往往以其高尚的品德和坚定的信念，成为社会的楷模。在金融行业中，这些故事可以作为行业典范，引导从业者树立正确的价值观，自觉抵制不正之风。这种正向的引导有助于形成良好的行业风气，促进金融行业的健康发展。

强化职业操守，提升服务质量：金融行业的服务对象广泛，涉及众多投资者的利益。历史上的廉洁故事强调了公正无私、以民为本的服务理念。金融从业者应以此为鉴，坚守职业操守，提供优质服务，确保金融市场的公平和正义。这种服务理念的提升，有助于增强客户信任，提高金融机构的市场竞争力。

增强社会责任感，服务社会大局：历史上的廉洁故事往往强调了个人对社会的责任和贡献。在金融行业中，从业者应将这种社会责任感内化于心、外化于行，不仅关注个人和机构的利益，而且要关注社会的整体利益。通过服务实体经济，支持国家战略，金融从业者可以为社会的和谐稳定和经济发展做出更大的贡献。

促进文化传承，提升国家软实力：廉洁文化是中华民族优秀传统文化的重要组成部分。在全球化的今天，金融行业的国际形象对于提升国家软实力具有重要意义。通过学习和传承廉洁故事，金融行业可以展示中国金融的清廉和专业，增强国际竞争力，提升国家形象。

总之，学习中国历史中的廉洁故事，对于现代清廉金融建设具有深远的意义。这些故事不仅能够提升金融从业者的道德水平，而且能够促进金融行业的健康发展，维护金融市场的稳定，为社会的和谐与繁荣做出贡献。通过不断的学习和实践，我们可以将这些历史智慧转化为现代金融行业的实际行动，共同推动清廉金融文化的繁荣发展。

第二章
中国革命史中的清廉金融：红色基因与传承

在探索中国革命史的深邃脉络中，金融清廉作为一种深刻的红色印记，贯穿始终，展现了特有的历史意义和深远的影响。这种清廉不仅体现在财政的严谨管理和资源的合理分配上，而且在于金融行为的高度自律，以及对于经济活动纯洁性的坚守。红色基因，作为中国共产党传承下来的精神财富和行为指南，于金融清廉中找到了其鲜明的体现。在动荡的革命岁月里，无数革命先烈用他们对理想的坚守和对财经金融纪律的严格要求，诠释了红色基因的深层含义，为后来的经济建设和金融治理奠定了坚实的基础。

革命背景下的金融清廉，不仅是对资金使用的严格控制和监督，而且是一种对共产党员以及革命组织纪律性和道德性要求的体现。在极其艰苦的条件下，革命领导人和广大党员展现出了超乎常人的廉洁自律，他们将有限的资源最大化地用于支持革命事业，确保每一分钱都用在"刀刃上"。这种清廉的金融管理和使用，不仅保障了革命的顺利进行，而且体现了共产党人为民服务的宗旨，赢得了人民的广泛支持和信任。

金融清廉的红色印记，不仅是历史的回顾，而且是对今天乃至未来金融治理的重要启示。它告诉我们，金融的健康发展离不开严格的纪律和道德规范，而这些正是红色基因赋予我们的宝贵财富。在新时代的征程上，继承和发扬红色基因中的金融清廉，对于构建一个公平、公正、健康的金融环境，促进经济的持续健康发展具有不可估量的价值。

一、清廉金融的红色印记

（一）早期革命时期的金融艰难

在中国共产党成立初期，面对着极其艰巨的资金挑战。这一时期，党所处的环境充满了不确定性和动荡，既有来自国内外的政治压力，也有因战乱和社会动荡导致的经济困境。由于缺乏稳定的财政收入来源和资金支持，党需要在资源极其有限的情况下，支持日常运作、革命宣传和武装斗争等多方面的需要。这种财政资金的困难不仅影响了革命力量的建设和扩张，而且对党的生存和发展提出了严峻的考验。在这样的背景下，党通过提倡艰苦奋斗、勤俭节约的精神，以及不断探索适应革命斗争需要的财政策略和方法，逐步克服了初期的财政资金困难，为革命事业的持续推进奠定了基础。他们采取了多种措施，如简化行政机构和减少非必要的开支，实行严格的经济管理和资源分配制度，确保每一分钱都被合理有效地使用。此外，通过动员群众的支持和自给自足的方式，如开展生产运动，增强了革命根据地的经济自给能力。在日常生活中，干部和士兵被要求过着极其俭朴的生活，节约每一粒粮食和每一块布料。这种通过艰苦奋斗和勤俭节约来解决财政资金问题的做法，不仅维持了革命力量的生存和发展，而且培养了党和人民军队坚强的意志和克服困难的能力，为中国革命的最终胜利奠定了坚实的基础。

在早期革命中，清廉金融原则发挥了至关重要的作用。在资源极其有限的条件下，中国共产党通过实践廉洁、透明的资金管理和勤俭节约的生活方式，确保了宝贵的资金能够被有效利用在革命和民生建设上。这种财政纪律的严格执行，不仅增强了党和红军在人民中的威信，而且为革命的持续发展提供了坚实的经济基础。通过清廉金融原则的践行，党和红军在艰苦的环境中保持了高度的组织纪律和道德风范，增强了抵御外部压力和内部腐败的能力，为中国革命的胜利和新中国的建设奠定了重要的经济和道德基础。

（二）抗日战争与金融的战略作用

在抗日战争时期，中国共产党采取了民主财政和公开透明的金融政策，极大地增强了民众的信心。通过广泛动员和参与，党领导下的抗日根据地实行了民主的财政管理方式，让民众参与到财政收支的决策和监督中来，确保财政收入主要用于支持抗战和改善民生。这种财政政策的公开透明，使得民众能够清楚地了解资金的来源和用途，有效消除了民众的疑虑，增强了他们对抗日根据地政权的信任和支持。同时，这也体现了党在金融管理上的清廉原则和对民众利益的高度重视，有力地促进了民众与政权之间的紧密联系，为抗战的胜利提供了坚实的民意基础和物质保障。

在此时期，中国共产党领导的抗日根据地为了满足战争和经济发展的需要，采取了发行边区货币的策略。这一措施在当时的特定环境下，对于维护和稳定边区经济发挥了重要作用。边区货币的发行提供了一种有效的流通手段，满足了战时经济活动的需要，有助于调动和集中资源支持抗战，同时促进了地方经济的发展和民生的改善。为了保证边区货币的稳定，中国共产党采取了一系列措施，如加强货币发行的管理，控制货币发行总量，确保货币的实际购买力；建立和完善商品交换和市场体系，保障货币流通的有效性；以及通过政治和经济手段增强民众对边区货币的信心。这些措施确保了边区货币的稳定，避免了严重的通货膨胀，为边区的经济稳定和抗战的胜利奠定了坚实的基础。

清廉金融原则对于维护抗日根据地的经济稳定和增强民众信心发挥了至关重要的作

用。在这一艰难时期，中国共产党坚持清廉节约、公开透明的财政和金融政策，确保了有限的资源能够得到最有效的利用，重点支持抗战和民生建设。这种财政纪律和金融管理的清廉原则，不仅减少了浪费和腐败，而且赢得了民众的广泛信任和支持，为抗战提供了坚实的物质和精神基础。同时，通过实施民主财政和公开的财政预算，让民众参与到财政收支的监督中来，进一步增强了政府的透明度和公信力，促进了社会的团结和抗战的胜利。清廉金融原则在抗日战争时期不仅是经济管理的基本要求，而且是赢得民心、凝聚民力、推动抗战胜利的重要因素。

（三）解放战争中的金融管理

在解放区，中国共产党通过实施严格的财政纪律和有效的金融管理，确保了资源的合理分配和使用，为革命胜利提供了坚实的经济基础。首先，解放区建立了以民主管理为基础的财政体制，通过公开财政预算、收支，使财政运作透明化，增强了民众对政府财政政策的信任和支持。其次，严格执行节约原则，对所有开支进行严格审查，确保每一笔资金都用于最需要的地方，特别是支持前线抗战和改善民生。此外，解放区还通过发行货币、设立合作社等方式，调动和增加经济活力，同时采取措施控制通货膨胀，维护货币稳定。通过这些措施，解放区不仅在物质上有效支持了抗战和解放事业，而且在精神上凝聚了人心，为最终的胜利奠定了基础。

清廉金融在提升革命军队的战斗力和赢得民众支持方面起到了至关重要的作用。首先，通过确保财政和金融资源的合理、高效使用，清廉金融原则为革命军队提供了稳定的物资供应和后勤保障，从而直接增强了军队的战斗力和持久战的能力。此外，清廉金融原则的贯彻实施提升了军队和政府机构在民众中的形象，建立了正直、廉洁的公共形象，这种诚信和透明度有效地提升了民众对革命事业的信心和支持度。民众看到自己的贡献被合理利用在抗战和建设上，更愿意为革命提供支持，无论是物质上的捐献还是精神上的鼓舞。清廉金融不仅是一种经济原则，而且是一种凝聚力量，它通过确保资源的有效利用和维护良好的公共形象，为革命的胜利创造了坚实的物质和精神基础。

（四）新中国成立后的金融建设

随着新中国的成立，金融舞台迎来了历史性的转变。从支持革命斗争到服务国家经济建设，金融的角色发生了根本性变化。在这一新的历史阶段，金融系统的重建和发展成为国家经济恢复和发展的重要支撑。通过建立统一的货币体系、成立国家银行、发展金融市场等措施，为新中国的经济建设和社会发展提供了强有力的金融服务和支持。

新中国成立初期，继承和发展清廉金融的原则成为建立健全社会主义经济体系的重要基石。首先，新中国沿袭了革命时期严格的财政纪律和节约原则，通过建立统一的国家财政体系和银行体系，加强了中央对财政和金融资源的集中管理和调控能力。这一措施确保了有限资源的有效利用，为战后经济恢复和国家建设提供了坚实的财政支持。其次，新中国在金融管理方面继续强调公开透明和廉洁自律，制定了一系列反腐败和防止金融犯罪的法律法规，建立了严格的监督和审计机制，确保金融活动的清廉和高效。同时，政府通过开展各种形式的廉政教育和宣传活动，强化金融从业人员的职业道德和法律意识，营造了良好的金融工作环境。此外，新中国在继承清廉金融原则的基础上，也根据社会主义建设的需要进行了创新和发展。例如，通过实行计划经济体制，将金融资源更加有计划、有重点地投向国家重点建设项目和人民生活改善领域，进一步发挥了金融在服务国家经济发展和社会进步中的重要作用。新中国成立初期通过继承和发展清廉金融的原则，不仅为经济恢复和国家建设提供了有力支持，而且为后续经济体制的完善和金融体系的发展奠定了坚实的基础，体现了清廉金融在新时期的生命力和时代价值。

在新中国成立初期，全国面临着战后重建的艰巨任务和经济基础薄弱的现状。为了巩固国家经济基础，新中国政府实施了一系列重要的金融改革措施。首先，政府进行了货币改革，废除了旧的货币体系，统一发行了新的人民币，稳定了货币价值，抑制了严重的通货膨胀，为经济恢复和发展提供了稳定的货币环境。其次，新中国成立了中央银行——中国人民银行，统一了金融管理，加强了对金融机构的监管，确保了金融体系的稳健运行。同时，政府对金融机构进行了改组和整合，建立了以国有银行为主体的银行体系，将金融资源集中起来，优先支持国家的重点建设项目和工农业生产，有效地促进了经济的快速恢复和增长。此外，新中国政府还实行了财政紧缩政策，严格控制国家和地方的财政支出，提高了财政效率和资金使用效率。通过加强财政和金融纪律，新中国在经济上实现了从“量的积累”向“质的提高”的转变，逐步建立起了独立完整的工业体系和国民经济体系。通过这些金融改革措施，新中国成立初期就成功巩固了国家经济基础，为后续的社会主义建设和经济发展奠定了坚实的基础，展现了金融改革在国家发展中的重要作用。

二、清廉金融的根基：红色基因的哲学

（一）革命理念中的金融清廉

革命理念中的金融清廉，是中国共产党在漫长革命斗争和社会主义建设中形成的一种深刻的价值观和行为准则，它不仅体现了党对金融工作的高度重视和严格要求，而且是中国共产党红色基因的重要组成部分。在革命和建设的每一个阶段，金融清廉都被视为维护党的纯洁性、保障革命和建设事业顺利进行的基石。

在革命理念中，金融清廉首先体现为对党员和革命工作者的严格要求。革命领导人和广大党员在革命战争年代面对重重困难和诱惑，始终保持着极高的自我约束力和牺牲精神，将党和人民的利益放在首位。他们视金融资源为革命的宝贵资产，每一分钱都必

须用在最需要的地方，严禁私分、挥霍和腐败行为，确保了有限的资源能够支持革命斗争到最后胜利。

金融清廉在革命理念中还体现为对金融工作的高标准和严格管理。在革命和建设的不同阶段，无论是抗日战争时期的边区货币发行、解放战争时期的财政资金管理，还是新中国成立后的国家经济建设，共产党都实行了严格的金融纪律和制度，通过建立健全的监督管理体系，防范和打击金融腐败，确保金融资源的合理配置和有效使用。

此外，金融清廉还是共产党同人民群众建立和维护密切关系的重要桥梁。在革命和建设过程中，通过廉洁高效的金融工作，共产党赢得了人民群众的广泛信任和支持，形成了党与人民群众鱼水情深的关系。这种基于金融清廉的信任和支持，成为共产党领导中国革命和建设取得胜利的重要社会基础。

金融清廉作为红色基因的重要组成部分，不仅是对过去革命斗争和社会主义建设经验的总结，而且是对当前和未来金融工作的重要指导。在今天，继承和发扬金融清廉的红色基因，对于构建清正廉洁的金融体系，促进金融行业健康发展，保障国家经济金融安全，实现中华民族伟大复兴的中国梦具有重大而深远的意义。

（二）从理论到实践：红色基因的金融体现

从理论到实践，红色基因在金融领域的体现是一个由思想指导行动、理念转化为具体实践的过程。这一过程不仅展示了中国共产党如何将其核心理念融入金融工作中，而且反映了红色基因对金融行为和决策产生的深远影响。

1. 理论基础：服务人民和社会主义原则

红色基因的金融体现首先建立在坚定的理论基础之上，即服务于人民和社会主义事业的原则。中国共产党将马克思主义关于资本、货币和金融的理论与中国实际相结合，形成了一套适应中国特色社会主义发展需要的金融理论。这套理论强调金融工作必须坚持党的基本路线，服务于经济社会发展的大局，坚持以人民为中心的发展思想，确保金融活动符合社会主义的方向和目标。

2. 实践转化：清廉与效率的统一

在实践中，红色基因的体现转化为对金融工作中清廉与效率的双重追求。一方面，红色基因强调金融领域的清廉性，即金融工作者必须具备高尚的道德品质，坚守公正无私、廉洁奉公的职业操守，严格遵守金融纪律和法规，确保金融资源的合理和高效使用。另一方面，红色基因也强调金融工作的效率性，即金融体系要高效服务于经济发展，通过金融创新和制度改革不断提升金融服务的质量和效益，支持实体经济的发展。

3. 具体实践：金融政策与制度创新

红色基因在金融领域的具体体现还包括在金融政策制定和制度创新上的贯彻。例如，在新中国成立初期，为了重建战后的国民经济，中国共产党实施了一系列金融政策和制度安排，如统一货币制度、改革银行体系、建立国家财政和税收制度等，这些措施都深受红色基因中坚持社会主义方向和服务人民的原则影响。在改革开放以来的金融改革中，红色基因则体现为在坚持社会主义市场经济条件下，通过金融创新促进经济发展，同时加强金融监管和风险防控，保障金融系统的稳定和健康。

4. 持续传承：金融文化和教育

红色基因在金融领域的体现还在于对金融文化的塑造和金融教育的推广。通过培养金融工作者的红色文化认同感，加强金融道德和职业操守教育，不断传承和弘扬红色基因中的核心价值观，形成了独特的金融文化和精神。这种文化和精神的传承与弘扬，是确保金融领域长期健康发展的关键。金融文化的核心在于强调责任、诚信、清廉和服务，而这些正是红色基因中最为宝贵的部分。金融教育则起到了灌输和强化这种文化的作用，确保每一位金融工作者都能够内化这些价值观，将其转化为自己的行为准则。

三、革命典范：清廉金融的实践者

（一）陈云：廉洁自律的金融守护者

在中国革命及新中国成立初期，清廉金融原则的应用对于经济建设与金融体系的稳定发展起到了关键作用。陈云等革命家通过勤俭节约、反对浪费和腐败，确保了有限资源的高效利用，为抗战胜利和新中国的建设提供了坚实的财政基础。陈云是中国共产党的杰出领导人之一，以其在经济和金融领域的卓越贡献而闻名。在中国革命和社会主义建设的不同阶段，陈云始终秉持着廉洁自律的原则，对金融领域的管理和改革做出了重要指导和贡献，成为名副其实的金融守护者。

陈云深刻理解金融对经济发展的重要作用，特别是在社会主义初级阶段，他强调金融系统的稳定和健康对国家经济的重要性。在他的领导和推动下，中国建立了适应社会主义市场经济需要的金融体制，为经济发展提供了有力的金融支持。陈云在金融工作中特别注重廉洁自律，他认为金融领域的廉洁是维护金融稳定、促进经济健康发展的基石。在他的实践中，陈云严格要求自己和身边的工作人员，坚决抵制任何形式的金融腐败，为金融系统树立了良好的廉洁形象。他的这种廉洁自律不仅体现在个人层面，而且通过政策制定和制度建设在整个金融系统中得到了体现和推广。除了强调廉洁外，陈云还注重金融工作的效率和创新。他倡导金融服务要紧密结合实体经济的需要，支持国家的重点项目和关键领域，推动金融产品和服务的创新，满足经济发展的多样化需求。陈云对于金融工作的这些理念和实践，不仅在当时为中国经济的发展提供了重要支撑，而且为后来的金融改革和发展留下了宝贵的经验和启示。陈云的金融思想和实践，特别是他的廉洁自律精神，对于当代中国金融工作仍具有重要的借鉴意义。在今天金融市场日益复杂多变的背景下，陈云关于金融稳定、服务实体经济、廉洁自律的思想仍然是指导金融工作的重要原则。通过学习和传承陈云的金融思想和精神，有助于进一步推动中国金融系统的稳定发展和金融服务的质量提升，为实现经济高质量发展提供坚实的金融支持。

陈云一生之所以能够做到廉洁从政、勤政为民，最为根本的原因是他始终坚持共产主义的理想信念，始终坚持全心全意为人民服务的根本宗旨。“亲民之官，以廉为基。”陈云心中时刻装着人民，始终关注人民群众的吃饭、穿衣问题。当他在市场上了解到女同志买不到发夹，特意要求冶金部调好钢来生产制作。他曾被称为“不管部长”，也就是说，别人不管的小事，他都要管。在陈云看来，为政清廉与为人民服务是辩证统一的：要想为人民当好“差”，就要在政治上保持廉洁作风；而只有保持廉洁的作风，才能真正地为人民服务。

陈云曾指出，每个党员“必须具有艰苦奋斗的精神，继承和发扬党的优良传统”，“我们必须进行长期的艰苦奋斗”。陈云不仅清醒地认识到艰苦奋斗的长期性，而且以身作则、身体力行。

1946 年，他在临江任辽东军区政委时，冬天天寒地冻，手指僵硬，每晚暖手后才能起草电文，每次开会都把军大衣裹了一次又一次。军区参谋长十分心疼政委，特意请人缝制了一件棉坎肩，给政委暖暖身子。这件棉坎肩，陈云穿了 38 年，上面打了 32 个补丁。陈云在 1952 年出访苏联、1954 年出访越南前夕，分别做了一套藏青色毛料和一套灰色的中山装。这两套服装，他也只在接见外宾时或参加重要活动时才穿。活动一结束，就赶紧收起来。天长日久，有的部位磨损了，就请夫人于若木缝补。实在补不好了，就送店里织补。这两套服装，陈云穿了三十多年。他穿的内衣内裤也都是补了又补。他穿的大衣也是两用的：春秋是夹大衣，到了冬天，就把厚绒衬里用扣子扣上，成了厚大衣。周恩来总理曾经感慨地对身边工作人员说：“陈云同志真会过日子，你们应该向他学习。”

任何法律法规和制度都要落实在行动上。正如陈云所指出：“遵守纪律不是在口头上，而是在实际行动上。口头上说遵守纪律是容易的，困难的是在实际行动上真正遵守纪律。所以党观察党员是否遵守纪律，要看他的行动。”

1995 年 4 月 10 日，陈云同志交了自己一生中最后一次党费，这张收据保存在纪念馆；纪念馆里还有他在虹桥迎宾馆休养时缴纳伙食费的收据，等等。这些文物每次展出时，都令观众感到惊叹，人们不敢相信，一位伟人对自己的要求是如此严格。正如陈云的秘书所说：“首长对自己的要求几乎到了苛刻的地步。”陈云定下的规定，自己都带头执行。1961 年 11 月上旬，由于受寒流影响，北京气温陡降。11 月 10 日，周恩来去陈云那里，发现他披着棉被在床上看文件，仍被冻感冒了。周总理于心不忍，马上表示特许这里提前几天供暖，陈云却坚决说道：“11 月 15 日供暖的时间是我定的，我不能破这个例。”言必信，行必果。党员干部只有带头执行规定，把口号落实在行动上，把承诺兑现在服务上，才能调动全党的积极性，形成高度的凝聚力和战斗力。

陈云不仅对自己要求严格，而且同样重视对子女和身边人员的教育。陈云指出：

“希望所有党的高级领导人员，在教育好子女的问题上，给全党带好头。绝不允许他们倚仗亲属关系，谋权谋利，成为特殊人物。”

陈云对自己的子女要求十分严格，要求他们“读好书，做好人”。“文化大革命”期间，陈云被下放到江西“蹲点”。由于厨师生病，陈云长女陈伟力临时到江西为他做了10个月的饭。陈云对女儿说：“你在这里10个月，是为了照顾我，没有给国家做事，就不能拿国家的工资，回去后，要把工资退给单位。”后来，单位还给陈伟力开了一张收据，现在这张收据也保存在纪念馆里。1977年中央决定恢复高考制度，陈云的二女儿陈伟华在郊区教书，知道这一消息时，距离高考不足3个月。年近三十的陈伟华央求父亲为她找个大学老师“辅导一下”，父亲以疑惑的眼光看了她一眼后离去。事后母亲告诉她：你爸说这是“走后门”，要考就凭自己的本事考进大学。后来，伟华靠自己的努力考进了北京师范大学。“公生明，廉生威。”无论对待自己的子女，还是对身边工作人员，陈云都能保持公正，不偏私。这是值得我们后人永久学习、宣传的（万凯，2023）。

今天，我们不仅要学习陈云的廉政风范，更为重要的是，在新的形势下，在推进党风廉政建设的过程中，要从陈云的廉政思想中汲取营养，从而进一步加强和改进党风廉政建设，巩固党的执政地位，不断保持党的先进性和纯洁性。陈云作为中国共产党的老一辈革命家，他的严于律己、清正廉洁的形象及其对经济和金融政策的贡献，对中国建立清廉金融体系产生了深远影响。陈云在任职期间，始终保持着极高的个人廉洁标准，他的清正廉洁为金融系统树立了道德榜样。在他的影响下，金融领域的从业人员被鼓励和要求遵循高标准的职业道德，这对于构建清廉、透明、高效的金融环境至关重要。陈云严于律己的品质，对金融领域的纪律建设产生了正面影响。他的行为准则和原则性强化了金融行业内部的规章制度，促使金融机构和从业人员严格遵守法律法规，从而提高了金融系统的整体治理水平。陈云在中国经济建设和改革开放中扮演了重要角色，他提出的一系列经济政策和理念对金融领域的发展方向产生了指导性影响。特别是他对经济结构的调整、改善民生等方面的贡献，为金融服务实体经济和满足人民群众需求提供了重要指导。陈云对经济稳健运行的重视，对后来中国金融监管体系的建立和完善产生了启示作用。他倡导的严格管理和审慎原则，对金融机构进行有效监管，防范和控制金融风险，对建立健全的金融监管体系至关重要。

陈云的清正廉洁和严于律己的典范，不仅为个人树立了高尚的道德形象，而且为金融领域的发展提供了重要的精神指导和实践参考。在他的影响下，中国的金融体系更加注重纪律建设、风险防控和服务实体经济，为构建清廉、高效、稳定的金融环境奠定了坚实的基础。

（二）毛泽民：铸就清廉金融的榜样

毛泽民作为中国共产党早期杰出的经济工作者和领导者，在推动清廉金融方面有着深刻的实践和独到的见解。他坚持以马克思主义为指导，将金融工作紧密结合国家的经济建设和社会发展，始终把人民的利益放在首位，坚定不移地贯彻清廉自律的原则。

毛泽民，1896 年出生于湖南湘潭韶山冲。1921 年随毛泽东投身革命，次年加入中国共产党。1922 年年底，毛泽民赴江西安源从事工人运动。他深入矿井，向工人宣讲革命道理，创办夜校，带领工人同资本家作斗争，同时发挥理财专长，组织成立安源路矿工人消费合作社并担任总经理，发行合作社股票，创新采购方式，受到工人的一致拥护。在毛泽民的苦心经营下，消费合作社成为中国共产党从事秘密活动、筹措经费、发行革命书刊、发展党的组织的重要场所。1925 年开始，毛泽民辗转上海、武汉、天津等地，从事党中央机关刊物和进步书刊的秘密印刷发行工作。当时斗争环境十分险恶，稍有不慎就会被反动军警逮捕。一次，毛泽民去上海书店，几个暗探就坐在对面茶馆盯梢，书店营业员察觉后，连忙给他打暗号，他才机智地从后门离开。

1931 年中华苏维埃共和国临时中央政府成立后，毛泽民承担起“红色管家”的重任。1932 年中华苏维埃国家银行成立时，只有会计、记账员、出纳、总务和行长毛泽民 5 人，小小的团队，却要管理中央苏区所有军民的日常供给、后勤粮草。为克服困难，毛泽民坚决贯彻“统一财政，筹款支援前线”的指示，发行苏区货币，统一苏区财政，发行建设公债，成立钨矿公司，有力支持了革命战争及根据地的建设和发展。1934 年 10 月，中央红军开始长征，国家银行被编入中央纵队十五大队，毛泽民任大队长兼没收征集委员会副主任。他坚持做思想政治工作，带头攻坚克难，真情关心战士。在毛泽民的以身作则下，十五大队完成了运输、打土豪、筹粮筹款、保障供给等艰巨任务，被称为“扁担上的国家银行”。

1938 年 2 月，原定去苏联治病的毛泽民受党中央派遣，化名周彬，出任新疆省财政厅副厅长、代理厅长职务。面对新疆财政的“烂摊子”，他采取调整税收、改革币制、平稳物价、发行建设公债、节支开源等一系列有效措施，促进了工农牧业及文教卫生事业的发展，得到了新疆各族人民的拥护。1941 年 7 月，毛泽民调任新疆民政厅厅长，大力发展医疗卫生事业，整顿救济院，帮助三千多名鳏寡孤独告别了沿街乞讨的悲惨命运，他们异口同声地称赞毛泽民：“周厅长，亚克西!”但是，毛泽民等人的出色工作，却招致了新疆军阀的不安与嫉恨。1942 年 9 月 17 日，毛泽民不幸被反动军阀盛世才逮捕。在狱中，面对敌人的威逼利诱，毛泽民坚贞不屈。敌人见始终无法从他口中得知任何有用信息，便恼羞成怒，于次年 9 月将他秘密杀害。

毛泽民常说：“我们是为工农管钱，为红军理财的，一定要勤俭节约!”作为党的久经考验的共产主义战士，自 1921 年起，这位从韶山冲走出来的“红色管家”，就一直为党、为革命工作，他以自己的实际行动践行了一名共产党人的初心与使命（刘颖，2021）!

毛泽民在金融工作中特别强调廉洁和效率的统一。他深知金融工作的复杂性和敏感性，明确提出金融系统内部要严格自律，反对任何形式的腐败和浪费，确保金融资源能高效、公正地服务于国家的经济发展和人民的福祉。在毛泽民看来，清廉不仅是金融工作者个人品德的体现，而且是金融系统稳定运行和健康发展的重要保障。在实际工作中，毛泽民以身作则、严于律己，他的生活俭朴、工作勤奋，对待金融资金管理严格谨慎，对金融领域的任何违纪行为都持零容忍态度。他的这些做法赢得了同事和人民的广泛尊敬，为金融领域树立了良好的廉洁榜样，为后来中国金融的发展奠定了坚实的道德基础。毛泽民还非常重视金融政策的制定和执行，主张金融政策要紧密联系实际，科学合理，确保金融活动既能有效支持经济社会发展，又能防范金融风险，保持金融市场的稳定。他在金融工作中的这些理念和实践，不仅在当时发挥了重要作用，而且对今天的金融工作仍具有重要的借鉴和启示意义。

毛泽民在金融的清廉体现在他对金融工作高度的责任感和使命感，以及他在金融实践中所体现的清廉自律和勤政为民的精神。他的金融思想和实践，对于推动中国金融的清正、健康和稳定发展具有深远的影响。

（三）董必武：新中国金融体系的奠基者与廉洁楷模

董必武是中国共产党的创始人之一，是新中国金融的奠基人和开拓者。“性习于俭，俭以养廉”是他一生的写照，他主持了中国人民银行的建立，组织设计了第一套人民币的版面，并亲笔题下了第一套人民币的票版行名。他作为中国人民银行的创始人、新中国金融事业的奠基者，为中国人民银行的成立及新中国金融事业的起步所做的巨大贡献，成为他一生丰功伟绩的重要篇章。

1947 年年初，中国人民解放战争即将进入战略反攻阶段，我军在各大战区节节胜利，北方的解放区逐渐连成一片。但在敌人分割包围、严密封锁的情况下，各根据地的财政经济及货币金融工作都是相互独立、分散管理的，货币一直实行“统一领导，分散发行”的方针，各根据地的货币仅限于在本解放区流通，各解放区货币兑换比价也不固定。这些因素，直接制约了解放区的经济发展与贸易交往，并对各野战军跨区作战造成巨大障碍。为此，中共中央委托晋冀鲁豫解放区于 1947 年 3 月在河南省武安县（1949 年划归河北省）冶陶镇召开了华北财经会议，商讨统一财经问题。晋察冀、晋冀鲁豫、山东、晋绥、陕甘宁五大战略区的财经要员齐集于此。出席会议的正式代表 17 人，列席代表 38 人。会议开了近两个月时间，由于各区情况千差万别，财经问题又有其特有的复杂性。为了统一思想，中央派董必武前往指导会议。接到中央的指示后，董必武带着夫人、孩子和工作人员从陕北一路东行，赶赴武安参加会议。他们走到山西五台县东山区大槐庄时，所带的干粮吃光了。警卫员跑到一个小店买烧饼，但店家不收陕甘宁边币，甚至连公家开的商店也只认晋察冀边币，最后只好空手而归。孩子饿急了，董必武的夫人只好以物易物，用一块新布料换了两个烧饼。这件事使董必武深切体会到货币统一的必要性。董必武到会后，就统一财经问题和各解放区财经负责同志反复交换意见，对何时统一货币的主、客观条件等问题作了进一步研究，还根据当时物价实际情况，研究确定了各解放区货币相互兑换的比价标准和分别实现的时间。他还亲自对《华北财政经济会议决定》进行了最后修改并上报中央。1947 年 10 月 24 日，中央向各中央分局并中央工委、中央后委①发出了《中央批准华北财经会议决议及各地财经工作的指示》。华北财经会议总结、交流了各解放区发展经济和生产工作的基本经验，为调整各解放区货币贸易关系、便利物资交流和货币兑换进行了富有成效的工作，促进了各解放区经济和生产的发展，有力地支援了解放战争大反攻。它是我党在解放区统一财经、货币工作的起点，为建立统一银行、发行统一货币奠定了基础。

华北财经会议还有一个重要成果，就是经过讨论，决定成立统一管理华北财政经济的办事机构——华北财经办事处，并上报中央。1947 年 4 月 16 日，中央发出《关于成立华北财经办事处及任命董必武为主任的决定》，随后，根据中央要求，华北财经工作会议选举薛暮桥、方毅、南汉宸、姚依林、杨立三、白如冰、陈希云为副主任。这样，华北财经办事处作为党中央统一管理华北各解放区财经、调剂各区财政关系的机构在平山县夹峪村挂牌成立。1947 年 8 月 1 日，董必武向中央上报了《华北财经办事处组织规程》，其中明确提出“筹建中央财政及银行”为华北财经办事处 8 项任务之一。8 月 16 日，中央复电批准了这个规程，并指示各中央局及各区财经办事处施行。此后，华北财经办事处就开始考虑统一银行的筹建问题。关于银行的名称，当时有的同志建议叫“联合银行”或“解放银行”。晋察冀边区银行副经理何松亭与南汉宸商量后，建议银行名称叫“中国人民银行”。在广泛征求意见后，董必武认为“中国人民银行”这个名字好。他说：新创建的全解放区银行的名称，不仅要考虑目前的货币统一问题，而且要和将来建立人民共和国联结起来，使其成为将来的国家中央银行。用“中国人民银行”这个名称，既表示这是人民的银行，又有别于蒋介石政府的中央银行，也不失将来作为新中国国家银行名称的格局。

1947 年 10 月 2 日，董必武致电中央建议：“组建中央银行，发行统一货币”，并提议银行名称为“中国人民银行”，随即中央发来复电予以肯定。人民币票版的设计也提上了议事日程。当印有毛泽东头像的第一套人民币设计票版报请中央审查时，被毛泽东婉言谢绝。他说：“票子是政府发行的，不是党发行的，现在我是党的主席，不是政府的主席，因此，票子上不能印我的像。”于是，董必武又组织人员重新设计，提出了将人民币主图主景改为“反映解放区工农业生产情景”的要求。1948 年年初，董必武在西柏坡的一个农家小院里为重新设计的第一套人民币票版题写了“中国人民银行”六个极具历史意义的大字。1948 年 3 月，董必武主持召开了华北金融贸易会议，会上各解放区交流了本区金融贸易工作经验，具体研究讨论了建立中国人民银行、稳定物价和统一发行货币问题。

1948 年 3 月，中央决定将晋察冀和晋冀鲁豫两大解放区合并，成立统一的华北解放区，在石家庄成立华北人民政府，董必武当选为主席。两解放区所属晋察冀边区银行和冀南银行也于 1948 年 4 月分别搬到了石家庄市原中华北大街 11 号的小灰楼内合署办

---

① 中央后委全称为中央后方委员会。

公，后两行合并成立华北银行，南汉宸为总经理，胡景沄、关学文任副经理。同时，中国人民银行筹备处也从平山县夹峪村搬到了小灰楼。首批人民币样稿完成后，华北银行于1948年8月2日上报中央《关于发行中国人民银行券的补充意见》，对人民币的发行比价、票版面额、发行时间、发行步骤、发行数量等都作了详细报告，并附有5个品种7种版别的人民币设计样稿。经毛泽东等中央五大书记圈阅批准，第一套人民币设计样稿立即发往各印制局制版印刷。在此之前，董必武曾经在南汉宸的陪同下前往太行山区的阜平县南峪村实地考察，亲自了解了晋察冀边区财政印刷局的生产设备和生产能力，在此基础上，对各解放区银行的印钞厂进行了改组，为印制人民币做好了准备。首批人民币印出后，被立即送往西柏坡，由董必武面呈毛泽东审阅。毛泽东望着崭新的人民币，高兴地说："人民有了自己的武装，有了自己的政权，现在又有了自己的银行和货币，这才真正是人民当家作主啊！"1948年11月2日，东北全境解放，淮海战役正在激烈进行中，平、津两市解放在即，而经济上各解放区货币不统一造成的种种混乱和困难更加突出。为此，中共中央决定，把成立中国人民银行和开始发行人民币的时间，从原定的1949年1月1日提前为1948年12月1日。1948年11月18日，华北人民政府在石家庄市召开了第三次政务会议，董必武在会上临时增加了一项"关于发行统一钞票问题"的议题，会议经过认真讨论后做出决议："发行统一货币现已刻不容缓，应立即成立中国人民银行并任命南汉宸为中国人民银行第一任总经理。"11月22日，董必武签发了成立中国人民银行发行统一货币的训令。1948年12月1日，董必武签署华北人民政府"金字第四号"布告，宣布："华北银行，北海银行，西北农民银行合并为中国人民银行"，"发行中国人民银行钞票"。至此，中国人民银行在石家庄市中华北大街原11号（现55号）的小灰楼宣告成立，并于当日在石家庄市和平山县先后发行了面额为10元、50元的人民银行新币。

中国人民银行成立和第一套人民币发行，标志着旧中国半殖民地半封建社会极端混乱的金融、货币制度的灭亡和新中国统一的、独立自主的、基本稳定的社会主义货币信用体系的确立。而董必武等老一辈革命家为中国人民银行的成立和新中国金融事业的起步所建立的丰功伟绩也永远载入了史册（魏占辰，2021）。

董必武在中国共产党的早期金融工作中扮演了关键角色，他以其深厚的学识和坚定的共产主义信仰，为革命根据地的金融制度建设和管理做出了卓越贡献。在面对艰苦的革命环境和复杂的金融挑战时，董必武凭借其清廉自律的品格和前瞻性的思维，成功地构建了一套既符合革命需要又具有一定前瞻性的金融管理体系。更为重要的是，董必武身体力行，以个人的廉洁为榜样，影响和带动了周围的同志。他的生活极其俭朴，从不利用手中的权力为个人谋取任何利益，成为广大党员和干部学习的典范。董必武的金融工作不仅为革命胜利提供了坚实的物质基础，而且为新中国金融体系的建立和完善奠定了基础。他的实践证明，即使在极其艰难的条件下，通过科学的管理、严格的纪律和个人的清廉，也能有效地开展金融工作，为革命和建设事业贡献力量。董必武在金融领域的贡献，成为中国共产党金融工作历史上的宝贵财富。

四、影响与传承：清廉金融的力量

（一）革命与建设：清廉金融的推动作用

在中国革命和社会主义建设的伟大征程中，清廉金融发挥了不可替代的推动作用。这一过程中，金融不仅作为经济发展的血脉，而且承载着革命理想与社会主义建设的伦理价值，其中清廉自律的原则尤为突出。革命时期，党和人民面临着极其艰苦的斗争环境，资源稀缺，生存压力巨大。在这种背景下，清廉金融成为维护革命队伍纯洁性、保障有限资源得到最有效利用的关键。

清廉金融的推动作用首先体现在革命斗争中对资源的合理调配。在物资极端匮乏的条件下，革命领导人和金融工作者坚持清廉自律，确保每一分钱都用于支持前线和改善人民生活，没有任何浪费和私分现象。这种严格的财经纪律和高度的责任感，保证了革命斗争能够持续进行，同时赢得了人民的广泛信任和支持。

进入社会主义建设阶段后，清廉金融对于经济发展的推动作用更为显著。在建设初期，国家面临着重建家园、发展经济的艰巨任务，清廉金融成为确保国家资源得到高效利用、促进经济健康发展的重要保障。金融工作者继承和发扬了革命期间的廉洁精神，严格执行财经纪律，抵制腐败现象，通过金融创新和改革为经济建设提供了有力的支持。此外，清廉金融还在促进社会公平、缩小贫富差距、提高人民生活水平等方面发挥了积极作用。值得一提的是，清廉金融还推动了金融制度和监管体系的建立和完善。通过制定和实施一系列金融法规政策，建立起健全的金融监管体系，有效防范了金融风险，维护了金融市场的稳定，为经济的持续健康发展提供了坚实的制度保障。

在革命与建设的历程中，清廉金融以其独特的推动作用，不仅保障了经济的稳定增长和社会的和谐发展，而且深刻地影响了整个社会的价值观念和道德风尚，成为新中国金融发展的重要里程碑。

（二）红色基因的传承：从历史到未来

红色基因的传承在金融领域体现为清廉金融的不懈追求，这一精神贯穿了中国共产党从革命时期到现代建设的每一个阶段。从历史到未来，清廉金融作为红色基因的重要组成部分，展示了中国共产党坚守初心、服务人民的理念，以及对公平正义、廉洁自律的不断追求。

在革命时期，清廉金融体现在革命领导人和金融工作者对资源的珍惜与高效利用上。他们在极端艰苦的条件下，确保每一分钱都投入最需要的地方，如支援前线和改善民众生活，体现了对人民高度负责的态度。同时，严格的财经纪律和反对腐败的立场，为革命的胜利提供了坚实的经济基础。

进入新中国建设和改革开放的新时期，清廉金融的传承则转化为推动经济发展和社会进步的动力。在金融体系建设和完善中，清廉金融成为确保金融资源合理配置、支持国家重点项目和保护人民群众利益的重要保障。金融工作者继承红色基因，坚持以人民为中心的发展思想，通过金融创新和服务优化，为经济建设和民生改善提供了有力支撑。

面向未来，清廉金融的传承将更加注重与现代金融发展相结合，以适应经济全球化和金融科技的新趋势。在继续弘扬清廉自律的同时，也将加强金融监管、防范金融风险，保持金融市场的稳定和健康发展。通过培育和践行社会主义核心价值观，清廉金融将继续引领金融行业的发展方向，为实现国家富强、人民幸福和社会和谐贡献力量。

清廉金融作为红色基因的重要体现，从历史到未来将持续成为中国金融发展的核心价值和行为准则，指引着金融行业的健康发展和社会主义现代化建设的进步。

（三）清廉金融对现代管理的启示

革命史中的清廉金融为现代管理提供了深刻的启示，特别是在坚持清廉自律、优化资源配置、增强系统稳定性等方面。这些历史经验不仅对金融行业有着重要的指导意义，而且对整个社会的治理和管理同样具有重要的参考价值。

首先，革命史中的清廉金融强调了清廉自律的重要性。在革命时期，资源极其有限，革命领导人和金融工作者通过廉洁奉公、严格管理，确保了宝贵的资金能够被高效利用。过去的经验提醒我们，无论是在公共部门还是私营企业，领导者和管理者都应坚持高标准的道德准则，通过自身的廉洁示范作用，建立起清廉、高效的组织文化。

其次，革命史中的清廉金融展示了对资源配置的高度重视。在革命时期，正确有效地利用每一分资金对于支持战争和民生至关重要。这启示现代管理要精心规划和合理配置资源，特别是在资源有限的情况下，优化资源利用、避免浪费是提高组织效率和效益的关键。

再次，革命史中的清廉金融还体现了对系统稳定性的维护。在动荡的环境中，通过建立严格的金融纪律和制度，革命领导人保持了金融系统的稳定和持续运作。这对现代管理而言，强调了风险管理和制度建设的重要性。在面对外部变化和内部挑战时，强健的制度和有效的风险管理机制是保证组织稳定发展的重要保障。

最后，革命史中的清廉金融还强调了密切联系群众的重要性。通过听取并响应群众的需求和意见，革命时期的金融工作得以支持和推动了革命的进程。这为现代管理提供了重要启示，即组织和管理者应始终保持与利益相关者的良好沟通，关注并满足他们的需求和期望，以增强组织的公信力和社会责任感。

革命史中的清廉金融为现代管理提供了丰富的启示，强调了清廉自律、资源优化、系统稳定和密切联系群众等方面的重要性，这些原则和经验对于指导现代组织和社会的健康、持续发展具有重要价值。

第三章
中国金融改革与开放中的清廉金融：目标与初心

1949—2011 年是中国金融改革与开放的重要历史阶段，这是中国从计划经济向市场经济转型的时代缩影，这也是中国积极主动融入世界经济体系的历史过程。它不仅推动了中国实体经济的快速增长，而且为社会的全面发展提供了重要支撑。从历史贡献来看，中国金融改革与开放实现了中国金融体系从 0 到 1 的转变，打造了一个较为完整的金融市场体系。然而，中国金融改革与开放的过程中同样存在诸多挑战和历史局限性，如宏观层面的金融发展过快，脱实向虚，以及面临较大的系统性风险冲击，同时在微观领域也面临较为严重的金融监管不完善、金融腐败屡禁不止的挑战。在此背景下，以清廉为核心的金融文化在中国金融改革和开放的顺利推进中起到了不可忽视的作用。特别的，在金融监管体系不完善、金融治理能力较为薄弱的阶段，清廉金融成为抑制金融乱象和金融腐败的重要思想武器。

一、中国金融改革与开放：历史回顾

新中国成立至今，金融改革历经七十余年，蕴含着丰富而复杂的历史进程。时至今日，中国特色的现代化金融体系无论是在市场机制、金融结构，还是监管模式等方面都发生了深刻的变革（唐松，2019；吕炜和靳继东，2019）。总体而言，中国金融改革与开放取得了举世瞩目的成就，也对中国的经济发展提供了重要助力。从历史经验来看，中国金融改革与开放的历史回顾可以总结为以下几个阶段：

1. *过渡期：建立社会主义金融体系（1949—1978 年）*

新中国成立之初，建立了以国有制为主体、政府集中控制为特征的社会主义金融体系。在这一阶段，政府实施了银行和金融机构的国有化政策，旨在整合金融资源，推动国家经济的发展和稳定。比如建立统一的货币制度，建立以中国人民银行为核心的金融体系，新设中国人民保险公司（1949 年）、农业合作银行（1951 年）、中国人民建设银行（1954 年），并设立了分布广泛的农村信用社。该阶段的金融改革基本是为了巩固新生政权而推行的，其所遵循的是一套非市场化的计划工作理念，其重要特点即在于“高度集中”。这种金融管理模式有效地统合了全国范围内的金融资源，遏制了金融乱象，为国家经济建设打下了良好基础。

2. 改革开放初期：引入市场化机制（1979—1991 年）

1978 年后，中国开始了以邓小平为核心的改革开放进程。金融领域的改革首先集中在分权和试点市场化政策上。这一时期见证了农村信用合作社的建立、财政和金融分权措施的推行，以及对利率和外汇管制逐步放松，最后初步形成了较为健全的金融体制和金融结构。其中，1977 年 12 月 31 日，中国人民银行正式从财政部分离，成为国务院直接管辖的独立机构，这是中国金融业改革和发展回归正轨的重要标志。随后，中国银行（1979 年）、中国建设银行（1983 年）、中国农业银行（1983 年）和中国工商银行（1984 年）先后成立。1983 年 9 月 17 日，中国人民银行正式确定了中央银行地位，1979 年开始试点推行“拨改贷”政策并逐步辐射全国，1981 年开始正式发行国债，以筹措经济建设资金。1990 年 12 月 19 日，上海证券交易所正式开业；1991 年 7 月 1 日，深圳证券交易所开始运营。

3. 加速改革时期：市场化改革不断深化（1992—2001 年）

这一时期是中国特色社会主义金融体系市场化导向确立的重要阶段。1992 年邓小平发表“南方谈话”，中共十四大确立了社会主义市场经济体制是改革奋斗的重要目标。1993 年 12 月 25 日，国务院颁布《关于金融体制改革的决定》，强调中央银行具有独立执行货币政策的权限，同时逐步剥离“政策性-商业性”金融业务（机构），建立以国有银行机构为主、多种金融机构并存的金融组织体系，从而对金融体制进行大规模、全面性的改革。1994 年 4 月 18 日，中国银行业同业拆借中心正式成立。1996 年 6 月 1 日，中国人民银行正式进行利率市场化改革，将银行间同业拆借利率放开。1998 年，中国人民银行取消对四大国有银行的信贷计划管理。1999 年起，中国人民银行开始对外发布货币政策调控的中间目标。此后，中国人民银行剥离出证券业务、保险业务的监管工作，设立了证监会（1992 年 10 月）、保监会（1998 年 11 月）。

4. 开放时期：与全球金融系统融合（2002—2011 年）

2002—2011 年是中国特色社会主义金融体系开放发展、内涵提升的重要阶段。其一是金融对外开放力度加大。如 2001 年中国加入世界贸易组织（WTO），先后推出合格境外投资者制度（QFII）和合格境内投资者制度（QDII），促进资本有序在境内外流动。其二是利率市场化和汇率市场化改革。2004 年 10 月，央行转变存贷款利率制度，从原有的“法定”向“基准”转变，实现金融机构人民币贷款利率上限的放开。2005 年 7 月，中国人民银行对汇率开始改革，以市场供求为基础、参考一篮子货币进行调节，实行有管理的浮动汇率制度。2007 年 1 月，上海银行间同业拆借利率投入运行。

二、中国金融改革历程中的问题与挑战

我国金融改革不仅在宏观层面面临诸多金融风险的挑战，而且在微观领域面临较为严重的金融监管不完善、金融腐败屡禁不止的挑战。

（一）中国金融改革在宏观领域面临的问题和挑战

当前，中国经济正处于高速增长向高质量增长的转型时期，原有的发展方式、经济结构、增长动力等平衡关系被打破重建，整个国民经济特别是金融与实体经济之间正在建立新的平衡。因此，过去中国金融领域在高速增长掩盖下的一些体制性、结构性矛盾和问题逐渐暴露，加之百年未有之大变局下外部形势越发复杂，中国金融在宏观层面面临多重问题与风险。典型的，如金融过快膨胀，存在脱离实体经济的风险。在过去20年中，中国金融业的发展速度长期高于宏观经济增长速度。从金融增加值占GDP的比重看，该占比自2005年的低点4%增长到了2015年的高点8.2%，超过同期英国、美国等发达经济体的占比。如图3.1所示，从金融业总资产占GDP的比重看，其从2004年的2.55倍增长到2019年的3.21倍（其中峰值在2016年的3.85倍）。

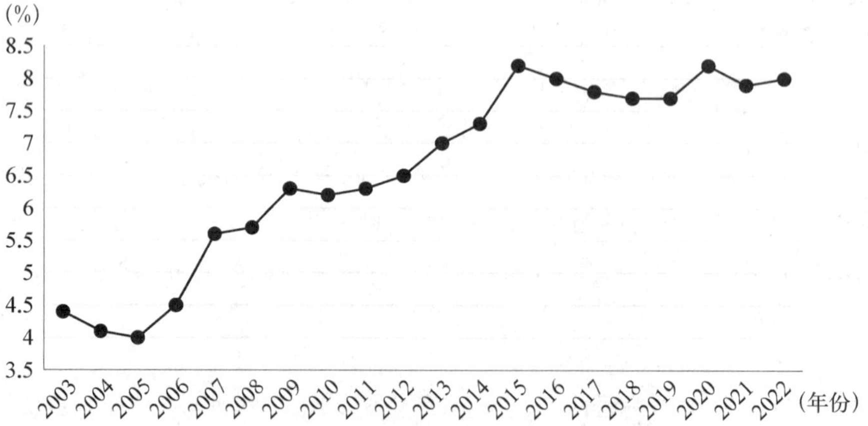

图3.1　中国金融业增加值占GDP的比重变化

此外，中国人民银行于2022年12月20日公布的数据显示，2022年三季度末，中国金融业机构总资产为413.46万亿元，同比增长10.1%，其中，银行业机构总资产为373.88万亿元，同比增长10.2%；证券业机构总资产为12.87万亿元，同比增长7.3%；保险业机构总资产为26.71万亿元，同比增长9.8%。而根据国家统计局数据，2022年我国GDP总量为121.02万亿元。即2022年年末中国金融业机构总资产为GDP的3.41倍以上，高于2019年的3.21倍与2020年的3.32倍。

不仅如此，在国内放开疫情管控的背景下，考虑到金融行业主要是非体力劳动，对办公环境、实物资产依赖度低的特质，因此金融业会先于其他产业恢复到疫情前的中高速增长阶段。这可能导致金融业在享受复苏收益的过程中切走较大比重的“蛋糕”，而占据实体经济重要位置的制造业投资依然复苏乏力。因此，近年的中央经济工作会议指出，“要依靠创新提升实体经济发展水平，促进制造业高质量发展”。在这个背景下，金融业的过快膨胀会进一步导致金融业与实体经济的脱节，形成金融“内循环”，最终影响中国经济的长期发展。本章对当前中国金融在宏观领域面临的具体风险和挑战总结如下：

1. 房地产业带来地方财政、金融机构和居民三重金融风险

房地产关联上下游行业、银行等金融机构、土地财政等多个方面，是爆发系统性金融风险的源头之一，也是威胁我国金融安全的最大“灰犀牛”。

中国社会科学院 2020 年 12 月发布的《中国住房发展报告》中提到，上市房企在资产负债率、总资产周转率、存货周转率等指标仍处于风险较大的区间，流动比率、速动比率和应收账款周转率等指标的恶化趋势没有得到遏制。此外，近几年我国房企的还债压力长期居高不下，华泰证券统计结果显示，2020—2022 年，房地产境内债券到期量分别为 4 316 亿元、6 212 亿元和 3 764 亿元。2020 年下半年开始进入偿债高峰期，连续 6 个季度到期量超过 1 200 亿元。一方面，在大多数房企借新债还旧债的同时，巨大的偿债和利息支出压力将使得高财务杠杆的房企金融风险激增；另一方面，在“去杠杆”绝对压力下，融资变难叠加偿债高峰到来，将给我国房企资金链带来沉重压力。我国房地产债务风险，一方面通过银行贷款传导给金融机构，另一方面通过土地财政带来地方政府的财政压力。同时，随着房地产企业融资“三道红线”监管政策落地，房地产企业更加依赖来自购房居民的间接融资。2020 年 9 月，房企融资结构中，间接融资比重升至 88.65%，居民债务负担压力进一步凸显。如果房地产企业债务危机不能妥善解决，地方财政、金融机构和居民就将受到严重影响。

而在 2021 年 12 月 14 日更新的《中国住房发展总报告（2021—2022）》中则提到，2021 年，中国住房市场经历从分化升温到热度下降的运行过程。时间上，住房市场从上半年的普遍过热转向下半年的普遍降温。全国平均住房价格增幅先快速上升后逐步回落。其中，1—2 月份大幅上涨至 11 228 元/平方米，同比涨幅达到 16.8%，在此之后住房价格涨幅逐月回落。截至 2021 年 10 月，全国房价平均为 10 513 元/平方米，同比增长 5.28%。房地产投资经历从骤升到回落企稳的变动过程。住房开发投资累计值同比增长率在 2021 年 2 月达到 41.9%的高峰，此后逐步回落，2021 年 1—10 月同比增速为 9.3%，回归至正常水平。报告指出，住房租赁受疫情影响相对较大，恢复过程中城市层级性分化加剧。一线城市与二线城市住房租赁价值指数间“剪刀差”持续扩大。

由于截至本书完稿，2022—2023 年的住房发展报告仍未发布，目前不便提供 2022 年实际数据。且 2022 年年末中国放开疫情管控，可以想见将对住房市场产生冲击，造

成复杂的情况变化。但无论如何，地方财政、金融机构和居民的三重金融风险短期内不会轻易消失。这将是我国金融业未来发展中须长久面对的重要问题。

2. 地方政府隐性债务风险

地方政府隐性债务问题由来已久，涉及中央地方财权事权关系等深层次问题，不能简单地理解为地方政府基于地方“私利”违法违规。不过无论地方政府是否有无奈之处，目前地方政府隐性债务过高、风险较大已是事实。中央曾经多次就地方政府隐性债务问题采取措施。

2017 年中央掀起一轮严控隐性债务增量行动，财政部等部委发文禁止地方政府以融资平台、政府投资基金、PPP、政府购买服务等名义变相举债。

2018 年 8 月，国务院发文要求地方防范化解隐性债务风险，要求用 5～10 年来化解存量隐性债务。

2020 年 12 月，中央经济工作会议明确指出，“抓实化解地方政府隐性债务风险工作”，将地方政府债务处理工作提高到罕见高度。然而，地方政府隐性债务问题的根源在于地方财政收支不平衡。地方承担着巨大的发展压力，而财政收入难以支持经济社会发展。在高速增长时期，地方政府可以通过土地财政弥补支出。随着城市化增速逐步下降，土地财政收入已有下降趋势，加之疫情防控期间经济活动放缓，地方税收大幅下滑。同时，地方政府为了防控疫情、稳住地方经济、稳定就业，不得不继续加大财政支出。根据国家金融与发展实验室国家资产负债表研究中心数据，疫情防控期间地方政府杠杆率由 2019 年 12 月的 21.5%激增至 2020 年 9 月的 25.6%。截至 2020 年年底，我国地方政府债务余额为 25.66 万亿元，较 2019 年增长 20.4%，显性债务快速增长。

2021 年以来，经济逐步企稳但结构性问题仍存，稳增长需求不减，根据《2021 年政府工作报告》，积极财政政策基调仍然延续，叠加存量项目资金接续需求，全年地方债务新增额度仍维持 4.47 万亿元的高位，其中专项债务新增额度仅小幅下降 0.1 万亿元至 3.65 万亿元，显性债务规模进一步快速攀升，截至 2021 年年末存量规模已超 30 万亿元。

2022 年 5 月 18 日，财政部发布《关于地方政府隐性债务问责典型案例的通报》，集中通报河南、湖南、贵州等地城投公司 8 起地方政府隐性债务问责典型案例，涉及新增隐性债务、隐性债务化解不实等行为，这也是财政部自 2018 年 11 月之后，再次在其网站上对违规举债案例进行披露，体现了继续从严管控隐性债务的坚决态度。

综上可以判断，地方政府收支缺口巨大且有扩大趋势，即使地方政府现有债务压力能够稳定甚至缓解，未来也有巨大的潜在风险。

3. 外部风险

我国金融业主要面临全球经济衰退、逆全球化、全球债务危机和全球冲突危机四大外部风险交错形成的复杂风险。

由于当今基础学科突破速度放缓，技术发展放慢，全球经济发展进入漫长的平缓期；此前“新冠”疫情的冲击使得经济情况更加恶化。尽管随着2022年年末中国的重新放开，国际货币基金组织（IMF）于2023年1月30日发布的《世界经济展望报告》更新内容中上调了2023年和2024年的经济增长预期，但全球经济复苏的道路依旧困难重重。

据IMF报告，预计2023年的全球经济产出增速将从2022年的3.4%放缓至2.9%，2024年预计反弹至3.1%。此外，预计2023年的通货膨胀率将从2022年的8.8%降至6.6%，预计2024年将降至4.3%。然而，IMF也警告称，抗击通胀的努力尚未结束。IMF首席经济学家皮埃尔-奥利维耶·古兰沙（Pierre-Olivier Gourinchas）在《世界经济展望》报告的附文中表示：“抗击通胀已初见成效，但各国央行必须继续努力。”

据报道，此前IMF曾预测称2023年全球1/3的经济体可能陷入衰退。但古兰沙在《世界经济展望》报告发布前的新闻发布会上说，目前最新预测结果表明，2023年面临经济衰退的国家远少于此，经济衰退的风险正在大大降低。不过，报告中也指出，尽管经济前景变得更乐观，但以历史标准衡量，全球经济增长依然疲软。

另一方面，当前，世界依旧面临着逆全球化危机，而中国面对的负担则格外沉重。在2020年6月的《世界经济展望》中，IMF将现在发生的事情称为“大关闭”（Great Shutdown）。作为上一轮全球化的主要推动者，美国根据“美国优先”原则开启了“逆全球化”的“阀门”。尽管随着中国的放开与对疫情的适应，防疫导致的关闭各国国境和产业链脱离的影响逐渐趋于平稳，但可以想见，美国不会轻易放弃对“去全球化”运动的主导，过去构建的全球产业链、价值链将因此遭到破坏。而中国作为世界第二大经济体，客观上对亚太地区乃至世界范围内的经济都有着举足轻重的影响，在承担起全球产业链、价值链重构，帮助世界各国抵御逆全球化冲击的问题上责无旁贷。

除此之外，经济的衰退势必反映在民众生活中，并带来世界政治局势的动荡。以俄乌冲突为代表的诸多事件已经向我们揭示了此问题的一角。这也将为未来国际范围内的投资等金融活动带来巨大的不确定性。

（二）中国金融改革在微观领域面临的问题和挑战

根据中央纪委网站公布的最新数据，截至2020年年底，中国人民银行、国家外汇管理局系统共查处腐败案件31件，留置40人。其中，驻中国人民银行纪检监察组或派驻纪检监察组自办11件，指导下级纪委主动查办10件，配合地方纪委监委查办10件；留置厅局级干部4人，正处级干部5人，其他人员31人。而截至2021年4月，原中国银保监会系统查处腐败案件达到429件，留置49人。其中，纪检监察组立案94件，留置38人，涉案金额73.1亿余元；指导下级纪委立案并采取留置措施11人。事实上，在中国金融改革与开放时期，以及党的十八大以来的金融多元化改革时期，金融防腐一直是监管当局面临的重要挑战，也是影响中国金融体系稳定性的关键问题之一。在微观金融领域，中国金融体系至少面临如下问题挑战：

1. 组织管理问题

腐败现象的一个共同特征就是权力滥用。我国是人民民主专政的社会主义国家，《中华人民共和国宪法》规定：国家的一切权力属于人民。人民是国家的权力主体。但是，由于经济、政治、文化发展水平的制约，社会主义初级阶段的民主还只能以间接的形式为主，不具备实现马克思主义经典作家设想的“通过人民自己实现人民管理”的条件，达不到“所有的劳动者管理国家”的理想境界，而只能将权力委托给国家机关及其工作人员去行使。这样，就产生了代理人风险。权力腐败从根本上讲，是由权力本身所具有的能被腐败的可能性和权力主体滥用权力谋取私利的欲望造成的。经济上的腐败会破坏正常金融运作秩序，因为腐败违背了市场经济活动竞争性和资源分配公平性的要求。

因此，建设清廉金融文化的必要要求是对腐败加以反制，对权力加以束缚。然而，随着反腐治理不断深入，对权力使用的监管逐渐强化，又有可能导致行政机关效率降低，个别干部消极怠政、缺乏担当，对人民诉求推诿扯皮、不加作为。想要平衡对权力的监管与对效率的兼顾，完善相关组织部门管理条例；就需要在实践中不断反思、调整和改进。

2. 道德风险问题

微观上看，当把关注点放在具体金融行为单元，尤其是单个金融机构时，可以从中分出以下几个层级：业务层、管理层，以及决策层。每一个层级都有不同的道德风险可能。例如，对业务层来说，他们掌握着一手的客户数据，容易利用信息优势和制度漏洞违规获取利益。对管理层而言，他们容易关注短期利益而忽略长期风险；作为沟通决策与业务层的中介，也可能在信息传达中包藏私心，造成上下沟通偏误。而决策层则可能缺乏执行经验，在做出决策时非理性化、想当然、不负责任。

3. 金融管理问题

2012 年以来，“金融创新”成为银行、信托、证券、保险等行业发展的主题。但近 10 年发展之后，容易发现，许多所谓“金融创新”本质上旨在规避监管，实现资金“出表”。不同部门的监管标准不一致，给制度套利、监管套利、空转套利提供了空间。如今，这些现象仍未消失，影子银行的快速发展也给我国经济金融稳定带来了不容忽视的风险。而从这一现象衍生出去，则是更为广泛地对行业帮扶政策的恶意利用问题，也侧面反映了相关监管约束的不到位。这些无不对我国金融业安全与发展造成了巨大的负面影响。

三、清廉金融对中国金融改革顺利推进的意义和价值

根据前文分析，中国经济金融改革不仅在宏观层面面临多重阻碍，而且在微观领域存在诸多挑战。特别地，因为组织管理不够完善，腐败现象一直存在并且成为阻碍金融

改革发展的关键问题。在此背景下，清廉金融的重要性日益凸显。随着金融市场的不断深化和国际化，清廉金融不仅成为维护市场秩序、保障金融稳定的关键，而且是推动金融改革顺利进行的重要保障。因此，本章进一步深入探讨清廉金融在中国金融改革中的价值，分析腐败行为对改革进程的负面影响，并强调防腐工作在改革中的核心地位。

（一）腐败问题始终是阻碍中国经济金融改革的难题

中国经济金融改革的过程中，腐败问题一直是制约因素之一，表现在以下几个方面：

（1）腐败问题会导致资源分配不公平，进而阻碍中国经济金融改革。一些官员和企业利用职权谋取私利，损害了市场经济的公平性和效率性。例如，在行政审批和项目批准过程中，一些官员利用职权谋取私利，以行贿或其他非法手段干预审批流程，使得一些企业或项目能够获得优先批准，而其他合法申请却被拖延或搁置；还有一些政府部门和官员在资源配置过程中滥用职权，以权谋私，寻求个人私利。他们可能通过挪用公共资源、虚报项目成本等手段，获取不当利益，导致资源的不合理配置和流失；另外在土地使用权的分配过程中，也存在着严重的腐败现象。一些地方政府和官员往往会将土地使用权出让给有政治或经济关系的企业或个人，而忽略了合法的竞争程序和公平的市场原则，导致土地利用权的不公平分配。这些表明，腐败问题在中国经济金融改革中不仅影响了资源的合理配置和利用效率，而且严重损害了公民的合法权益和社会的公平正义观念，阻碍了经济金融体制的健康发展和改革的顺利进行。因此，加强腐败治理，建立健全的监管体系和惩治机制，增强政府和社会各界的反腐意识，是中国经济金融改革进程中必须解决的重要问题。

（2）腐败问题会加剧市场秩序混乱，这会扭曲市场竞争机制，严重影响经济金融体系的正常运行和健康发展。其一，非法垄断和行业内部串通。腐败助长了一些企业和行业内部的非法垄断和串通行为。通过行贿、拉拢官员以及其他不正当手段，一些企业或行业集团可能操纵市场，限制竞争，从而获取更多的市场份额和利润。这种行为不仅扭曲了市场竞争环境，而且损害了消费者和其他企业的利益。其二，不正当竞争和破坏市场秩序。腐败助长了企业之间的不正当竞争行为。一些企业可能通过行贿、虚假宣传、贿赂等手段获取商业利益，导致市场竞争失序、产品质量下降、消费者权益受损，使整个市场秩序遭到破坏。其三，金融市场乱象丛生。腐败使得金融市场出现了各种乱象，包括但不限于内幕交易、操纵市场、不当交易、非法集资等行为。这些行为不仅损害了金融市场的公平公正，而且削弱了金融市场的稳定性和透明度。其四，资源配置失序和资金外流。腐败使得资源配置失序，大量资金被挪用、浪费和侵占。一些官员和企业通过非法手段获取资源，导致资源配置不合理，社会财富被大量浪费，严重影响了经济的健康发展和资源的有效利用。综上所述，腐败问题在中国经济金融改革中导致了市场秩序的混乱和失序，严重影响了经济社会的健康发展和金融体系的稳定运行。因此，加强腐败治理，建立健全的监管机制和法律体系，加强社会舆论监督，是解决中国经济金融改革中腐败问题的重要举措。

（3）腐败问题和制度不健全密不可分。一些地方和部门存在监管不力、内部管理混乱等问题，法律法规执行不严格，导致腐败问题得不到有效制约和打击。在中国经济金融改革中，腐败问题的存在与制度不健全密不可分，具体表现如下：其一，监管机制不完善。在中国，一些监管机构存在职责不清、权责不对等等问题，监管不到位、监管空白区域等现象普遍存在。这种不完善的监管机制容易导致一些企业和个人触碰法律底线，逃避监管，从而为腐败行为提供了空间。其二，执法不严格。腐败问题的根源之一是执法不严格、执法不公正。一些地方政府或执法机构在执行法律法规时存在法不责众、徇私舞弊等情况，对腐败行为处置不当，甚至纵容包庇，使得腐败现象屡禁不止。其三，权力滥用和行政不透明。一些官员滥用职权，以权谋私，通过行贿受贿等手段谋取个人利益，这与政府行政的不透明性密切相关。政府决策过程不透明、信息不对称，容易滋生腐败现象，使得一些官员利用职权为自己谋取私利，破坏了公平公正的市场秩序。其四，行政审批和市场准入障碍。行政审批制度和市场准入障碍也是腐败问题的温床。一些官员和企业通过行贿、贿赂等手段谋取利益，绕过烦琐的审批程序，获取不正当的竞争优势，从而导致市场环境不公平，加剧了腐败问题的存在。其五，资源配置失序。由于制度上的缺陷和不完善，资源配置失序，导致资源分配不公，一些官员和企业通过行贿、关系等手段获取资源，造成了资源的浪费和滥用，加剧了腐败问题的存在。综上所述，制度不健全加剧了中国经济金融改革中的腐败问题，这显然阻碍了金融改革发展。

（二）防腐是中国金融改革的重要任务

在推进中国金融改革的过程中，防腐始终是一项重要任务。

（1）这是维护改革的公平性和公正性的必要手段。防腐能够维护改革的公平性和公正性，保障改革成果的合理分配，促进经济社会的全面发展。其一，确保资源分配公平。腐败往往导致资源分配的不公平现象，使得少数人或少数利益集团获得不正当的经济利益，而普通民众或一般企业则处于劣势地位。因此，防腐工作的一个重要目标是确保资源分配的公平性，保障每个人和每个企业都能在公正的竞争环境中获得应有的机会和权利。其二，净化市场环境。腐败行为会扭曲市场秩序，破坏公平竞争环境，阻碍市场资源的合理配置。通过加强反腐败斗争，清除市场中的腐败现象，可以净化市场环境，维护市场的公正竞争秩序，推动市场经济的健康发展。其三，增强改革的合法性和可持续性。如果改革过程中存在大量腐败现象，将严重损害改革的合法性和可持续性。腐败不仅会削弱人民群众对改革的支持和信心，而且会降低改革的执行效果和推进力度。因此，防腐工作是确保改革顺利推进、保障改革成果得以巩固和发展的重要保障。

（2）这是增强金融改革可持续性的重要保障。防腐有助于增强改革的可持续性，保障改革政策的顺利执行，防止腐败现象对改革进程的干扰和破坏。其一，维护改革成果不受腐败侵蚀。腐败行为容易侵蚀改革的成果，使得改革的效果无法持久。如果不加以遏制，腐败现象就会不断侵蚀改革的果实，导致改革成果流失、效果逐渐减弱甚至倒退。因此，防腐工作是保障改革成果持久的关键一环。其二，确保制度建设和法治环境的稳定性。腐败行为往往伴随着制度漏洞和法治环境的不健全。加强反腐斗争，清除腐败分子，可以促进制度建设和法治环境的稳定，为金融改革提供良好的制度和法治保障，保障改革的可持续发展。其三，维护改革过程中的政治稳定。腐败问题容易引发社会不满和政治动荡，影响改革过程中的政治稳定。通过加强反腐败斗争，维护社会的政治稳定，可以保障改革的顺利推进，防止因腐败问题引发的社会动荡对改革产生负面影响。

(3) 这是提升金融改革的社会效益的重要举措。防腐可以提升改革的社会效益，促进社会公平正义，增强人民群众的获得感和幸福感，推动中国特色社会主义事业的持续发展。其一，建立良好的营商环境。腐败现象严重影响了营商环境的稳定和健康发展。加强反腐败斗争，清除市场中的腐败现象，可以营造公平竞争的市场环境，提升企业的发展信心和投资热情，推动经济持续健康发展。其二，提升社会治理能力和效率。腐败行为会严重削弱社会治理能力和效率，阻碍社会各方面事务的正常运行和顺利发展。加强反腐斗争，净化社会风气，可以提升社会治理能力和效率，为经济社会的可持续发展提供坚实的基础和保障。

（三）清廉金融的重要价值

当前，腐败问题已经是阻碍中国经济金融改革的重要问题，这使得防腐成为中国金融改革的重要任务，需要得到高度重视和持续推进。在此背景下，清廉金融对中国金融改革顺利推进具有重要的意义和价值，只有加强清廉金融建设，严厉打击腐败现象，才能确保中国经济金融改革取得更加稳健、健康和可持续的发展。

(1) 清廉金融可以促进金融市场健康发展。其一，清廉金融能够提升金融市场的透明度和公正性，促进市场规范化、健康发展，增强金融市场的竞争力和吸引力。其二，清廉金融会增强市场信心。清廉金融机构的存在和运作能够增强投资者、客户和社会公众对金融市场的信心。投资者和客户更倾向于选择清廉、透明的金融机构进行业务往来，因为他们相信这样的机构更加稳健、诚信，能够保障其资金和利益的安全。其三，清廉金融可以维护市场秩序。清廉金融机构严格遵守法律法规、诚信经营，不参与腐败行为和不当竞争，有利于维护金融市场的公平、公正和透明。这有助于防止市场出现垄断、操纵等不正当行为，维护市场秩序的良性发展。其四，清廉金融可以提升金融服务质量。清廉金融机构注重客户利益，倾力提升服务质量和水平。他们更加关注客户的需求，提供更加专业、高效、便捷的金融服务，从而促进金融市场的健康发展和经济的稳定增长。其五，清廉金融会降低金融风险。清廉金融机构具备更强的风险管理能力和更严格的内控机制，能够及时发现和化解潜在的风险隐患，降低金融市场的系统性风险。这有助于保护金融体系的稳定性和安全性，避免金融危机的发生，维护社会的经济稳定。

综上所述，清廉金融的重要价值在于促进金融市场的健康发展，维护市场秩序，提升金融服务质量，降低金融风险，为实现经济社会的可持续发展和繁荣做出积极贡献。

（2）清廉金融可以提升金融机构形象。清廉金融有助于提升金融机构的社会形象和信誉度，增强投资者和公众的信任度，促进金融机构稳健发展。其一，增强公众信任。清廉金融机构以其诚信、透明和合规的经营方式赢得了公众的信任。公众更愿意选择与这些机构合作，将其视为可信赖的金融合作伙伴。这种信任不仅体现在个人客户，而且延伸到企业、政府和其他金融机构之间的合作关系中。其二，树立良好形象。清廉金融机构坚持高标准的道德和职业操守，积极履行社会责任，为客户和社会创造更大的价值。他们通过参与社会公益活动、支持教育、环保和扶贫等事业，树立了良好的企业形象，成为社会的模范企业和价值观典范。其三，吸引优秀人才。清廉金融机构具备良好的企业文化和价值观，注重员工的职业道德和精神素质培养。它们吸引了更多优秀的人才加入，这些人才不仅具备专业技能，而且拥有高度的责任感和使命感，能够为机构的发展和长远目标贡献力量。其四，提升竞争力。清廉金融机构在市场竞争中凭借其优良的信誉和声誉，获得了更多的业务机会和客户资源。它们与其他金融机构相比，在市场上拥有更大的吸引力和竞争优势，能够更好地抓住市场机遇，实现业务的稳健增长和可持续发展。其五，建立长期合作关系。清廉金融机构与客户之间建立了长期稳定的合作关系，这种关系建立在信任、诚信和共赢的基础上。客户更倾向于与这些机构建立长期合作关系，共同成长和发展，共同应对市场的挑战和风险。

综上所述，清廉金融机构通过提升金融机构的形象，不仅增强了公众信任，树立了良好的企业形象，吸引了优秀人才，提升了竞争力，而且建立了长期稳定的合作关系，为金融机构的发展和长远目标奠定了坚实的基础。

（3）清廉金融有助于改善经济金融环境。这会减少腐败现象对经济金融运行的干扰，提升整体经济金融体系的稳定性和可持续性。其一，提升金融市场透明度。清廉金融机构的存在和运营促进了金融市场的透明度和公平性。它们坚持公开、公平、公正的原则，加强了金融市场信息披露和监管力度，降低了市场不确定性和信息不对称性，使投资者能够更准确地评估风险并做出理性的投资决策。其二，减少市场腐败现象。清廉金融机构对市场腐败现象进行有效打击，防止了非法资金流入和洗钱活动等违法行为的发生。他们积极配合监管部门开展反腐败工作，保护投资者的合法权益，维护了金融市场的公平竞争秩序，促进了市场经济的健康发展。其三，优化金融资源配置。清廉金融机构的运营规范和高效管理，有利于优化金融资源的配置和利用效率。他们注重风险管理和资产负债匹配，合理配置资金和投资组合，降低了金融风险和市场波动，提高了金融资源的使用效率和社会经济效益。其四，促进金融市场稳定。清廉金融机构的健康发展和规范运营有助于提升金融市场的稳定性和抗风险能力。它们严格遵守金融法律法规和行业规范，加强内部控制和风险管理，防范和化解金融风险，维护了金融市场的稳定和安全。

综上所述，清廉金融的重要价值在于改善经济金融环境，促进金融市场透明度，减少市场腐败现象，优化金融资源配置，促进金融市场稳定，推动金融市场的健康发展和经济的持续增长。

第四章
习近平新时代中国特色金融建设中的清廉金融：强国目标与使命

党的十八大是中国新时代金融改革征程的新起点。党的十八大以来，中国建立了具备高科技内涵、具备高度开放特征、具备鲜明本土特色的强国现代金融体系。从成就上看，习近平新时代中国特色金融建设极大推动了金融和科技融合，加速了利率市场化和汇率市场化进程，完善了金融监管模式改革并加速了金融改革开放。其中，新时代的中国金融供给侧结构性改革回归本源，更加关注科技基因与金融基因的融合，并通过开放所带来的压力倒逼金融体制改革，依靠科技创新融合与深度对外开放两条路径共同驱动强国金融建设，实现金融高质量发展的转型突围。与此同时，新中国七十余年的金融崛起，开辟了崭新的金融发展与改革道路，向世界贡献了具有鲜明中国本土特色的智慧经验（杨志勇，2019；厉以宁等，2019）。

然而，习近平新时代中国特色金融建设依旧面临诸多问题和挑战。从中央的监管精神来看，2023 年 11 月的中央金融工作会议强调，当前中国金融领域各种矛盾和问题相互交织、相互影响，有的还很突出，经济金融风险隐患仍然较多，金融服务实体经济的质效不高，金融乱象和腐败问题屡禁不止，金融监管和治理能力薄弱。金融系统要切实提高政治站位，胸怀“国之大者”，强化使命担当，下决心从根本上解决这些问题，以金融高质量发展助力强国建设、民族复兴伟业。此外，原银保监会党委也在 2023 年初召开全系统全面从严治党和党风廉政建设暨纪检监察工作会议，部署 2023 年纪检工作。该会议明确提出，要坚决惩治金融风险乱象背后的腐败，严查与股权乱象、投资乱象、监管套利等关联的不法利益输送问题，坚决铲除不法金融高管、不法企业主和监管“内鬼”的利益“黑三角”。因此，金融防腐仍然是新时代金融监管的重要工作。在此背景下，清廉金融教育也成为保护金融安全稳定发展和实现金融强国目标的必要之举。

一、新时代中国金融的创新发展

党的十八大以来，中国金融改革步入多元化阶段，金融体制进行了全面创新。2012

年至今，中国特色社会主义金融体系发展进入快车道，中国金融改革也步入新阶段。在大数据技术、区块链等的发展下，金融业创新和改革层见叠出，金融风险管理被摆在了更加重要的地位，中国的金融业开放也进入加速期。

一是金融与科技融合发展。2013 年是互联网金融元年，在信息技术科技的驱动下，中国互联网金融快速发展。2015 年，银监会明确 P2P 行业监管工作将由新成立的普惠金融部来执行。2015 年 7 月，《关于促进互联网金融健康发展的指导意见》出台，意味着“互联网金融监管元年”的到来。2016 年，在杭州 G20 峰会上通过《G20 数字普惠金融高级原则》，开始大力发展数字普惠金融。事实上，金融与科技的结合，不仅提高了金融服务效率，而且通过大数据监控金融风险在一定程度上缓解了信用风险冲击；此外，数字普惠金融的出现，也扩大了金融的服务领域和对象，对于实现新时代的共同富裕目标具有积极作用。

二是加速汇率制度改革。党的十八大以来，中国的金融市场化改革步入新阶段。在汇率市场化改革方面，自 2005 年 7 月 21 日的汇率制度改革以来，中国开始形成以市场供求为基础、参考一篮子货币进行调节、有管理的浮动汇率制度，这是一种相对更富弹性的汇率机制。而党的十八大以来，为了推动人民币国际化，党中央、国务院做出了推动人民币加入 IMF 特别提款权（Special Drawing Right，SDR）的重要战略部署。在此背景下，为增强人民币兑美元汇率中间价的市场化程度和基准性，中国人民银行决定完善人民币兑美元汇率中间价报价。自 2015 年 8 月 11 日起，做市商在每日银行间外汇市场开盘前，参考上日银行间外汇市场收盘汇率，综合考虑外汇供求情况以及国际主要货币汇率变化向中国外汇交易中心提供中间价报价。

三是加速利率制度改革。利率市场化是中国金融领域最核心的改革之一。推动贷款利率“两轨并一轨”是深化利率市场化改革的关键。从改革历史来看，中国人民银行（简称“央行”）于 2013 年放开贷款利率下限管制，2015 年取消存款利率上限限制。此后，为加速利率市场化进程，央行着力推动存贷款利率市场化，并于 2019 年 8 月完善了 LPR 报价形成机制，其中 LPR 成为金融机构贷款利率定价的参考基准。接着，央行建立了存款利率市场化调整机制。其中，2022 年 4 月，央行指导建立了存款利率市场化调整机制，利率自律机制成员参考市场利率变化合理调整存款利率水平。

四是金融监管模式改革。2015 年 12 月，央行将差别准备金动态调整机制转换为宏观审慎评估（MPA）机制，为形成“货币政策＋宏观审慎政策”双支柱金融调控监管框架提供必要基础。2017 年 11 月，国务院设立金融稳定发展委员会，由此形成了“一行一委一局两会”的监管体系。2018 年 3 月，中国银行业监督管理委员会同中国保险监督管理委员会进行合并，形成中国银行保险监督管理委员会，调整中央银行部分监管职能，对“双柱”功能监管进行尝试。2023 年，中国组建国家金融监督管理总局，深化地方金融监管体制改革，其中，中国证券监督管理委员会调整为国务院直属机构，统筹推进中国人民银行分支机构改革。据此，中国金融监管体系由“一行两会”变成“一行一局一会”，这从根本上理顺了机构监管和功能监管、宏观审慎和微观审慎、审慎监管和行为监管之间的关系，有助于实现金融监管的一致性和全覆盖。

五是加速金融改革开放。2014 年 11 月和 2016 年 12 月，中国分别实行“沪港通”和“深港通”，实现沪深交易所和香港证券交易所的互联互通。银行业、保险业、证券和基金业的外资投资比例限额松绑（放宽至 51%），全面执行“市场准入+负面清单”。2019 年 7 月，国务院金融稳定发展委员会颁布《关于进一步扩大金融业对外开放的有关举措》（简称“11 条”），多个领域的外资投资比例限额提前解绑；2019 年 10 月，国务院又进一步公布了《国务院关于修改〈中华人民共和国外资保险公司管理条例〉和〈中华人民共和国外资银行管理条例〉的决定》。

总体来看，党的十八大以来是中国新时代金融改革征程的新起点。中国的强国现代金融体系是具备高科技内涵、具备高度开放特征、具备鲜明本土特色的金融体系。这同时要求新时代的中国金融供给侧结构性改革必须回归本源，更加关注科技基因与金融基因的融合，通过开放所带来的压力能够倒逼金融体制改革，依靠科技创新融合与深度对外开放两条路径共同驱动强国金融建设，实现金融高质量发展的转型突围。与此同时，新中国七十余年的金融崛起，开辟了崭新的金融发展与改革道路，向世界贡献了具有鲜明中国本土特色的智慧经验。确立自身的制度优势，并将之转化为制度自信，是中国金融改革转型必须恪守的“初心”。

二、清廉金融对实现金融强国目标的意义

（一）清廉金融的核心内涵

“清廉金融文化”，顾名思义，就是清正廉洁的金融文化，是廉政建设与经济金融的有机组合，是关于清正廉洁的金融理念、金融制度、金融道德、金融价值观念或行为规范的总和，是金融从业人员追求以清为美、以廉为荣价值取向的集中体现，是中华优秀传统金融文化、红色革命金融文化和新时代中国特色社会主义金融文化的重要组成部分。倡导清廉金融文化，净化金融政治生态，是金融行业驻足当前、放眼未来以保障金融事业持续健康发展的关键。

“廉”作为中国传统道德的核心，一直极受褒扬，并和礼、义、耻并立成为中国人的基本道德观。其最早出现于屈原的“朕幼清以廉洁兮，身服义尔未沫”中。《楚辞·卜居》则云：“宁廉洁正直以自清乎。”东汉著名学者王逸在《楚辞·章句》中注释：“不受曰廉，不污曰洁”，其意是说，不接受他人馈赠的钱财礼物，不让自己清白的人品受到玷污，就是廉洁。廉作为一种道德观念和治国思想，西周初年即以廉为本考察官吏的政绩，各个朝代均设立了监察与反贪机构。历代仁人志士推崇而力行清廉，司马迁

《史记·乐书》曰：“正直清廉而谦者，宜歌风。”“清廉”就是要风清气正，具有正确的价值观和廉耻心，要具有清正廉洁、节俭不贪、自我约束的品格。

而如今，中国共产党已经走过了一百多年的伟大岁月，清廉文化扎根红色基因的血脉也已绵亘百年峥嵘。新时代中国特色社会主义清廉文化是在既吸收、借鉴中华民族优秀传统文化成果，又深刻总结我们党长期以来反腐倡廉工作的基础上形成的，是我们党立党为公、执政为民的执政理念在廉洁文化形态上的反映，是我们党执政实践的进步和升华。

具体到金融领域，则需要注意，清廉金融文化是社会主义廉洁文化在金融行业的延伸，从其内涵看，不是一般意义上的清廉文化与金融文化简单叠加。比较普遍的看法是：现代所说的清廉金融文化是以科学的廉洁理论为统领，以先进的廉洁思想为核心，以完备的廉洁制度为基础，以丰富的廉洁活动为载体，经过长期积淀和不断总结提炼，由决策者集体所倡导、全体成员所认同并自觉遵守的廉洁理念和从业行为准则。它由廉洁思想与廉洁理念、廉洁制度与行为规范、廉洁氛围与廉洁形象等构成。从其外延看，清廉金融文化是新时代中国特色社会主义先进文化的重要组成部分。首先，它是在金融文化的基础上，侧重于对金融从业人员廉洁从业理念的提炼、建构与宣贯；对廉洁从业系统规章制度的建立、完善与执行；对不同层级员工行为规范、原则的实施与考评；对员工廉洁从业环境、氛围的建设与营造。其次，它是在完成上述基础性工作以后，对廉洁文化的长期“落地”生根进行系统的规划和按部就班的推进与提升，使之能适应金融事业长期健康发展的需要。

从实践层面看，清廉金融文化建设是一个长期的动态地融入经济、政治、文化、社会和生态文明建设各方面、全过程的系统工程，不可能一蹴而就、一劳永逸，必须坚持永远在路上，全过程、深层次、广覆盖地予以推进。既要覆盖全社会，抓住“关键少数”、管住“绝大多数”，着力营造正气充盈的社会生态；又要融入全过程，与社会公德、职业道德、家庭美德、个人品德教育有机结合起来；更要实现全浸润，在时间上常态化、在空间上立体化、在对象上精准化、在手段上多样化，使全体社会成员时时处处受到清廉文化的教育感染，在潜移默化、润物无声中内化于心、外化于行，从而达到教育教化、正心正行、成风成俗的作用。

从理论层面看，清廉金融文化作为一体推进“三不”体制机制建设的重要内容和有效载体，是一系列突出廉洁的金融文化理论，包含清廉从业理念、清廉从业制度、清廉从业行为、清廉金融服务等。只有把这些理论与金融领域意识形态工作、金融反腐工作有机结合，树立先进的金融文化理念，涵养良好的金融政治生态，形成普遍的、自发的文化价值认同，以价值取向引领金融行业高质量发展，清廉金融文化才能真正落地、见效。

具体到细节来说，清廉金融文化的建设主要分为以下四个方面。

一是清廉的金融行业从业理念。培育清正廉洁的从业理念，营造风清气正的从业氛围，已经成为构建清廉金融生态，增强拒腐防变能力的重要之举。对金融而言，清廉从业理念，主要有诚信、责任、服务、合规、稳健、创新等。诚信是金融从业之本，人无诚信不立，业无诚信不兴，国无诚信不强；责任是金融从业之德，身处金融系统，靠近国家血脉，每一个金融工作者，无论是监管人员还是具体从业者，都身负重责。服务是金融从业之魂，金融本质上是具有中介性质的现代服务业，每一位金融从业者，都需要用知识去创造价值，用劳动去赢得客户，用严管去规避风险；合规是金融从业之需，唯有依法合规经营，才能有效防范金融风险，确保金融安全；稳健是金融从业之基，在任何时候适合任何市场，在任何历史阶段和背景下都需要遵循；创新是金融从业之源，歌德说“要成长，你必须独创才行”，个人进步如此，企业发展也是如此。金融事业要适应新时代、新思想、新变化，就必须坚持创新。

二是清廉的金融行业从业制度。金融制度是一个国家用法律形式所确立的金融体系结构以及组成这一体系的各类银行和非银行机构的职责分工和相互关系。一般应包括四大要素：金融机构、金融市场、金融工具以及金融监管制度。习近平总书记曾说过，法律是治国之重器。全面推进依法治国，是解决党和国家事业发展面临的一系列重大问题，促进社会公平正义、维护社会和谐稳定、确保党和国家长治久安的根本要求。这对金融行业同样适用。想要推进金融行业清廉文化的建设，就不能不建立起公正完备的金融行业制度体系。也只有建立起科学完备、适应市场发展的现代金融制度，推行清廉文化建设才有规可依、有法可行，才能落到实处。清廉的金融行业从业制度，是金融事业稳健发展、育清养廉的重要保障。

三是清廉的金融行业从业行为。构建清廉金融从业行为，必须坚持以人为本。对金融机构而言，廉洁从业是事业发展的前提和需要；对员工而言，廉洁从业是做人做事的责任和风骨。清廉的金融从业行为主要包括党员领导干部、各级管理者、广大员工，特别是重要岗位人员的廉洁从业行为。对内旨在提高金融从业人员自我修养，提升自律意识；对外要严明规则，夯实制度根本和文化根基，打造整体合规氛围，紧抓人这一核心要素，只有人“清”才能事“清”，事“清”才能行业整体“拨云见日”，构建“朗朗乾坤”的“平安金融、健康金融、和谐金融”。总之，廉洁从业是金融从业人员的立身之本和终身课题，所有金融从业人员都必须增强廉洁意识，树廉洁之心，行廉洁之事，做清廉之人。

四是清廉的金融服务（产品）。由于金融业是服务业的一部分，因此金融业所提供的产品本质上是“服务”。其产品分类可以包括各种具有经济价值、可进行公开交易或兑现的非实物资产，也称有价证券，如现金、汇票、股票、期货、债券、保单等，但实际内涵均为向企业和个人提供货币财富服务。

借用营销学产品分层方法可以将金融服务产品划分为五个层次：核心服务（产品）、形式服务（产品）、期望服务（产品）、延伸服务（产品）、潜在服务（产品）。

核心服务是指向客户提供基本效应和利益，以此来满足客户的基本金融需求，包括安全、方便、保值、利息和各种预测。形式服务是指金融服务产品满足客户需求的具体形式，是体现核心产品特征的外在形式。主要表现为权益凭证或交易契约等。期望服务是指客户在购买或消费某种金融服务产品时，期望这些产品所具备的一系列属性和条件。一般表现为客户期望从金融机构中获得一些良好和快捷的服务。延伸服务是金融机构根据客户的相关需要提供给客户期望值之外的利益，如借记卡消费者过程中的短信通知服务、产品购买过程中的咨询服务等。潜在服务是指产品存在的尚未开发的能满足客户潜在需求的附加功能和产品在将来可能经历的变动，如客户希望银行增设一些办理业务的窗口等。

金融服务（产品）的安全性、透明性、收益性是客户关注的重点，必须经得起客户以及社会的监督和检验，否则，就谈不上是清廉金融服务（产品）。

（二）清廉金融是实现金融强国目标的必然要求

首先，加强清廉金融文化建设是贯彻落实习近平新时代中国特色社会主义思想的必然要求。习近平总书记在党的十九大报告中提出要“弘扬忠诚老实、公道正派、实事求是、清正廉洁等价值观”。这一看似寻常的论述，明确把“廉洁”与价值观紧密联系在一起，郑重提出弘扬清正廉洁等价值观，意味着习近平新时代中国特色社会主义思想赋予了马克思主义党建理论和道德学说新的内容，深化了我们对共产党执政规律和社会主义建设规律的认识。相较于“廉洁政治”“廉洁文化”“廉洁理念”等概念，“廉洁价值观”更具系统性、哲理性和指导性，是马克思主义党建理论和道德学说在当代中国的创造性运用和发展。在党的二十大报告中，习近平总书记再度强调，要“加强新时代廉洁文化建设，教育引导广大党员、干部增强不想腐的自觉，清清白白做人、干干净净做事，使严厉惩治、规范权力、教育引导紧密结合、协调联动，不断取得更多制度性成果和更大治理效能”。事实上，“经济是肌体，金融是血液。金融稳，经济稳；经济强，金融强”。新鲜的血液能孕育生命、滋养肌体，也容易成为“细菌”“病毒”滋生的温床，催生贪婪和腐败。面对后疫情时期错综复杂的国内外形势和不断加大的经济下行压力，中国金融业担负着更加神圣的使命，确保金融队伍的纯洁与稳定，是习近平新时代中国特色社会主义思想赋予清廉金融文化建设的一项重要任务。

其次，加强清廉金融文化建设是弘扬中华优秀传统文化和社会主义先进文化，增强文化自信的必然要求。一是清廉文化具有历史性。早在西周初期，就以“六廉”考察官吏，“断以大事，以廉为本”。两千多年来，历朝历代一直把“廉”作为立国之本、为政之道，设立御史、谏官、廉访使者等监督机构和官职，出台“监御史九条”“刺史六条”等法典章程奖廉罚贪，形成了“以廉为宝”“以廉为贵”等廉政思想，留下了杨震拒金、陶母退鱼、悬鹅示众、立檄拒礼等廉政典故，包拯、于谦、海瑞、于成龙等清官廉吏被千古传颂。以史为鉴，清廉文化与金融相结合的清廉金融文化，能够帮助金融行业从历史中吸取经验教训，少走弯路错路。二是清廉文化具有时代性。坚决反对腐败、建设廉洁文化，是我们党一以贯之的鲜明政治立场。从“三大纪律、八项注意”到延安时期“只见公仆不见官”，再到西柏坡定下“六条规定”；从“当官就不要发财，发财就不要当官”到“老虎”“苍蝇”一起打，再到心中“有党、有民、有责、有戒”。我们党以“赶考永远在路上”的韧劲和执着，赋予廉政文化崭新的时代内涵。清廉文化与金融文化相结合的清廉金融文化，能够帮助金融行业在中国未来的发展中紧跟政治动向，与时俱进、不拖后腿，保证行业始终具有鲜活的生命力，保证行业的先进性，保证行业在与国内各行各业、国际同行同业中同台竞技时的竞争力。这也是金融行业作为中国经济的一部分、金融从业人员作为中国人民的一部分，在参与中华民族复兴道路时应负的责任。

再次，加强清廉金融文化建设是新时代金融行业应对复杂环境确保自身健康发展的必然要求。习近平总书记指出：“金融是国家重要的核心竞争力，金融安全是国家安全的重要组成部分，金融制度是经济社会发展中重要的基础性制度。”近年来，金融系统大案要案、腐败案件频发。仅 2019 年全国纪检监察机关立案审查调查金融系统违纪违法案件就达 6 900 余件。近年来，广西、福建、内蒙古、山东、青海等地方金融监管部门均有“内鬼”被查处。从查处的违纪违法案件来看，商业银行作为中国金融体系的重要组成部分，涉腐案件数量相对较多。中央纪委国家监委驻中国工商银行纪检监察组组长王林在 2019 年查处关于重庆分行原副行长谢明等人的严重违纪违法案件时发现，很多金融腐败往往出现在新兴业务、创新或“伪创新”业务领域。金融腐败造成的损失具有杠杆效应，几百万元的利益输送可能造成数亿元国有资产流失，诱发的金融风险会扩散到实体经济。这会导致金融领域一系列连锁反应，给金融安全、市场稳定造成严重不良影响。对此，在金融系统加强清廉金融文化建设，有助于净化金融政治生态，确保金融事业稳健发展。

总而言之，清廉金融文化是社会主义先进文化的重要组成部分，是广大金融从业人员追求以清为美、以廉为荣价值取向的集中体现。大力推进清廉金融文化建设，对回应人民群众关切、提高金融服务经济水平、增强金融干部拒腐防变能力、树立金融从业人员清正廉洁意识，具有十分重要的现实意义。

（三）清廉金融推动金融强国目标建设的路径

在中国金融改革与发展的进程中，开展清廉金融思想政治教育工作具有重要意义。本章将详细探讨清廉金融思想政治教育的必要性，以及如何通过这一工作推进中国金融改革与发展。

1. 清廉金融思想政治教育的重要性

首先，清廉金融思想政治教育有助于铭记“廉洁自律、诚实守信”的核心价值观，引导金融从业者树立正确的价值观念，坚守道德底线。

在金融行业中，树立正确的价值观念是至关重要的，尤其是在推进清廉金融思想政治教育方面。其一，清廉金融思想政治教育旨在引导金融从业者树立廉洁自律的意识。这意味着要求金融从业者在职业生涯中始终遵守诚实守信、廉洁自律的行为准则，摒弃利益输送、权力寻租等不正之风。其二，价值观念的建立需要金融从业者深刻理解自己的责任与担当。他们不仅要对自己的行为负责，而且应该对社会、对客户、对投资者负责，以及对整个金融体系的稳定和发展负责。其三，金融行业的核心是信任，而信任的基础则是诚信守约。清廉金融思想政治教育金融从业者要诚实守信、信守承诺、履行合同，保证金融市场的公平、公正、公开。其四，金融从业者应当意识到，他们的行为不仅影响个人利益，而且关乎整个社会的公共利益。因此，他们应该树立公共利益至上的观念，将服务实体经济、促进经济发展作为自己的使命和责任。其五，清廉金融思想政治教育鼓励金融从业者注重社会责任，积极参与社会公益事业，回馈社会，推动社会公平正义的实现。综上所述，树立正确的价值观念是清廉金融思想政治教育的重要内容之一。只有金融从业者内化了正确的价值观念，才能在实践中践行清廉，维护金融行业的良好秩序，推动金融改革与发展迈向更加健康和可持续的方向。

其次，清廉金融思想政治教育有助于规范金融从业者的行为，维护金融市场秩序，促进金融市场的健康稳定发展。

维护金融市场秩序是认识清廉金融思想政治教育重要性的关键方面。其一，清廉金融思想政治教育的重要性在于确保金融市场的公平公正。只有在清廉的环境下，金融市场才能避免出现舞弊、操纵、内幕交易等不正当行为，保障各方公平竞争和公正交易。其二，清廉金融思想政治教育有助于提升金融市场的透明度。通过规范金融从业者的行为，强调信息披露的重要性，促进金融市场信息的公开和透明，从而增加投资者的信任和市场的稳定性。其三，清廉金融思想政治教育有助于净化金融市场的环境。通过强调廉洁自律、诚实守信的原则，促使金融从业者自觉遵守法律法规、职业道德，杜绝腐败行为的滋生，净化金融市场的经营环境。其四，清廉金融思想政治教育能够提升监管机构的效能。金融监管部门在推行清廉金融教育的过程中，不仅能够加强对金融从业者的监督管理，而且能够通过倡导廉洁文化，增强监管部门的威信和公信力，提升监管效果。其五，清廉金融思想政治教育有助于促进金融市场的稳定发展。在清廉的环境下，市场参与者更加注重长期发展和可持续经营，减少了金融风险的产生和传播，为金融体系的稳定和可持续发展提供了坚实基础。综上所述，维护金融市场秩序是清廉金融思想政治教育的重要目标之一。通过加强对金融从业者的教育培训，推行廉洁文化，营造良好的市场环境，可以有效维护金融市场的秩序，促进金融业健康发展。

最后，清廉金融思想政治教育有助于提升金融监管部门的监管水平和执行力度，加强对金融市场各类违法违规行为的打击力度。

其一，清廉金融思想政治教育有助于提升金融从业者的职业道德水平和法律意识，使他们更加自觉地遵守金融法规和监管规定。这有助于规范金融行为，减少违规操作和不当行为的发生，从而提升金融监管的有效性。其二，清廉金融思想政治教育是监管机构加强自身能力建设的重要途径之一。通过加强对监管人员的廉洁意识和职业素养的培养，提升他们的法律水平和监管能力，监管机构可以更加有效地履行职责，加强对金融市场的监督和管理。其三，清廉金融思想政治教育有助于监管机构更好地运用各种监管手段和工具，包括制定和实施监管政策、加强信息披露、建立风险监测和预警系统等。这些监管措施可以有效防范和打击金融市场的各种违规行为和风险，提升金融监管水平。其四，清廉金融思想政治教育也有助于加强国际金融监管机构之间的合作与交流。通过倡导清廉文化，增强监管机构之间的互信与合作，加强国际金融监管体系的建设和完善，共同应对全球金融市场的挑战。其五，清廉金融思想政治教育有助于提升监管机构的公信力和效率。公正、透明、高效的监管能够增强市场参与者的信心，提升市场的稳定性和流动性，推动金融市场的健康发展。总体而言，认识清廉金融思想政治教育的重要性对提升金融监管水平具有重要意义。通过规范金融行为、加强监管机构能力建设、运用监管手段和工具、加强国际合作与交流以及提升监管公信力和效率等方面的努力，可以有效提升金融监管水平，为金融改革与发展提供更加坚实的保障。

2. 开展清廉金融思想政治教育的策略与措施

首先，制定相关政策法规。加强立法工作，制定和完善相关金融从业者的廉政规定和行为准则，明确廉政责任，加强廉政监督，形成良好的行业风气。其中，制定相关政策法规是开展清廉金融思想政治教育的重要策略和措施之一。其一，建立健全监管框架。政府部门可以制定并完善金融领域的相关法律法规和监管政策，明确金融从业人员的职责和义务，规范金融市场的运行秩序，提高金融监管的有效性和透明度。这些法规可以包括金融从业资格的准入标准、金融产品和服务的审批标准、金融机构的内部管理制度等。其二，加强反腐败立法。针对金融领域存在的腐败问题，政府可以加大力度制定和完善反腐败法律法规，明确各类腐败行为的界定和惩处标准，强化对腐败行为的打击力度，维护金融市场的公平公正和良好秩序。其三，建立健全激励和惩罚机制。政府可以建立健全的激励和惩罚机制，对于遵守法律法规、诚实守信的金融机构和从业人员给予奖励和表彰，对于违法违规、失信行为严肃追究责任，加大处罚力度，形成良好的激励约束机制。其四，加强监督和评估机制。政府可以建立多层次、全方位的金融监督和评估机制，包括加强对金融机构内部管理和运营情况的监督检查，加强对金融从业人员职业道德和行为的监管，加强对金融市场交易活动的监测和评估等。通过加强监督和评估，及时发现和纠正金融领域存在的问题和风险。其五，加强法治宣传教育。政府可以加强法治宣传教育，通过各种途径向金融从业人员和广大社会公众宣传法律法规和监管政策，普及法律知识和法治观念，提高人们的法律意识和法治素养，增强大家的法律责任意识和风险防范意识。通过以上措施，政府可以加强对金融领域的监管和管理，建立健全的法律法规体系和监管框架，为开展清廉金融思想政治教育提供坚实的制度保障和政策支持。

其次，开展教育培训活动。通过举办各类清廉金融思想政治教育培训班、讲座、研讨会等活动，增强金融从业者的廉洁意识和风险防范意识。开展教育培训活动是开展清廉金融思想政治教育的重要策略与措施之一。其一，制订教育培训计划。首先，需要根据金融从业人员的不同岗位和职责，制订针对性的教育培训计划。这些计划应该包括培训的内容、培训的形式、培训的时间安排等方面，确保培训活动的全面性和有效性。其二，开展理论教育。在教育培训活动中，可以组织专家学者或业内资深人士授课，介绍清廉金融思想和政治教育的基本理论知识，包括法律法规、道德伦理、职业操守等方面的内容，引导金融从业人员树立正确的思想观念和职业道德。其三，开展案例分析。通过案例分析的方式，向金融从业人员展示腐败和不端行为的危害和后果，剖析案例背后的原因和教训，引导他们认识到清廉金融思想的重要性，增强自我约束意识和法律意识。其四，开展互动讨论。在教育培训活动中，可以组织讨论和交流环节，让金融从业人员分享自己的工作经验和感悟，共同探讨金融领域存在的问题和挑战，寻找解决问题的有效途径和方法。其五，组织实践活动。除了理论教育，还可以组织实践活动，让金融从业人员走出办公室，深入基层一线，了解真实的工作环境和情况，感受基层干部群众的期待和需求，增强服务意识和责任感。其六，建立长效机制。教育培训活动应该建立长效机制，定期组织和开展，形成制度化的教育培训体系。同时，应该加强对培训效果的评估和反馈，及时调整和完善培训计划，确保培训活动的持续性和有效性。通过开展教育培训活动，可以提升金融从业人员的业务水平和职业素养，增强他们的法律意识和道德观念，引导他们积极践行清廉金融思想，为推进中国金融改革与发展做出积极贡献。

最后，建立激励机制。建立健全激励机制，对表现突出、廉洁自律的金融从业者进行表彰和奖励，树立典型，激发广大从业者的积极性和创造性。建立激励机制是开展清廉金融思想政治教育的重要策略与措施之一。其一，明确激励对象。这需要明确激励的对象是谁。激励对象可以包括金融从业人员、金融监管部门、金融机构等各个层面的人员和单位。其二，设定激励标准。设定清晰明确的激励标准是建立激励机制的基础。标准可以包括遵守法律法规、诚信经营、规范从业行为、积极履行社会责任等方面的要求。激励标准应该具有可操作性和可衡量性，能够客观评估和量化激励对象的表现。其三，设计激励方式。激励方式可以采取多样化的形式，包括荣誉表彰、奖励金、晋升机会、岗位提升、培训机会等。可以根据不同的激励对象和激励标准，灵活选择和设计适合的激励方式。其四，建立激励机制。建立起一套完善的激励机制，包括激励评定机构、激励评定程序、激励资金来源等方面的安排。激励机制应该秉持公开、公平、公正的原则，确保激励的公信力和可操作性。其五，加强宣传和倡导。宣传和倡导激励机制的重要性和意义，激发广大金融从业人员的积极性和参与度。可以通过各种渠道和方式，包括宣传册、会议讲演、网络媒体、内部通报等，广泛宣传激励机制的相关政策和措施，引导金融从业人员树立正确的激励观念。其六，加强监督和评估。加强对激励机制的监督和评估，及时发现和解决激励过程中存在的问题和不足。监督和评估机制应该健全、严格，确保激励机制的有效运行和实施效果。通过建立激励机制，可以激励金融从业人员积极践行清廉金融思想，树立正确的职业激励观念，推动金融行业健康发展，为中国金融改革与发展提供有力支撑。

三、清廉金融对于中国式现代化人才培养的意义和价值

（一）建成金融强国需要什么样的人才

党的二十大报告提出，“深入实施人才强国战略”。中国特色社会主义进入新时代，以习近平同志为核心的党中央，对实施人才强国战略做出一系列重要论述，提出一系列新理念新战略新举措，推动新时代人才工作取得历史性成就、发生历史性变革。当前，中国式现代化的基石是人才现代化，中国人口规模巨大的国情，决定了我们必须走建设人才强国之路，走人力资本优先积累、人才强国支撑现代化的发展之路，以人才引领驱动为现代化建设奠定坚实基础。这也是解决新时代我国社会主要矛盾的必然选择和战略举措。

习近平总书记在中央人才工作会议上对我国加快建设世界重要人才中心和创新高地做出重大部署，提出“在北京、上海、粤港澳大湾区建设高水平人才高地，一些高层次人才集中的中心城市也要着力建设吸引和集聚人才的平台”的具体思路，并进一步明确：到 2025 年，在关键核心技术领域拥有一大批战略科技人才、一流科技领军人才和创新团队；到 2030 年，在主要科技领域有一批领跑者，在新兴前沿交叉领域有一批开拓者；到 2035 年，国家战略科技力量和高水平人才队伍位居世界前列。“3＋N”的空间战略布局和三个重要节点的目标，为我国加快建设世界重要人才中心和创新高地明确了“路线图”和“时间表”。建设世界重要人才中心和创新高地，关键在于培养集聚全球高端人才，需要高度重视课程载体建设，下大气力全方位培养、引进、用好人才，努力为各类人才搭建干事创业的平台。

聚焦到金融领域，当前，为进一步推动中国式现代化金融改革，中国需要培养具备多方面能力和素质的金融人才。

其一，需要掌握专业技能和知识储备的金融人才。金融改革需要具备扎实的金融理论知识和专业技能的人才。他们应具备丰富的金融业务实践经验，掌握金融产品设计、风险管理、投资分析等方面的专业知识，能够灵活运用金融工具解决实际问题。

其二，需要具有创新意识和实践能力的金融人才。金融改革需要具备创新意识和实践能力的人才。他们应具备敏锐的市场洞察力和创新精神，能够不断探索金融业务模式和产品创新，推动金融行业向更高水平发展。

其三，需要具有风险管理和应变能力的金融人才。金融改革需要具备良好的风险管理和应变能力的人才。他们应具备较强的风险识别和评估能力，能够有效应对市场波动

和金融风险，保障金融体系的稳健运行。

其四，需要具有良好道德品质和职业操守的金融人才。金融改革需要具备良好的道德品质和职业操守的人才。他们应具备高度的诚信和责任感，遵守职业道德规范，保持清廉操守，秉持公正、公平、诚信的原则开展工作。

其五，需要具有国际视野和跨文化沟通能力的金融人才。金融改革需要具备开阔的国际视野和良好的跨文化沟通能力的人才。他们应具备较强的跨文化交流能力和国际业务操作经验，能够在国际金融市场中灵活应对，推动中国金融与国际接轨。

其六，需要具有团队合作和领导能力的金融人才。金融改革需要具备良好的团队合作和领导能力的人才。他们应具备较强的团队协作精神和沟通协调能力，能够有效领导团队完成各项工作任务，推动金融改革与发展取得新的突破。

（二）清廉文化教育是培养中国金融强国人才的关键

清廉金融思想政治学习教育对于培养金融强国人才具有重要意义和价值。其中，清廉文化教育是培养中国金融改革创新人才的关键。中国需要在清廉金融思想政治学习教育的引领下，培养一批素质水平高、专业技术强又廉洁自爱的强国人才，这将为中国金融改革与发展注入新的活力和动力，推动金融行业向着更加开放、创新、健康的方向迈进。

其一，清廉文化教育有助于塑造良好的职业道德和价值观。清廉文化教育有助于塑造金融人才良好的职业道德和价值观，使其树立正确的金融理念和行为准则。在中国金融改革过程中，金融人才需要具备良好的道德品质和价值观，遵守职业操守，保持诚信正直，以更加负责任的态度参与金融活动，确保金融业务的合法合规。

其二，清廉文化教育有助于培养创新意识和创业精神。清廉文化教育鼓励金融人才敢于创新、勇于创业，培养其积极进取的创新精神和创业意识。在金融改革的背景下，需要有一批具有创新精神和创业能力的金融人才，他们能够在金融领域探索新的发展模式和业务模式，推动金融业向高质量发展。

其三，清廉文化教育有助于提升专业素养和服务水平。清廉文化教育有助于提升金融人才的专业素养和服务水平，强调以客户为中心的理念，注重为客户提供优质、高效的金融服务。在金融改革的过程中，需要一批专业素养高、服务意识强的金融人才，他们能够满足不断变化的金融市场需求，提高金融服务的水平和质量。

其四，清廉文化教育有助于强化风险防范和危机应对能力。清廉文化教育强调风险防范和危机应对的重要性，培养金融人才敏锐的风险感知能力和灵活的应变能力。在金融改革的过程中，需要有一支具有风险意识和应变能力的金融人才队伍，能够有效应对金融市场中存在的各种风险和挑战，保障金融体系的稳定和安全。

综上所述，清廉金融思想政治学习教育对于中国金融强国人才培养具有重要意义和价值，它有助于培养符合金融改革需要的创新人才，推动中国金融行业向高质量、高效率、高水平发展，为构建和谐、稳健、透明的中国金融体系提供有力支撑。

第五章
全球视野下的清廉金融：金融伦理与哲思

近现代金融最先由欧美国家发展起来，因此，中国的很多金融问题可以在国外研究中找到作为参考的先行经验。在“清廉金融”的问题上，欧美国家将相关的问题归入了金融伦理学范畴。不过，即使在欧美国家，这一领域的发展时间也并不长。

伦理学是哲学研究的分支，其本质是关于道德问题的科学，是道德思想观点的系统化、理论化。或者说，伦理学是以人类的道德问题作为自己的研究对象。伦理学要解决的问题既多又复杂，但基本问题只有一个——道德和利益的关系问题，即“义”与“利”的关系问题。这个问题包括两个方面：一方面是经济利益与道德的关系问题，即两者谁决定谁，以及道德对经济有无反作用的问题；另一方面是个人利益与社会整体利益的关系问题，即两者谁从属于谁的问题。对这一基本问题的不同回答，决定着各种道德体系的原则和规范，也决定着各种道德活动的评判标准和取向。而金融伦理的演进，也正与相应时代的道德体系息息相关。

一、早期西方金融伦理

在16世纪以前，由于宗教思想的盛行，除了犹太人群体，大部分欧洲人将金融视作不正当的事物。

早在公元5世纪，教皇利奥一世（Leo Ⅰ）说：“钱生息是灵魂的死亡。”到中世纪后半期，欧洲教会对有利放贷的反对达到顶峰，使社会对放贷者尤其是犹太人的敌意也达到新高。在1274年，里昂大公会议甚至规定，任何人胆敢把房子借给放贷者暂住，必将被开除教籍。到了1311—1312年，即使讨论有息放贷是不是一种罪过，也被维也纳大公会议视为异端邪说而遭到谴责。主教会议也通过了一连串的措施和立法，坚持打击有息放贷。

神学家也不甘落后，他们将有息放贷等同于偷盗，视其为时代的大恶和一切罪恶的源头。教皇要求每个基督徒都必须进行精神或肉体的劳动，通过自己额头上的汗水来获取面包，否则会被驱逐出教会并被判刑。

直到13至14世纪，随着威尼斯和其他欧洲南部沿海城镇贸易的发展，基督教对商人赚钱和有息放贷的立场才开始松动。13世纪中期的阿奎纳（T. Aquinas）认为，在几种情况下收取利息是可以的：一是放贷人蒙受了一些损失，需要通过利息来弥补；二是放贷人通过合伙，把货币委托给生产者企业去使用，由企业通过创业投资赚取利润，因为生产能够产生利润，所以给投资者一定的回报是应该的，无可非议。但是，除了这两种情况以外，放贷收取利息仍被认为是不道德的，应该禁止。

直到16世纪新教改革以后，这种社会层面对金融的歧视才从根本上好转。宗教改革家加尔文（J. Calvin）认为，既然出租土地和房屋时可以合法收地租、房租，为什么放贷货币就不能收“币租”，也就是利息呢？既然可以用货币买地买房，再出租合法收取租金，这与直接将货币资本放贷出去收息，难道有本质差别吗？因此，既然人们接受前者，就当然应该接受有息放贷的道德性。在加尔文和其他改革派神学家的推动下，荷兰、英国、德国和北欧都转型为新教，尤其荷兰和英国信奉的是加尔文宗，他们完全接受加尔文的新教商业伦理，包括有息放贷和“用钱赚钱”金融业务的合法性。

这里存在一个有趣的议题。对于新教，20世纪初，马克斯·韦伯（Max Weber）在《新教伦理与资本主义精神》中提到，由于新教教义与资本主义发展的要求是吻合的，新教的广泛传播促使人们勤奋工作，努力储蓄，因此新教促进了经济增长，可以说宗教意识促进了欧洲的勤奋革命。从数据可以看到，如果直接把当下各国人口中新教人口比例和经济增长水平画在一张图中，它们呈现明显的正相关关系。

这一观点在如今的学界已经收到相当的批评。有的学者指出，并不是新教促进了经济发展，而是交通网发达、地理位置优越的地区容易接触到有着新思想的新教，而这些地区的经济在长期中也倾向于有更好的表现。还有的学者认为，某些地区识字率高、教育水平高，这些地区的人更可能接受新思想，而更高的人力资本存量对经济的长期增长也是有利的。

香港大学陈志武教授则从另一个方面对新教与经济增长的关系做了解释。在其题为“新教改革与金融解放”的讲座中，陈志武教授从金融解放的角度解读了新教带来的经济增长，认为新教之所以促进经济增长，是因为它允许了金融的自由发展。这一观点可以联系到意大利政治家范范尼（Fanfani）在1936年提出的观点：宗教改革之所以带来经济的发展，不是因为宗教变得更好而对经济有促进作用，而是因为宗教变得离世俗更远了。也即，宗教与政治和经济的分离才是促进经济增长的关键。

犹太人则一直保持着对金融的高度推崇。也因此，早在金融还被欧洲社会视作不正当时，他们已经有了一套相对成熟的金融伦理。这套伦理，一是格外重视在经济活动中契约和法律的作用，二是特别强调科技创新和时间准确的意义。

首先犹太人极为重视契约在经济交往中的重要性，希望用契约来约束人们的经济行为。犹太人做生意时，签订契约之前一定要对交易的每一个环节都做详细的讨论，在签约时更谨小慎微，他们会推敲合同的每一项条款，甚至对各条款中的每一个概念都详加考虑，力求字斟句酌，一旦签约，不管发生任何困难都要履行契约，绝不毁约。

其次，犹太教的契约精神使犹太人确立了交换意识。交换意识是他们成为商业民族的直接原因。契约是对交换的一种法律保证，契约之中包含着对交换的肯定。犹太人将宗教中人与神的关系理解为一种交换关系，将人神关系理解为交换关系意味着在他们的文化价值系统中交换观念具有充分的正价值，以积极的态度来理解交换也就引致了他们用交换的态度来处理各种社会关系。对交换做积极评价源于他们的“客民”身份和商业活动，而交换深入他们的信仰之后又促使他们更积极地从事商业活动。

再次，犹太人十分重视法律在经济活动中的地位和作用。犹太人强烈而明确的律法观念是犹太人成为商业民族的文化前提。人类进入文明社会以后创造了许多调节社会关系的方法，哪一种方法起主导作用，与那个民族的文化背景相关，其中经济运作的模式发挥着至关重要的作用。由于中国是一个以小农经济为主的民族，所以传统的中国社会以伦理道德作为调节社会关系的主要方式，整个传统文化都体现着浓厚的伦理色彩。犹太人长期的“客民”身份致使他们失去了从事农业和牲畜业所需的最基本的生产资料——土地，商业成为犹太人不得已的一种选择，在商品经济社会中，以伦理道德作为调节社会关系的主要方式显然是不现实的，实际的物质性的利害冲突需要切实的强有力的社会机制进行调节，市场经济的社会必须是法治的社会。马克斯·韦伯说：“近代的理性资本主义不仅需要生产的技术手段，而且需要一个可靠的法律制度和按照形式的规章办事的行政机关，……没有它，绝不可能有个人创办的、具有固定资本和确定核算的理性企业。”犹太人的法律意识通过宗教影响了基督教徒，为资本主义的发展创造了一个文化条件。

然后，犹太人很看重对待世界的理性和科学的态度，这在他们的经济伦理中表现为对科学技术和准确的时间观念的充分肯定。犹太人特别重视科技进步对经济的促进作用。经济发展必须依赖科学技术的进步，科学技术是第一生产力，特别是近代以来的大工业的市场经济更依赖科学技术。理性主义以及建立在此基础上的人对客观世界的科学态度是犹太教和基督教为近代资本主义准备的文化前提之一。马克斯·韦伯说：“资本主义独特的近代西方形态一直受到各种技术可能性的发展的强烈影响，其理智性在今天从根本上依赖最重要的技术因素的可靠性。然而，这在根本上意味着它依赖现代科学，特别是数学和精确的理性实验为基础的自然科学的特点。”他还说：“资本主义精神的发展完全可以理解为理性主义整体发展的一部分，而且可以从理性主义对生活基本问题的立场中演绎出来。”“一种个人主义的资本主义经济的根本特征之一就是这种经济是以严格的核算为基础而理性化的。以富有远见和小心谨慎来追求它所欲达的经济成功。”

最后，对时间特殊的价值态度对犹太人的商业活动有相当大的影响，时间观念是犹太人商业观念的一个重要组成部分。犹太人认为时间是每一宗交易必不可少的条件，是达到经营目的的前提。犹太人不论经营什么项目，对于时间在这种项目的每个环节上的作用都非常重视。犹太人重视交易中的签约活动，尤其重视合同中的时间条款，签约时，犹太人总是首先估计自己或对方的交货能力，是否能够按照合同要求的质量、数量和交货期去履行合同。

犹太人的这一套金融伦理，在现在来看，也有相当的借鉴意义，可以说，这为之后的金融伦理发展奠定了基调。16 世纪之后，随着新教改革，这种金融伦理实际上广泛地渗透到社会各行各业，成为之后数个世纪欧洲世界金融发展的通用准则。

在摆脱宗教的束缚之后，随着工业革命的发展和资本主义经济体系的形成，金融活动的频率极大地增加，变得更加复杂。

同时，欧洲的启蒙运动促进了人类理性思维和科学的发展，对伦理学也产生了重要影响。启蒙思想家强调理性、自由和个体权利，提出了对道德、政治和社会问题的新观点。如，18 世纪末至 19 世纪初，英国哲学家杰里米·边沁（Jeremy Bentham）提出了功利主义伦理学，强调行为的功利性和最大化幸福原则。功利主义成为近代伦理学的重要理论之一，对后来的伦理学研究产生了深远影响。德国哲学家康德（I. Kant）提出了德性伦理学，强调道德行为应该基于人类的理性和道德规律，而不是基于外部的后果或功利考量。康德的德性伦理学对后来的伦理学理论产生了深远影响，尤其是对自由意志和道德义务的探讨。

在这样一个思想爆发的时代，金融道德与伦理学自然而然地产生了交叉与融合，出现了相对系统的金融伦理学观点。19 世纪中期，自由主义经济学开始盛行，强调市场的自由竞争和私人财产权。在这一背景下，经济学家开始对经济金融活动的伦理问题提出了新的看法，例如亚当·斯密（Adam Smith）提出对自由市场的捍卫和对私人财产权的重视。19 世纪后期，社会改革运动兴起，人们开始关注工人阶级的权益和社会不平等问题。一些社会改革者开始批判资本主义经济体系中的金融活动，认为金融业对社会造成了不公正和剥削。马克思主义思想开始在欧洲和其他地区流行，对资本主义经济体系进行了深刻批判。马克思主义者将金融资本视为资本主义剥削的工具，并呼吁对金融活动进行严格的监管和控制。

不过，在上述这段时期，伦理学与经济或金融的结合还没有被清楚地区分，经济伦理与金融伦理之间缺乏明显的界限。金融伦理最终凸显出来，并具有如今这样重要的地位，还要归结于 20 世纪的一系列重大事件。两次世界大战、经济大萧条以及后来的金融危机等事件，引发了对金融活动中的道德风险和责任的深入反思和讨论。

经济与伦理学的结合要略早于金融与伦理学的结合。经济伦理学最初创立于 20 世纪 70 年代的美国。这一学科的相关课程在 1972 年“水门事件”之后开始于各大商学院扎根。此后一系列的贿赂、回扣、非法政治捐款、产品瑕疵等事件使之备受重视、迅速发展。消费者至上主义、加强政府控制的呼声，以及许多人对企业社会责任态度的改变使之成为大众普遍关心的话题。这一领域的经典教材之一是理查德·T.乔治（Richard T. De. George）的《经济伦理学》一书。

而直到 20 世纪 80 年代，在华尔街发生一系列金融丑闻后，人们才开始关注与重视金融企业伦理。一本名为《华尔街伦理大全》的书在1987年问世，开启了企业伦理界研究金融伦理的先河。截至1993年，美国90%以上的商学院（管理学院）在企业伦理学领域开设了相关的课程。这一领域当前最著名的教材，通常被认为是2002年由美国芝加哥罗耀拉大学博特赖特（John R. Boatright）教授所著的《金融伦理学》。

不过，由于这一时期与当代相去不远，想要明确划分当时的金融伦理理论与现代金融伦理理论是比较困难的。有一种说法称，20世纪的金融伦理学主要关注金融行业中的道德问题，但往往更侧重于个体层面的伦理行为和道德规范；讨论主要围绕着金融从业者的职业道德、金融产品的道德性质以及金融市场的道德规范等方面展开。而当代金融伦理学则更加强调金融制度、组织和结构的伦理问题，特别是在金融危机之后，人们开始更加关注金融体系中的制度性和结构性问题，如金融监管的不足、金融市场的不稳定性、金融机构的道德风险等。也即，当代金融伦理学更加注重对金融体系整体的伦理评价和改进。此外，当代金融伦理学还更加强调全球化背景下的金融伦理问题，包括跨国金融活动中的道德挑战、金融服务对发展中国家的影响以及全球金融治理的伦理维度等。

我们将在下一节对近现代金融伦理学理论的大致方向与框架进行总体梳理。

二、近现代西方金融伦理

就检索来看，当前对金融伦理的研究并不很多，尤其在研究西方国家金融伦理的英文文献中，缺乏一篇汇总性的文献综述。因此，本节内容以个人总结为主，主要支撑材料来自《财务管理》杂志1993年的访谈、北京大学王曙光教授《金融伦理学》教材以及其他论文或新闻报道，个人总结恐难避免缺漏偏颇，仅作参考了解所用。

（一）近现代金融伦理理论哲学框架

王曙光教授在其《金融伦理学》一书中，以另一种哲学的视角，从宏观到细节，构建了金融伦理的理论框架。

以哲学的角度来看，如果将金融伦理视作一门学科，那么，这门学科首先需要具备自己的研究范围、研究对象、研究方法与范式。金融伦理学是一门交叉学科，它是伦理学中应用伦理学的一个分支，是金融学与伦理学的交叉而形成的一个新兴学科和边缘学科。所以，学习金融伦理学的学生必须首先明确地理解金融市场与金融体系的运作模式，理解金融产品的交易方式与金融机构的运转机制。除了金融学之外，学生还必须了解伦理学的一般理论与概念，应该懂得伦理学的基本研究方法与理论体系，对一些伦理学基本范畴，如道德、善、公正、平等、权利-义务关系、自由、人道、异化、幸福等，必须有系统而深入的了解。在这个基础之上，才能够从金融这样一个特殊的、具体的应用领域，来探讨金融体系中各行为主体的伦理行为的性质与效用。

在研究对象方面，伦理学本身是一门关于优良道德的科学，即关于人类在社会生活中的优良道德的制定方法、制定过程与实现途径的一门科学。伦理学的研究对象是人类的社会道德行为。而作为伦理学的一个分支，金融伦理学是以金融体系中人类社会道德行为及其所引发的利益关系为研究对象。这个界定中的关键词是利益关系与利益冲突。实际上，所有伦理学存在的根本依据正在于人类社会生活中的利益关系与利益冲突，在一个没有利益冲突的社会中，伦理是没有必要存在的。在鲁滨孙的孤岛中，是不存在伦理道德的。在金融体系中，之所以伦理成为必要，是因为无处不在的利益冲突。比如，在存款人与商业银行的利益关系中，就存在着利益冲突，因此商业银行就有必要持守一定的伦理原则，以稳健经营、诚信经营为核心，为存款人利益负责，从而完美地解决商业银行与存款人的利益冲突。因而，商业银行伦理不外乎是寻找一系列伦理准则，以调整与委托人（存款人）的利益关系。因此，何为优良道德？能够最大限度地解决人类之间利益冲突，最大限度地增进人类社会福利、最完美地调整人类利益关系的道德，就是最优良的道德。金融伦理学以金融体系中各参与者的利益关系与利益冲突为研究对象，其目的也是寻找一个能够最大限度地解决金融体系中人类利益冲突的伦理准则框架。

而在研究范式上，王曙光教授提出了一套包含三个基本范畴与三个核心关系的范式。三个基本范畴为：公正、平等与诚信。三个核心关系为：委托代理、权利义务、自律他律。

首先来看三个基本范畴：

1. 金融伦理的公正范畴

由于金融伦理学的研究对象是金融体系中参与者之间及其与社会之间的利益关系，这就决定了金融伦理学最核心的范畴首先是公平和公正问题。在伦理学中，公正、正义、公平都是同一概念，只不过所使用的场合不同，正义一般用于庄严郑重的场合，而公平一般用于日常生活领域，而公正介于正义与公平之间。公正的本质是“给人应得”，很多哲学家都揭示出公正这一本质含义，如古罗马乌尔比安（D. Ulpianus）说：“正义乃是使每个人获得其应得的东西的永恒不变的意志”，阿奎纳也说：“正义是给予每个人应得的事物的坚定的和不变的意志”，霍布斯（T. Hobbes）说：“公正是给予每个人应得的不变的意志”。王海明在前人基础上，对公正进行了较为准确的定义：所谓公正，就是给人应得，就是一种应该的回报或交换，说到底，就是等利害交换的善行；等利交换和等善交换的善行是公正的正反两面；所谓不公正，就是给人不应得，就是一种不应该的回报或交换，说到底，就是不等利害交换的恶行，不等利交换与不等害交换的恶行就是不公正的正反两面。

2. 金融伦理的平等范畴

伦理学中的平等所研究的对象总是涉及人们之间的利益关系，如果一件事物与人们之间利益无涉，那么这件事物就无所谓平等。因此，在伦理学家看来，平等并不是简单的物理上或自然特性上的相同性。而是人们相互间与利益获得有关的相同性，而不平等也不是人们之间物理上或自然特性上的差别（除非这种自然特性涉及利益关系），而是人们相互间与利益获得有关的差别。在市场经济中，市场主体的平等原则是经济运行的最重要原则之一。因为说到底，市场经济是一种契约经济，现代社会是一个契约社会。在现代市场社会中，一系列的契约通过或明确或隐含的形式规定了契约缔结各方的权利义务关系。不论是缔结契约之前、之中还是之后，各方均是平等的权利主体，享有平等的权利和义务。也只有各个经济主体都具有平等的权利，这个缔约才是有效的、合法的。因此，我们不妨说，缔结契约各方的权利平等性是契约有效与合法的前提、基础和条件，在各方权利不平等的状态下达成的契约，是不公正的、无效的契约。市场经济主体的平等原则还意味着在任何制度安排中不能存在对某些市场经济主体的歧视，不能故意忽略和漠视某些群体的权利与诉求。

这一原则同样贯彻在金融体系运行的方方面面，因为说到底，金融市场中的所有交易行为也无非是一系列合约，而这些合约有效达成的前提无疑是各缔约方的权利平等。权利平等在金融市场中首先意味着缔约之前各缔约方的身份平等，不能存在身份上的歧视。一个比较明显的例子是金融监管部门的上市公司选择。在我国证券市场发展的很长一个时期，只有一些大型的国有企业才能获准上市融资，而那些业绩优良的私营企业很难通过上市融资，从而造成私营企业融资的严重困难。实质上，金融监管部门在上市公司遴选方面的做法，违背了金融市场中的平等原则，因为不论是国有企业还是私营企业，都应该是享有平等权利的市场主体。

3. 金融伦理的诚信范畴

市场经济本质上是契约经济，而契约的题中应有之义，是缔约各方都应该遵守诚信原则。可见，诚信是市场经济赖以维系的最根本伦理准则之一。

那么，什么是诚信？信用与诚实之间是什么关系？所谓诚实，是指动机在于传达真实信息的行为，是自己以为真的也让别人信其为真，自己以为假的也让别人信其为假的行为；诚实的对应概念是欺骗，欺骗是动机在于传达假信息的行为，是自己以为真却让别人信其为假，自己以为假却让别人信以为真的行为。诚实可以分为诚与信。因为“诚实是动机在于传达真信息的行为”意味着：诚实者传达的真信息之为真信息，并非因为其必然与客观事实相符，而是因为其与传达者自己的主观思想及其所引发的自己的实际行为相符；与自己思想相符称作诚、真诚；与自己行为相符称作信、守信。可见，诚实可以分为两类：一类是与自己的主观思想相符，这是诚；而另一类是言行一致，称作信。因此，诚和信是两个互相联系但又不同的范畴，我们可以把这两个范畴合起来，称为诚信。

诚就是传达真信息的行为。在这里，主观上认为自己所传达的信息是“真信息”，这是非常重要的。在一个社会中，向别人传达“真”的信息，而不是采取欺骗行为，是维持人与人之间合作关系的一个重要条件，也是社会赖以存在发展的重要条件。试想，一个充满谎言的世界中，我们将依据什么来确定自己的行为？我们又将依据什么确定与他人的合作关系？在法律案件审理的过程中，如果法官听到的都是谎言，他将依据什么来进行判决？如果各种媒体透露给公众的都是虚假信息，那么公众将如何选择自己的行为？可见，一个没有“诚”而充满谎言的社会，必定是一个治理得非常糟糕的社会，而一个不鼓励“诚”而鼓励撒谎的社会，也必定是一个难以持久发展的社会。

信就是恪守信用，使自己的行为符合自己所传达的信息的行为。我们说一个人诚信或守信，就是说与这个人达成某个契约（或正式的，或隐含的）之后，这个人能够遵守契约，言行一致。我们说对一个人“信任”，就是相信一个人在与别人达成某个契约后能够守信，能够履行诺言。信任关系对于小至婚姻家庭，大至企业、团体治理以至于国家治理，都是非常重要的。费朗西斯·福山（Francis Fukuyama）在他写的《信任》一书中曾经这样说：“如果想象一下失去信任的世界将会变得如何，我们就很容易赞同信任具备的经济价值。如果我们必须在对待每份合同的时候都认定，对方在可能的情况下都会试图欺骗我们，那么我们就不得不花费大量时间对文件进行推敲，做好防备，确保文件上没有可以被人利用的法律漏洞。这样，合同就会变得冗长无比，需要列出所有可能发生的附带情况，规定所有可以想到的义务。”实际上，福山所要说明的，就是信用与交易费用之间的关系，在一个缺乏信用的社会，人们之间的信任关系非常淡薄而脆弱，因此为了维系合同实施的有效性，为了使自己的权利与利益不受失信者的损害，各方都要花费高昂的成本来使合同变得严密，从而支付巨大的商业开销。鲍伊（N. E. Bowie）在《经济伦理学》中说：“信任变得非常重要，因为信任被认为是引致竞争成功的重要因素。……如果你想达到自己的企业目标，你就必须同公司的各个持股人建立信任关系。……我将力图说明，所有违背信任的行动都会同企业的本质目标相矛盾。换言之，（如果没有信任）我们所了解企业活动将成为不可能。”博尔丁（K. E. Boulding）也表达过同样的观点：“如果没有一体化的框架，交换本身就无法开展，因为即使最原始形式的交换也涉及信任和信用。”因此，我们可以说，即便对于最基本的商业交易，信任也是至关重要的，缺乏信任会使得交易成本变得非常高昂以至于交易根本就不能达成。

具体到金融体系中，契约执行的有效性直接取决于交易参与各方的诚信度。金融体系中的诚信不仅要求交易各方恪守信用、遵守合约，而且要求交易各方首先披露自己的真实信息，前者是信，而后者是诚。充分披露自己的真实信息，是市场健康运行的重要保证。在信息披露方面，不论是金融媒体，还是上市公司与金融中介机构，都负有向市场与投资者披露真实与充分的信息的责任。从金融媒体的角度来说，无论是电视、报纸、网络、杂志，都有责任向公众提供非误导性的真实信息，而不是被某些利益集团或企业所收买而披露虚假信息以误导投资者。这也是与本书“清廉金融”主题最高度相关的一个范畴。“清廉”的关键在于做承诺之事，不收不应收之财。失去“清廉”的后果正如失去“诚信”的后果，会使得所有行业参与者对行业失去信心，致使行业无法正常运转。

再来看三个核心关系：

1. 委托代理关系

委托代理理论研究在利益冲突和信息不对称的环境下，委托人如何设计最优契约激励代理人。随着现代规模化大生产的发展，委托代理问题逐渐凸显出来，分工的细化导致权利的所有者由于知识、能力、精力的局限而不能行使所有权利，因此必须把权利部分地让给那些具有专业知识的代理人，他们有能力与精力代理行使委托人委托的权利。但是，在委托人与代理人之间显然存在利益冲突，他们有着不同的效用函数，委托人追求自我财富最大化，而代理人则追求工资津贴收入、奢侈消费和闲暇时间最大化，因此必须设计出一定的制度框架来激励和约束代理人，使得代理人的行为不至于损害委托人利益。从本质上来说，信息经济学、契约理论与代理理论研究的是同一个问题，即在非对称信息的情况下如何设计出最优的交易契约或机制来解决委托人与代理人之间的利益冲突。

金融体系中也广泛存在着委托代理关系。道理很简单，金融体系中大量存在着各种契约关系，而在缔结契约的各交易方（博弈各方）之间，由于存在着信息不对称和利益冲突，所以也会产生委托代理问题。

我们可以在委托代理理论框架下将委托代理模型分成五类，并以金融体系中的委托代理例子分别加以说明，在说明中，本部分参考 Rasmusen（1994）和张维迎（1996）的分类方法：

（1）隐藏行动的道德风险模型（moral hazard with hidden action）

签约时信息是对称的（因而是完全信息），签约后，委托人只能观测到结果，而不能直接观测到代理人的行动本身和自然状态本身（因而是不完美信息）。委托人的问题是设计一个激励合同以诱使代理人从自身利益出发选择对委托人最有利的行动。以保险公司为例，在保险公司与投保人签约后，保险公司难以直接观测到投保人的防盗措施做得如何，也难以观测到投保人是否饮酒吸烟，因而这都属于隐藏行动的道德风险模型。同样，存款人在将资金存到商业银行后，存款人也难以直接观测到银行经理是如何进行项目投资的，因而无法辨别项目风险，这也属于隐藏行动的道德风险模型。

（2）隐藏信息的道德风险模型（moral hazard with hidden information）

签约时信息是对称的（因而是完全信息）；签约后，“自然”选择“状态”（可能是代理人的类型）；代理人观测到自然的选择，然后选择行动（如向委托人报告自然的选择）；委托人观测代理人的行动，但不能观测到自然的选择（因而是不完美信息）。委托人的问题是设计一个激励合同以诱使代理人在给定自然状态下选择对委托人最有利的行动（如真实地报告自然状况）。例如，一个基金公司经理与基金销售人员的关系：基金销售人员（代理人）知道购买基金的顾客的特征，而基金公司经理（委托人）不知道；基金经理的激励合同是要向基金销售人员提供刺激以使后者针对不同的基金购买者选择不同的销售策略。

（3）逆向选择模型（adverse selection model）

自然选择代理人的类型，代理人知道自己的类型，而委托人不知道（因而信息总是不完全的）；委托人和代理人签订合同。由于签约前信息不完全，因此越是资质较差的代理人越有积极性与委托人签订合约，而最终结果也是越是资质较差的代理人越有可能与委托人签订合约。在金融体系中，越是财务状况比较严峻的公司越是有动力去商业银行寻求贷款，越是资金紧缺的公司越是希望通过上市来获取融资，因此这两种情形都是逆向选择模型。

（4）信号传递模型（signaling model）

自然选择代理人的类型，代理人知道自己的类型，而委托人不知道（因而信息不完全的）；为了显示自己的类型，代理人选择某种信息；委托人在观察到信号之后与代理人签订合同。投资者与基金经理的关系就是这样一种关系，投资者作为委托人并不知道作为代理人的基金经理的类型，不了解基金公司投资项目的风险，因此代理人选择"年收益率"作为信号，投资者以年收益率来选择代理人从而签订合同。

（5）信息甄别模型（screening model）

自然选择代理人的类型，代理人知道自己的类型，但委托人不知道（因而信息不是完全的）；委托人提供多份合同供代理人选择，代理人根据自己的类型选择一个最适合自己的合同，并根据合同选择行动。

2. 权利义务关系

权利与义务是法律领域的基本问题之一，也是伦理学领域的基本问题之一。伦理学家们认为，所谓公正的根本问题，实质上就是权利与义务的交换与分配问题，即权利与义务究竟如何交换和分配才算得上公正，也就是讨论权利与义务的交换和分配的公正原则问题。

在市场经济中，当事人之间一旦缔结了某个契约，就确定了某种权利义务关系。当然，这个契约既有可能是明确的契约，也有可能是隐含的契约。但不管是明确的还是隐含的契约，都界定出参与者的权利义务关系。权利义务关系在明确的契约中，一般受到强有力的政治保障和法律保障，而在那些隐含的契约中，参与者之间的权利义务关系除了受到政治保障和法律保障之外，还更多地受到道德与习俗的约束，受到市场中各种无形的力量的约束。

金融体系中存在着普遍的契约关系。在资本市场上，存在着投资人与上市公司之间的契约关系，因而也就确定了投资人与上市公司之间的权利义务关系：投资人将资金运用的权利赋予上市公司，因而使上市公司在拥有使用资金的权利的同时，也负有相应的为投资者带来相应资本回报并赋予投资者相应控制权的义务。因此，在投资者中，假如一个投资者拥有的是普通股，则拥有对上市公司的剩余索取权和剩余控制权，且其剩余控制权要优于优先股股东，而其剩余索取权要劣于优先股股东。这种制度安排，使普通股与优先股的股东（即投资者）相对于上市公司而言，拥有同等的权利，而不管是普通股股东还是优先股股东，都作为投资人与所有者而拥有相应的权利，这种权利应该与投资人（所有者）赋予上市公司的权利相等。同样，在金融中介机构中，不论是存款人与商业银行之间，还是投保人与保险公司之间，都存在由自由契约而确定的权利义务关系，双方在行使权利的同时，必须担负相应的义务。

在金融体系中，既然遵循权利义务对等的原则，那么，当双方权利义务不对等的时候，应该如何处置？很显然，如果由于各种原因（如一方未履行自己的义务，或一方滥用自己的权利而导致对方权利受损），权利义务对等的原则就会遭到破坏，那么也就严重违背了社会公正原则，社会在双方权利义务分配中出现了不公正情况。在这种情况下，适用两条基本原则来重新调整双方的权利义务关系，使之重新符合权利义务对等的社会公正原则：一条是社会惩罚原则，一条是社会补偿原则。

社会惩罚原则即是对侵犯对方权利的一方采取惩罚性措施，由法律或行政力量对其进行强制性惩罚。比如，如果投保人采取欺骗手段（如故意隐瞒自己的健康状况，或故意采取某种不正当手段而骗取保险公司的赔付）而使保险公司的权利受损，那就使得双方权利义务关系出现了严重不对等的情况。投保人既有在受到损失后获取赔付的权利，也负有提供真实信息的义务。在投保人骗取赔付的情况下，保险公司将采取一定的措施惩罚投保人，也可以通过法律手段惩罚投保人。

社会补偿原则是指通过某种社会机制或制度设计而对契约关系中权利受损的一方进行补偿。比如，在存款人与商业银行的关系中，作为储蓄者，不论是城市储蓄者还是乡村储蓄者都拥有相应的权利，即获得相应信贷的权利；不论是甲地区的储蓄者还是乙地区的储蓄者，也都拥有相应的权利，即获得相应信贷的权利。如果一家商业银行从乡村储蓄者获得一定数量的存款，而不向他们发放贷款，则没有履行其信贷义务，此时，商业银行与乡村储蓄者之间出现权利义务不对等的情形。在这种情形下，商业银行应当通过某种方式来补偿这些信贷权利受损的乡村储蓄者。比如，通过在银行内部设立农村小额贷款部门来满足农村中小企业、农业合作社以及农户的小额贷款需求，或者通过在基层农村设立分支机构来满足其贷款需求，对从乡村中获得大量储蓄的商业银行而言，这是它们的义务和责任，而这种义务和责任的履行，是应该受到法律保障的。

3. 自律他律关系

自律与他律，是一对极其重要的伦理范畴。在我们讨论权利与义务关系时，我们对权利与义务的界定都与外在的权力保障有关，即权利和义务都是受到权力（包括政治权力和法律权力）强制性地保障与维护的一种利益交换。在这里，似乎外在的力量保障是权利和义务得以实施的唯一保障。他律确实是权利与义务关系得以维系与实现的必要保障，但并不是唯一保障。什么是他律？所谓他律，就是运用外在的强制性的力量来约束人们的行为，从而保障人们之间的权利义务关系得以实现。

在金融体系，他律的形式既包括硬性的法律约束，也包括软性的伦理约束。在硬性的法律约束中，主要是指监管部门对金融机构和金融市场的外部监管，以保证当事人之间权利义务关系的实现，并惩戒那些损害当事人权利的行为。软性的伦理约束主要是指通过多种伦理规制手段，对当事人的行为进行约束，以利于当事人之间权利义务关系的实现。本部分先探讨金融监管中的伦理问题，下一部分讨论金融体系中的伦理规制。

金融监管的必要性来自对金融体系中市场失灵的认识。现代经济学认为，在存在外部效应、公共品、信息不完备以及不完全竞争领域，竞争市场无法保障资源的配置符合帕累托效率，也无法保证收入分配的公平。因此，在这种市场失灵的条件下，就产生了政府介入市场的必要性，以此来纠正市场失灵。在金融市场中，负外部效应较之其他市场更为严重；金融市场中的金融机构有更高的杠杆比率（资产总额与资本净额之比更高），因此发生损失时金融机构本身的损失较小，而外部的负效应较大；金融市场的危机具有极大传染性，金融体系崩溃会给整个经济带来毁灭性影响。

政府在金融体系中的规制与监管行为属于比较硬性的制度约束，而金融体系中还存在其他比较软性的非制度约束，伦理规制即其中之一。伦理规制是一种基于内在性道德准则的非正式规制，但是它又与道德的内省不同，具有一定的外在约束力量。有些学者认为，伦理规范不同于道德规范，不是一种纯粹的内心信念和准则；它以文化传统、公众利益、社会普遍意志、社会生活惯例以及人伦之理或人际交往的必然性为基础，它本身就有无形而持久的外在约束力。因此，伦理规制是伦理理念和精神的外化形式，是伦理规范及其特定的社会运行保障机制的统一。实际上，在人类经济社会生活的大部分场合，政府规制作用的领域与强度都不能与伦理规制相比，伦理规制作为一种软性的社会约束力量，其约束力（约束强度）与约束面（约束范围）比单纯的政府约束要大得多。

金融体系中的自律机制的构建可以包含三个不同的层次：**第一个层次是针对金融机构中的个体而言的，即对金融机构员工与管理者进行金融道德文化教育**。这是达到金融体系员工自律的重要方面。通过金融道德文化教育，使金融体系员工与管理者对职业道德原则与规范达到高度认同，把外在的原则与规范变成自身的职业态度、价值观念与行为准则，并且在行为的过程中自觉、自动地按照职业道德原则与规范来约束自己，达到一种道德自律的最高境界。这也是金融道德文化教育的最终目的。很显然，在这种道德自律的境界，金融体系员工不再是职业道德观念的被动的接受者，也不再因为畏惧惩罚而被动地遵守职业规范，而是具备了一种职业道德良心。所谓职业道德良心，就是个人在对他人与社会尽义务的过程中形成的一种职业道德意识，它既是体现在金融业职业个体意识中的一种强烈的道德责任感，又是金融从业人员个体在自我意识中依据金融道德原则和规范进行自我评价的能力。职业道德良心是职业责任的自觉意识，是知、情、意的统一，它是人们理性精神的沉淀，往往以道德自觉的形式体现出来。金融机构要建立一种经常性的机制，对从业人员进行金融道德文化教育，同时利用各种节庆、纪念日、日常礼仪、表彰活动等手段，强化金融道德文化教育的成果。社会舆论、大众传媒、金融行业协会等，都可以在金融道德文化教育中起到特殊的作用。

金融体系自律机制构建的第二个层次是建立基于一定伦理原则的金融企业文化。金融企业是一种特殊的企业，它所经营的产品主要是信用产品，因而对伦理的要求也就较一般企业为高，也就是这个原因，使得金融企业（如商业银行和保险公司）更需要建立相应的企业文化。如果说金融道德文化教育主要是针对金融从业人员微观个体的，那么金融企业文化建设则主要是从整个金融企业的层面，构建一种独特的伦理文化，使其渗透到企业运行的各个方面。金融企业文化建设的目标是建立一种企业价值观，用这种价值观来引导、规范、塑造每个员工的伦理行为，并使金融企业价值观通过一定的机制构建体现在金融企业运行的各个环节。例如：金融企业必须营造一种诚信的文化，在与客户进行交往的过程中恪守信用、遵守契约，绝不发生背信弃义的行为；金融企业必须建立一种创新的文化，使创新的观念深入人心，每个金融企业的员工都能秉承创新精神，适应时代与客户的需求，开发出新的金融产品；金融企业还必须建立一种稳健的文化，增强员工的风险意识，使员工时刻意识到风险的存在，在经营过程中遵循合规、谨慎、敬业的原则。值得强调的是，金融企业文化建设一定要与相应的制度设计结合起来，如果没有严密的制度设计为后盾，则金融企业文化往往成为空中楼阁，外表华丽而实际上毫无用处。

金融体系自律机制构建的第三个层次是金融企业社会责任体系的构建。金融企业较之一般企业，对整个经济与社会的影响更大，因而金融企业也就更有必要强调自己的社会责任。金融企业社会责任体系的构建试图通过金融企业的自觉行为，制定一整套相对严格的金融企业行为规范，以协调金融企业与员工、与社区及与整个社会经济发展和可持续增长之间的关系。如果说企业文化建设主要从金融企业内部价值观确立角度来实现自律的话，则社会责任体系构建就是通过金融企业与其他主体之间的关系重塑来实现其伦理自律。金融企业社会责任体系注重金融信贷行为对社区发展、区域文化保护、当地环境质量、性别平等的影响。如果一项信贷计划尽管可以提升当地的经济发展水平并有极好的预期资产回报率，但是如果这项计划不利于当地的环境改善或民族文化保护，则该项计划会被认为是一项坏的计划，金融企业的信贷评估部门应该放弃这个计划。全球商业银行的一个潮流是构建自己的社会责任体系，把商业银行与当地社会经济和谐发展密切结合，使商业银行在更自觉、更制度化的层面上履行社会责任和伦理义务。

以上就是金融伦理的整体哲学框架，以公正、平等、诚信三个范畴为基础，以委托代理、权利义务、自律他律三种关系为核心。对这三个范畴的定义和解读以及探讨不同行为主体对这三种关系应有的态度和对待方式，即是金融伦理学的主要研究内容。

（二）近现代金融伦理理论研究细分

从细节上看，对近现代金融伦理理论的研究存在多种不同细分方式。

《金融伦理学》一书中，以机构—市场—社会三个层层递进、从小到大的范围为划分，探讨了金融机构（银行与保险）的金融伦理、金融市场（股票市场及市场参与者）

与金融伦理，还有金融伦理与社会责任之间的关联。

在金融机构的金融伦理方面，金融机构分为商业银行、投资银行和保险公司三个大类。由于金融机构的运作与职能有一定的相似性，但细节之处具有复杂差异，在此只作简化概括，引用与金融伦理相关的部分内容。如对这些机构之间的差异产生困惑，可以参考其他相关教材著作。

金融机构的伦理原则大致有三个：稳健与谨慎原则、珍视信誉与诚信原则、责任投资原则。

（1）稳健与谨慎原则

金融是一个面对风险的行业。无论银行或保险公司，面临的风险都是多种多样的。这些风险既包括信用风险、利率风险与流动性风险，也包括随着金融自由化和金融全球化而带来的国家风险、转移风险、市场风险、操作风险、法律风险、环境风险和声誉风险。银行和保险公司的营运资金往往来源于广大群众的存款，尤其保险公司，存在特征性的资产负债倒挂现象。因此，金融机构的稳健经营与广大群众的切身利益密切相关。金融机构一旦因为不审慎经营而出现大量不良债权，就会影响用户的信心。继而激发比如银行业挤兑风波的问题，并产生多米诺骨牌效应，最终可能引发社会经济严重动荡。

（2）珍视信誉与诚信原则

金融机构在我们的日常生活中的地位越来越重要，这就使得金融机构的员工产生一种误解，似乎应该强调的仅仅是信贷者的信用，而不应该是金融机构的信用。

对于银行员工，在他们的理解中，银行和信贷需求者形成一种契约关系，银行是贷款提供者，而信贷需求者是贷款使用者，由于贷款使用者有违约的可能，因而强调贷款使用者的诚信是天经地义的。

但是，这些大型商业银行的员工往往忽略了这样一个事实：贷款使用者与银行的契约关系仅仅是银行所面临的委托代理关系的一面，在这一层委托代理关系中，商业银行是委托人，而贷款使用者是代理人；但是商业银行还面临着另外一层委托代理关系，即它和储户之间的委托代理关系，在这一层委托代理关系中，商业银行成了代理人，而储户成了委托人。储户成为不拥有信息的一方，而商业银行成了拥有信息的一方，因此商业银行也便产生了一种内在的道德风险，即它有可能为追求自我利益最大化而损害储户的利益，保证不了储户资金的安全。

而对于保险公司的员工，保险合同本身具备专业性与复杂性，更为重要的是，保险合同是不完备合同。这就使得家庭消费者往往因为缺乏足够的专业知识，而在与保险公司的关系中处于弱势地位。

从这个角度来说，金融机构更有必要讲求诚信，因为机构的诚信关系到数量巨大的用户群体的利益，也关系到整个社会的秩序与经济安全。就金融机构与用户之间的关系而言，用户基于对机构的信任，与金融机构形成一种默会的知识（tacit knowledge），即相信金融机构能保证其资金安全并带来预期收益。金融机构有为这种隐含的契约承担相应的保证资金安全并提供收益的义务。

（3）责任投资原则

责任投资原则（responsibility investment）也被称为“社会责任投资”（socially responsible investing），是指在投资过程中不仅关注资金回报，而且关注资金所投向的领域及投资给社会经济带来的影响，社会责任投资将价值观（伦理道德因素）融入投资中，对传统投资原则是一种重要补充。

责任投资原则在一些文献中仅仅被限于讨论证券投资，但广义上，其对商业银行贷款与企业社会责任方面同样适用。

在金融市场与金融伦理方面，主要需要关注的市场是股票市场。

股票市场的参与者包括上市公司、证券交易所、投资银行（证券公司）、中介机构（经纪商）、金融媒体、评估机构等，这些机构在股票市场中扮演着不同的角色，需要遵循各自的伦理规范。

第一，上市公司是股票市场中最重要的参与者之一，上市公司的质量如何，直接影响股市的交易效率。对上市公司来说，其最重要的伦理规范是向交易所和监管者以及公众提供真实、准确、全面和透明的信息，以保障投资者和其他交易者做出恰当的决策。因此，上市公司的诚信是其第一伦理规则。我国股票市场中发生过很多起上市公司造假的事件，严重误导了投资者的投资行为，也对股票市场的运作造成了极大的影响。

第二，对证券交易所而言，其最重要的功能是为整个交易所制定交易规则，其游戏规则的制定必须是公平而合理的，必须有利于各个交易主体的公平交易，必须有利于股票市场的公平定价。因此，对交易所而言，其制定规则的透明性和公平性是最重要的伦理规范。另外，证券交易所也承担着向监管者、投资者和公众提供信息的功能，因此交易所必须提供完整而真实的信息，必须恪守诚实与信用的伦理规范。

第三，对投资银行而言，它们承担着为上市公司首次公开发行提供咨询服务、准备各种上市文件以及承销商的功能，在股票市场交易中扮演着极为重要的角色。投资银行在为上市公司准备各种上市文件（包括招股说明书）的过程中，必须秉持诚信、公正的伦理原则，不能在上市文件中提供各种虚假的信息，也不能利用各种信息误导投资者。投资银行在为上市公司提供服务的过程中，也要恪守公正的伦理原则，如在上市定价的过程中，不能因私利而采取扭曲的定价行为，要对上市公司和投资者负责，对股票市场的稳健与安全负责。

第四，证券交易所中活跃着各种中介机构，它们在二级市场交易中扮演着重要角色。这些中介机构应遵守交易所的交易规则，不能突破自己的交易限制，要遵守自己的职业道德，不能越雷池一步。比如经纪人只能按委托客户的指令进行交易，而不能自己参与交易。各种证券公司、投资基金作为中介机构参与到证券交易中，它们应遵循诚信、公平的交易伦理规范，在交易中不能有利用虚假信息和资金优势操纵市场的行为，也不能有不顾客户资金安全的道德风险行为，要为客户资金的安全运行和增值负责。投资基金所投资的金融产品十分广泛，尤其在投资风险较高的金融衍生产品时，应该秉持稳健的投资策略，禁止盲目投资和过度冒险，要将资金安全放在第一位。

第五，金融媒体（也包括广义上在各类媒体上对股票市场发出各种评价的经济学家和股评人士）对于股票市场的稳健运作也有至关重要的作用。金融媒体（电视、报纸、杂志、网络等）应该遵守自己的职业道德，为公众提供负责任的信息，秉持诚信的原则，不误导投资者和公众。各类股票市场评论者和经济学家应该秉持公正、中立、诚信的伦理原则，既不提供虚假的信息，也不为个别利益集团服务，要为整个股票市场做出客观和中立的判断，引领市场向健康的方向发展。

第六，评估机构在提供股票市场信息方面起到关键的作用，会计师事务所和专业评估机构，都有责任向市场提供真实、准确的信息。在著名的美国安然公司事件中，安达信公司作为一个评估机构，与安然公司一起造假，严重误导了股票市场的投资者，自己也落入可悲的境地。评级机构是靠自己的信用和公正性来维持运行的，一旦这种信用和公正性受到损害，其存在的基础也就不复存在了。

在金融伦理与社会责任层面，银行与公司（企业）是讨论中常见的责任主体。由于篇幅所限，考虑到商业银行可以被视作一种特殊的企业，这里统一以“企业社会责任”称呼，对于商业银行不同于其他企业的社会责任伦理，则不再赘述，由学生根据兴趣自行作课外了解。

社会责任思想的产生最早可以追溯到两千多年前。在经历了古希腊哲学、中世纪基督教思想及文艺复兴思想解放等之后，现代的“企业社会责任”（corporate social responsibility，CSR）一词可以认为起源于20世纪初期的美国。一般认为，1923年英国学者欧利文·谢尔顿（Oliver Sheldon）在美国进行企业考察时，最早提出了“企业社会责任”的概念。从20世纪30年代至60年代，关于企业社会责任思想最集中和最有影响力的争论主要有两次：一是20世纪30年代至50年代关于管理者受托责任的“贝利-多德”之争，二是20世纪60年代关于现代公司作用的“贝利-曼恩”之争。“贝利-曼恩”之争吸引了更多的学者参与到关于企业社会责任问题的争论中来，并且延续了很长时间。

从20世纪60年代开始，学术界的研究和争议的焦点一直是围绕着CSR的内涵展开的，诸多学者在自己的著作中都提出这一概念的定义，并就其内涵展开激烈争论。1953年，被称作现代“企业社会责任之父”的鲍恩（Bowen）出版的《企业家的社会责任》，被认为是第一本有关CSR的著作，标志着现代企业社会责任研究的开端。到了70年代，还出现了几个与企业社会责任密切相关的概念，例如企业社会表现、经理人的公众责任、企业社会效应。此外，利益相关者理论的发展及日益扩大的社会影响也为企业社会责任的讨论带来了一定的影响，启示学术界CSR的概念与包含的内容是不断变化的，而且对于不同的人意味着不同的内涵。

此后，更多的学者没有停留在仅仅讨论 CSR 的定义上，而是以企业社会责任、企业社会表现、企业环境责任等为题目，进一步展开了许多实证研究，典型的如 Wartick 和 Cochran（1985）的企业社会表现模型、Wood（1991）的企业社会表现模型等。到了 20 世纪 90 年代，企业社会责任理论与实证研究都丰富了起来，且呈现多元化的趋势。学术界基本上形成一个共识：企业社会责任是对企业外的许多利益相关者群体承担的责任。这一时期，企业社会责任理论的整合逐步开始，企业社会表现的研究得到了进一步的发展，对 CSR 的探讨也上升到了企业管理的层面。此外，CSR 的发展也不仅仅是在学术界中独立进行，欧盟、全球非营利性组织社会责任协会（Business for Social Responsibility，BSR）等政府和非政府组织也对企业社会责任问题展开了理论探讨和实践行动，对学术界产生了很大的影响。

当前，CSR 与企业管理、CSR 与企业业绩和发展的关系、CSR 与利益相关者、企业推行 CSR 的途径、有关企业社会责任实践情况的调查报告等，已经成为国际企业社会责任研究领域的热点课题。

另一种分类方式则是按照话题分类，大体上可以视作构造金融伦理学发展的树状图。按照这一分类方式，这一学科下属的研究方向大概有这么几类：

早期观念：早期的金融伦理主要关注个人道德和道德品质，强调诚信、廉洁、守信等传统道德观念，体现在金融交易和业务中。

工具论：工具论观念将金融看作一种工具，其本身并没有道德属性，而道德行为主要体现在金融工具的使用者身上。这一观念强调金融从业者的职业操守和行为准则。工具论的一些主要内容和原则包括：

（1）道德决策模型：金融从业者可以使用道德决策模型来分析和评估面临的道德困境，帮助他们做出符合伦理标准的决策。这些模型可能包括伦理原则的应用、利益相关者分析、伦理决策流程等。

（2）伦理准则和规范：金融行业通常制定和遵守一系列伦理准则和规范，以指导从业者的行为。这些准则和规范可能涉及诚实、透明度、客户利益至上、风险管理、合规性等方面。

（3）道德风险管理：金融机构和从业者需要识别、评估和管理与道德风险相关的问题。这包括了解和监控潜在的道德风险，采取措施减轻风险，建立有效的道德风险管理框架等。

（4）教育和培训：金融从业者需要接受道德教育和培训，以增强他们的道德意识和道德判断能力。这种教育和培训可以通过课程、研讨会、案例分析等形式进行。

（5）道德领导力：金融领导者应该展示出道德领导力，为组织树立正确的价值观和行为标准，并鼓励员工遵守道德准则。这包括积极倡导和践行道德价值观，及时处理道德问题，建立开放和透明的组织文化等。

利益相关者理论：利益相关者理论将金融活动视为涉及多方利益相关者的复杂系

统，强调金融从业者应当考虑到所有利益相关者的利益，包括客户、股东、员工、社会和环境等。利益相关者理论的一些主要内容和原则包括：

(1) 广泛的利益相关者范围：利益相关者理论认为，组织的利益相关者不仅包括股东和投资者，而且包括员工、客户、供应商、社会和环境等各方面的利益相关者。

(2) 平衡各方利益：组织应该努力平衡和满足各种利益相关者的合理需求和权益，而不是仅仅追求股东的利润最大化。

(3) 社会责任和道德经营：利益相关者理论强调组织应该承担起社会责任，关注社会和环境的可持续发展，并通过道德经营来增进社会福祉。

(4) 多元化利益决策：在制定决策和管理策略时，组织应该考虑到各种利益相关者的利益和影响，采取多元化的利益决策方式。

(5) 透明度和沟通：组织应该建立透明的沟通机制，与各种利益相关者进行积极的沟通和互动，以建立良好的利益相关者关系。

(6) 长期持续发展：利益相关者理论强调组织应该注重长期的持续发展，而不是短期利益的追求，以满足各种利益相关者的长期利益和期望。

可持续发展： 可持续发展观念将金融伦理与可持续发展目标联系起来，强调金融活动应当促进经济、社会和环境的可持续性，保障未来世代的利益。金融伦理中可持续发展的主要内容和原则包括：

(1) 社会责任：金融机构应该承担社会责任，促进社会公平和包容性发展，避免损害社会利益，尊重人权和社会正义。

(2) 环境保护：金融活动应当考虑其对环境的影响，采取措施减少资源消耗、减少污染和排放，支持可再生能源和清洁技术的发展，促进生态平衡和环境可持续性。

(3) 长期稳定性：金融市场和金融产品应当追求长期稳定和可持续发展，避免短期利益的追求导致系统性风险和金融危机。

(4) 透明度和诚信：金融机构应该提高透明度，公开其经营活动和财务信息，保持诚信，避免欺诈和不当行为，维护市场秩序和投资者权益。

(5) 资本配置效率：金融资源应当有效配置，支持具有可持续发展潜力的项目和行业，促进经济结构调整和转型升级，实现经济增长与环境保护的协调发展。

(6) 社会包容性：金融服务应当普惠和包容，确保所有社会群体都能够获得金融服务和资源，缩小贫富差距，促进经济和社会的公平和稳定发展。

社会责任： 社会责任观念强调金融机构和从业者应当承担社会责任，为社会做出积极贡献，包括推动社会公平、减少贫困、保护环境等方面。

金融伦理中社会责任的主要内容和原则包括：

(1) 透明度和诚信：金融机构应该保持透明度，公开其经营活动和决策过程，向客户和投资者提供真实、准确的信息，并保持诚信，避免欺诈和不当行为。

(2) 服务社会利益：金融机构应该以服务社会为己任，积极参与社会公益事业，支持社会发展和改善社会福祉，促进经济和社会的可持续发展。

（3）尊重人权：金融机构应该尊重人权，不歧视任何个人或群体，保护客户和员工的权益，遵守法律法规，维护社会公平和正义。

（4）环境保护：金融机构应该考虑其经营活动对环境的影响，采取措施减少资源消耗、减少污染和排放，支持可持续发展和环境保护。

（5）社会包容性：金融服务应该普惠和包容，确保所有社会群体都能够获得金融服务和资源，缩小贫富差距，促进经济和社会的公平和稳定发展。

（6）治理和监督：金融机构应该建立有效的治理结构和监督机制，保障公司治理的透明和有效，防范腐败和不当行为，维护金融市场的稳定和健康发展。

这些原则旨在引导金融机构履行其社会责任，实现经济、社会和环境的可持续发展，促进金融行业与社会的和谐共生。

金融包容性：金融包容性观念关注金融服务的普及和普惠，强调金融应当服务于全社会，特别是边缘化群体和发展中国家，确保金融服务的公平和平等。金融伦理理论中金融包容性的主要内容和原则包括：

（1）普惠金融服务：金融机构应该致力于为所有社会群体提供普惠金融服务，包括低收入群体、农村居民、小微企业等，确保他们能够获得贷款、储蓄、保险等金融产品和服务。

（2）金融创新和技术发展：通过金融科技和创新手段，拓展金融服务的覆盖范围和渠道，提高金融包容性，让更多人能够享受到金融服务的便利和效益。

（3）社会包容性金融产品：设计和推广符合不同群体需求的金融产品和服务，如微型贷款、小额储蓄、保障型保险等，满足低收入和边缘群体的金融需求，促进金融包容性。

（4）金融教育和培训：开展金融教育和培训活动，提高公众对金融知识的认识和理解，增强金融素养，帮助个人和家庭更好地规划和管理自己的财物，提高金融包容性。

（5）政策支持和监管倡导：政府部门应该采取积极措施，制定和实施促进金融包容性的政策和法规，加强金融监管和监督，保护消费者权益，促进金融市场的健康和稳定发展。

（6）社会责任和可持续发展：金融机构应该认识到其在社会中的责任，积极参与推动金融包容性的发展，为社会和经济的可持续发展做出贡献，实现共赢和共同繁荣。

金融创新与监管：金融创新与监管观念将金融创新与监管结合起来，强调金融创新应当遵循道德原则和监管规定，防范金融风险和市场不正当行为。金融伦理理论中，关于金融创新与监管的主要内容和原则包括：

（1）促进金融创新：金融创新应当以满足社会和经济需求为导向，注重提高金融服务的效率、效益和包容性，推动金融市场的健康发展和经济增长。

（2）保护消费者权益：金融创新应当注重保护消费者的权益和利益，避免出现金融产品和服务的不当销售、欺诈行为和不合理风险。

（3）加强风险管理：金融创新涉及风险，金融机构应当加强对风险的识别、评估和管理，防范和化解金融创新可能带来的风险和危机。

（4）透明度和信息披露：金融创新应当注重透明度和信息披露，向市场参与者提供充分、准确、及时的信息，帮助他们理解和评估金融产品和服务的特性、风险和收益。

（5）强化监管和监督：监管机构应当加强对金融创新的监管和监督，制定和实施相关法规和规章，规范金融创新活动，维护金融市场的稳定和健康发展。

（6）创新伦理和社会责任：金融机构和从业人员应当遵循创新伦理和社会责任，不断提高对金融创新活动的社会影响和责任意识，促进金融创新的可持续发展和社会价值创造。

三、西方金融伦理的缺陷

尽管欧美的金融伦理在过去多年中领先发展，然而，进入 21 世纪，随着世界范围内一次次金融危机与各种经济纷争的出现，不难发现，西方的金融伦理逐渐暴露出其弊端与缺陷。

最典型的表现在于，面对全球一体化的形式，传统的西方金融伦理缺乏与之匹配的更新。这种意愿的缺乏与西方发达国家经济强势的现实相辅相成，造成了实际上的国际金融体系不公正。

从伦理的角度看，现行的国际金融体系的不公正性主要表现在以下几个方面：

第一，权利分配的不公平。发达国家（特别是七国集团）在现行国际货币金融组织体系中居于主导地位，享有较多的权利，而广大发展中国家则处于边缘地位，难以影响全球金融事务的决策。IMF 的总裁历来都由欧洲人担任，而世界银行行长一职则由美国人垄断。发展中国家在巴塞尔银行监理委员会（1974 年由西方十大工业国设立）和金融稳定论坛（由西方七国集团于 1999 年设立）中都没有代表。在 IMF 的加权投票权份额中，美国占 16.5%、德国占 5. 81%、英国占 4.29%、印度占 2.6%、中国占 6.07%。IMF 的重大议题都需要 85%的通过率，因此美国享有实际的否决权。

第二，资源分配的不公正。国际金融体系虽然是一种影响所有国家的国际制度，但是，不同国家从这种制度安排中获得的收益是完全不同的。作为国际储备货币和贸易结算货币的币种都是少数几个发达国家的货币。提供国际通货的发达国家的银行系统可以享受规模经济效应和其他成本优势。各国出于国际清偿和稳定外汇体系的需要，总是把部分国际储备货币存放在发行国的银行里或购买发行国的国库券和政府债券，使资金流回发达国家，导致“穷国借钱给富国”的奇特格局［诺贝尔经济学奖得主斯蒂格利茨（J. E. Stiglitz）语］。发达国家不仅因此可以无偿享有世界各国以万亿美元计算的财富，而且可以获得低成本的资金来源。IMF 分配给发达国家的特别提款权（SDR）份额也远远高于发展中国家。其中，美国一国就占有 40%的份额，而中国所占份额仅 11%。全球金融中心主要集中在发达国家（如英国伦敦和美国纽约），金融业所带来的收益主要由发达国家（特别是美国）分享。

第三，程序的不公正。从程序正义的角度看，一种公平的规则应当是签约各方在理性商谈的基础上达成的共识或妥协，但是，现行国际金融体系的运行规则基本上是由西方七国制定的，其他国家只能被动地接受。国际金融决策的议程大多由西方七国主导。世界银行和 IMF 的重大决策缺乏足够的透明度。发展中国家不太熟悉国际金融事务，在与发达国家谈判时往往处于劣势，它们的合理诉求难以获得满足。一些贫穷国家缺乏经费，根本无力参加国际金融规则的制定。还有一些国家不是 IMF 的成员国，它们完全没有资格参与相关金融规则的制定。

第四，美元的“超经济剥削”。美元作为国际储备和交易货币的霸权地位不仅使美国获得了巨额铸币税收益，而且使之可以大量负债而不用担心破产。任何一个国内收支和国际收支皆严重赤字的国家都不可能享有美国那样的财富。通过大量印刷美元并使美元贬值，美国人无偿占有了那些贸易顺差国的许多财富，迫使其他民族为其高消费的生活方式埋单。

第五，国际制度的不公正。华尔街的金融“肥猫”无疑对金融危机的爆发起到了推波助澜的作用。但是，他们不过是美国政府、世界银行和 IMF 所信奉的新自由主义经济政策的执行者。美国为平衡其国内和国际收支的双赤字而采取的扩张性的金融政策早就埋下了全球金融危机的隐患。美元在现行国际货币体系中的垄断与霸权地位使得美元的发行不受其他国家的限制与约束。IMF 采取歧视性的监督政策，过多地强调对新兴经济体进行监督，却忽视对重要发达国家的监管。IMF 的投票权结构使美国和欧盟具有否决权，这就使得 IMF 不可能通过任何不利于欧美利益的决议，也使 IMF 对欧美几乎不具备监督和约束的能力。因此，美国主导的不公正的国际货币金融体制才是这场金融危机的深层根源。

不公正的国际货币金融体制只是更为广泛的国际制度（如国际贸易体系、国际政治体系）的一部分。这种隐蔽而又无处不在的不公正的国际制度，使得发达国家在当今的国际交往中总是处于有利地位，发展中国家总是处于不利地位，在全球经济合作中承担着较多的义务。这不仅阻碍了发展中国家的发展，而且使发达国家与发展中国家之间的差距日益加大。正如美国学者博格（T. Pogge）所说，贫穷国家持续贫困的原因并不“仅仅在于穷国自身。全球经济秩序在其中也扮演了重要角色。该秩序反映的是富国及富国人民和企业的利益”。因此，要想避免全球金融危机的再度爆发，仅仅依靠提高华尔街金融“肥猫”的道德素质是远远不够的。只有依据公平正义的原则，彻底改变包括国际金融体系在内的国际制度本身，才是未雨绸缪的治本之路。

西方学者往往使用一套“现实主义的国际伦理观”为上述不公正的国际秩序提供伦

理辩护。要站在道义的制高点上反思和批判现存不公正的全球制度安排，思考如何确立更符合实际需要的现代金融伦理观与中国特色金融伦理观，我们就必须从理论上揭示和说明现实主义国际伦理观的缺陷。

在现实主义的国际伦理观看来，伦理和道德规范不适用于民族国家之间的关系，因为：(1) 文化传统的多元性决定了各民族之间不可能拥有共享的普遍价值；(2) 国际社会缺乏强制执行伦理规范的公共权力；(3) 伦理关系只存在于民族国家内部的人们之间，而不可能存在于不同国家的人们之间；(4) 民族国家是具有最高权威的自主的行为体，其行为除了接受来自本国公民的限制，不接受来自其他国家和其他国家人们的限制；(5) 有的现实主义者甚至认为，国际政治行为本质上是一种非道德的行为。

然而，为现实主义的国际伦理观提供辩护的这五点理由都是站不住脚的。第一，随着各国之间政治、经济、文化和教育方面的交流与沟通日益加深，各国与各民族事实上已经接受并共享着许多共同的价值观念（如联合国颁布的一系列关于人权的宣言）。在大多数情况下，各国都能自觉地遵守国际社会共同制定的许多宣言、条约、章程与规范。第二，道德并不以它可以被强制执行或存在一个强制执行的共同权力为前提，也不完全依赖于事实上的相互遵守。一种绝对权威的存在确实有助于人们遵守道德规范，但是，它并不是道德及其可行性的基础。第三，民族和国家是人们认同和忠诚的主要对象，但并不是唯一的对象。比国家更小的家庭、本地社区、职业社团，以及比国家更大的跨国公司、国际非政府组织、联合国等也是人们（作为这些组织的成员）认同和忠诚的对象。由于共同的人性和共享的价值，我们还与所有人都存在着伦理关系。这些因素的存在都表明，人们不仅与自己国家和民族的成员保持着伦理关系，彼此负有相应的道德义务，而且人们与其他国家和民族的成员存在着程度不同的伦理关系，因而也彼此负有程度不同的义务。第四，政府的首要义务是促进其国民和国家的利益，但这并不意味着，政府永远没有义务促进其他国家或其他民族的利益。在人际道德中，我们都遵循“己所不欲，勿施于人”的基本道德；我们找不出可信的理由来证明，国家在处理彼此之间的关系时可以有特权不遵守这一基本准则。公司最大限度地促进其股东利益的义务也不能证明公司的所有措施的合理性。即使我们有促进那些与我们有特殊联系的人的义务，我们在履行这些义务时也要遵守一些基本的道德规范，如尊重他人的财产权、不损害第三方的利益、不欺骗、不强迫等。第五，主权国家之间的关系不是统治者与被统治者之间的关系，而是不同主权国家之间的关系。国家主权的存在以承认其他国家具有同等主权为前提。因此，国家主权观念预先设定了尊重他国主权、不侵犯他国主权、不干涉他国事务等伦理规范。国家之间的交往必须尊重这些基本的伦理规范。

因此，现实主义的国际伦理观的那种认为国与国之间的行为不受道德约束，以及道德原则在民族共同体之外便失去作用的观点，不论是在描述的意义上还是在规范的意义上都是错误的。事实上，随着经济全球化进程的日益深化，各民族之间的命运已经越来越紧密地联系在一起。各民族国家的发展和机遇也前所未有地受到各种国际制度安排的影响，影响人类前途和命运的许多全球性问题（如全球金融秩序的稳定、全球气候变暖、国际和平等）都必须通过国际合作、国际层面的制度创新才能得到解决。而只有以国际正义为基础的国际制度安排，才能获得伦理辩护并为各国所接受。这也正是中国所应当发展的特色金融伦理努力的方向。

第六章
金融行业实践中的清廉金融：职业道德

一、金融职业道德与操守

（一）职业道德、职业操守的概念与特征

1. 职业道德与职业操守的概念

《辞海》中，职业道德是指从业人员在职业活动中应当遵循的美德，在职业活动中形成和发展，以调节职业活动中的特殊道德关系和利益矛盾，是一般社会道德在职业活动中的体现。社会主义职业道德的基本要求是：爱岗敬业、诚实守信、办事公道、服务群众、奉献社会等。各行各业都有其各自特殊的职业道德要求。

职业道德是公民道德建设的主要内容之一，它是所有从业人员在职业活动中应该遵循的行为准则。在社会活动中，由于人们所从事的行业不同，每个行业又各有其特点，因此各个行业的从业人员所应遵循的职业道德自然有所区别。职业道德学者认为，职业道德就是指人们在具体工作岗位上应当遵守的思想行为规范，它涉及不同行业的工作人员，是一种自我约束机制。职业道德是指从业人员在职业活动中应当遵循的道德规范和必须具备的道德品质。各个行业的道德规范，称为行业道德，随着社会生产活动和社会分工的发展而逐步形成和发展。职业道德是对从事本职工作的从业人员在职业活动中具体行为的要求，体现了职业活动本身所承担的责任义务，也是对社会和公众的责任义务。它受社会道德的制约和影响，是社会道德原则和规范在具体职业中的体现。社会主义职业道德是整个社会主义道德体系的重要组成部分，其根本宗旨是为人民服务，奉献社会。提倡和普及职业道德，有利于各行各业的从业人员端正劳动态度，提高工作效率，成为一个道德高尚的人，由此提高这个社会的道德水准，促进社会各项事业的发展。

职业操守则是指人们在从事职业活动中需要遵守的道德、责任和义务。良好的职业操守包括：在业务活动中一贯秉持守法诚信；遵守一切与公司业务有关的法律法规，并始终以诚信的方式对人处事；确保公司的资产安全，并保证公司资产仅用于公司的业务；正确并诚实地制作工作报告，杜绝向公司内部或外部组织提供不实的报告，或者误导接收资料的人员（褚红素，2019）。

由此可见，职业道德与职业操守在概念上具有高度的相似性与相关性，无法割裂。

2. 职业道德与职业操守的特征

职业道德的特征如下：

第一，范围上，职业道德适用于具体从事对应行业和岗位的人员，但对于不属于本行业和岗位的人，或在本行业和岗位人员职业活动之外的行为活动，职业道德是不能起到调节和约束作用的。例如，律师行业的职业道德规范不仅要求执业人员谨慎认真，不弄虚作假，而且要求律师坚持遵守国家的法律法规、律师行业准则进行法律活动。

第二，内容上，职业道德对从业人员的义务、责任和行为有了超越岗位准则和操作规程的要求。职业道德是由相应行业长期社会实践沉淀、积累的，约定俗成的一种要求，有的甚至在行业准则文件中也有所体现。从具体内容上与其他行业有共同点，也有本行业易于辨识的标签。由于职业分工具有相对的稳定性，因此，与其相适应的职业道德也具有连续性和稳定性，并形成一定的有关职业方面的道德评价标准。有些职业含有世代相传的职业道德传统，例如，医生行业虽然经历了持续的发展演变，但救死扶伤、防病治病、全心全意地为病人服务等一直都是医生职业道德规范中的精髓和优良传统，从古至今都受到人们的推崇。

第三，形式上，职业道德具有广泛性、多样性和适用性的特点。恩格斯（F. Engels）指出，每一个阶段，甚至每一个行业，都各有各的道德。职业领域的多样性决定了职业道德的表现形式具体、灵活、多样，它从本职业的实际出发，表现形式有制度、守则、章程、规定、条例、标语、口号等，这些形式有利于从业人员接受和实施、有利于从事本职业的人员形成一种职业道德习惯。在调节主体上，职业道德不仅调节从业人员的内部关系，加强内部人员的凝聚力，而且调节从业人员与其服务对象间的关系，从而塑造本行业的行业形象。

职业操守的特征如下：

首先，操守具有理想性。操守是关于善恶的知识，而这种关于善恶的知识只能是相对的。当我们说一个事物、一个行为是善的时候，只能在与其他的事物、其他的行为的比较中得出该结论。操守的本质就是这样，在对现实的不满中和在对现实的批判中追求更善和更好，在与恶和坏的对峙中向往善和好。从业人员一旦失去了对善和好的追求，也就失去了操守和道德的理想。

其次，操守具有历史传承性。职业操守是面向生活的学问，而生活着的群体和个体毫无例外地都是生活于一定的文化传统之下的。当今的世界，存在着具有不同文化传统的民族地区和国家，而各民族和国家毫无例外地都有着各自的操守观念和操守规则。离开了操守文化的历史传统，一个民族的性格也就丧失了。不讲历史传承、不讲操守历史，就没有历史的底蕴和历史的厚重感；没有历史的底蕴和历史的厚重感的操守道德知识，是无法获得尊重的。

再次，操守具有普适性。职业操守不是一个人的私理，而是适应公众生活的公理。

一种崇高的操守道德理想境界的提出，只要有切实的可达之道，并为多数人心向往之，就具有了普适性。

最后，操守具有知行统一性。操守有助于人的道德素质的提升，这注定了它所提出的原则规范是要在实际社会中付诸实行的。正是操守所具有的这种对己对人的规范性，才能够引导人们去掉轻浮和散漫，把人引向庄重。

可见，操守是理想性、传承性、普适性、知行合一的人类发展愿景。职业道德是各行各业务必遵守的规则，是具有行业性、广泛性、多样性、适用性的行为准则。两者既有联系，也有区别。

（二）金融职业道德与操守的主要内涵

1. 金融职业道德与操守的内涵

道德和职业道德都是在一定的生产力和经济关系中产生的，是为调整人与人、人与社会和人与自然之间的关系，保持人类社会有序和发展服务的。金融职业道德属于道德，又是由职业关系决定的。金融职业道德是金融从业人员应当遵循的思想和行为的规范和准则。金融职业道德不仅具有道德基本的特性，而且具有行业的独特性。

金融职业道德的基本内涵：第一，客户利益大于天，人民的利益大于天，牢固树立为人民服务的核心理念。“客户”是在市场经济条件下作为金融行业服务对象而言的，在我们社会主义的中国，广大的客户其实就是人民大众。客户利益大于天，也就是人民的利益大于天，要牢固树立为人民服务的核心理念，这是金融业广大员工第一重要的道德规范，是立党为公，执政为民，全心全意地为人民服务的具体体现。第二，坚持“诚信为本”的金融行业的生命线不动摇。人无信不立，国无信不强。的确，诚信是每一个人安身立命的前提，也是每一个行业繁荣昌盛的基准。金融的诚信建立在金钱和财富之上，然而却比那些有形的财富显得更加珍贵。把诚信作为根基，金融的生命之厦才会更加稳定，社会的经济体系才会更加稳定。第三，坚持礼仪修养，提高服务质量。礼仪，作为一种行为准则和规范，是人类社会为维系社会的正常生活而共同遵守的最起码的道德行为规范，是道德的重要内容之一。一个有道德的人，往往是一个知礼、守礼、行礼的人，他必定时时刻刻保持一定的礼仪风范。金融礼仪修养是指金融行业员工为了实现组织目标，按照一定的礼仪规范要求，结合金融行业特性，在礼仪品德、意识等方面所进行的自我锻炼和自我改造。金融礼仪修养是个人道德品质、文化素养、教养良知等精神内涵的外在表现，其核心是尊重他人、与人为善、表里如一、内外一致。

金融职业道德的基本特征：第一，金融职业道德的理想性。理想性是指指导、约束人们行为的规范，既有来自现实的一面，又有高于现实的一面。道德提倡的行为不全是人们已做到的，而是人们应该有的行为；不仅是人们能够做到的，而且是人们经过努力才能够做到的。正因为这样，金融职业道德就应成为引导职工的精神力量，成为金融职工的精神追求。第二，金融职业道德的自觉性。道德归根到底是诉诸内心信念、自觉自愿的，而不是强迫的。法律调节社会关系凭借的是国家政权、司法机关等外在的强制力量，道德凭借社会舆论、内心信念，诉诸个人良心，靠自觉选择行为。可见，金融职业道德就是要求职工将外在的金融工作规则规范，通过教育学习和实践，不断地内化为自身自觉自愿的思想和行为。第三，金融职业道德的广泛性。法律总是在立法范围内调节各种社会关系，相对于社会生活总是有限的。道德不仅干预法以内的事，而且干预一切人与人、人与自然发生关系的行为。道德还渗透于社会生活的各个领域，现实社会中政治、经济、文化各种行为都涉及“合理与不合理”“应当与不应当”的问题。基于道德广泛性的特点而生的金融职业道德同样具有广泛性，金融职业道德涉及金融工作的方方面面。第四，金融职业道德的稳定性。稳定性是从道德作用时间的长短来说的。道德能深入人心，成为信念、情感，成为民族传统习惯和社会心理的组成部分。金融职业道德就是应该成为金融行业的长久稳定的思想和行为的规范准则。只有恒久稳定的职业道德才能有利于社会主义道德建设和金融行业的建设发展。

金融职业操守就是在社会金融活动中产生并用来约束和调节人们经济行为及其相互关系的价值观念、伦理精神、伦理规范和相关机制的总和，它既是调节相关利益关系的一种行为规范，也是社会金融活动的一种实践精神。金融职业操守的本质在于明确了金融领域的善恶价值取向及应该不应该的行为规定。金融职业操守有广义和狭义之分。广义的是指金融活动参与各方在金融交易中应遵循的道德准则和行为规范。金融活动所涉及的所有利益相关者（金融机构、从业人员、社区、政府、参与者等）在金融交易与金融活动中所涉及的伦理关系、伦理意识、伦理准则和伦理活动的总和就是广义的金融伦理。狭义的金融职业操守是指金融机构及其从业人员，以及金融市场必须遵循的道德规范与行为方式，是提供各种金融服务的金融机构、金融从业人员和金融市场所应遵循的行为规范与道德准则，或者说是由金融服务的供给方所体现出来的善恶行为与准则（褚红素，2019）。

2. 金融职业道德与操守的现实意义

尽管在“道德”与“操守”的关系上，存在着多种不同的观点，但是从目前发展的趋势来看，主流观点认为“道德”与“操守”是两个既相互区别又相互联系的哲学范畴。

中国历史上对道德和操守进行了较为深入的研究。比如，有人认为，在中国古代思想史上，“道德”与“操守”是两个既相联系又有所区别的范畴。“道”的本义是指人行走的道路，它的引申义是法则和规律。“德”是“德道”，“德道”即得道，也即道德。关于操守，在历史上曾是两个独立的范畴。在道德和操守的关系中，道德是指人的内在德行，而操守是指约束人的行为的外在准则。中国文化中的“道德”和“操守”的逻辑基础和理论根据，都是“道”。“道德”作为得道之“德”，是以“道”为基础和根据的；而“操守”作为社会的典章制度和人的行为规范，是以“道德”为基础和根据的。由此可见，在中国文化中，道德是操守的基础和根据，道德高于操守。同时，操守对道德的形成也具有一定的反作用。

在西方哲学特别是在黑格尔（G. W. F. Hegel）的法哲学理论体系中，都把道德和操守作为两个既相互区别又相互联系的哲学范畴或概念加以研究和阐述。在黑格尔的《法哲学原理》的理论体系中，由“抽象的法”到“道德”再到“操守”，既是一个逻辑的递进关系，也是一个由肯定到否定再到否定之否定的概念的辩证运动和发展过程。所谓概念的辩证运动和发展过程，在黑格尔的哲学体系中是一个逐级的“扬弃”过程。每一次的否定，既保留了被否定对象中的合理内容，又抛弃了其中的不合理成分。

金融职业操守是在现代金融理论与应用操守日益结合的基础上产生的新的学科领域。随着金融理论与企业操守的研究发展，它们都分别触及了金融操守的研究。在这两股理论研究力量的推动下，金融操守的研究逐渐成为一个新的研究领域。特别是在目前现代金融业高速发展，并不断出现动荡与危机的情况下，人们对金融操守的研究更为关切，并取得了令人欣喜的初步成果。金融操守研究的兴起，是理论与实践共同推动的结果。在理论上，研究者们日益认识到金融机构、金融市场与金融从业人员不仅是“经济人”，而且应该是“道德人”，他们之间是一种契约人的关系，具有道德前提和道德认知，在金融活动与金融交易中，都有各自应遵守的道德准则和行为规范。因此，金融活动并非纯粹的技术活动，必然涉及价值判断。在现实的金融生活中，少数金融机构、金融从业人员或其利益相关者采取了败德行为，引发了不少的“基金黑幕”、洗钱、银行倒闭等事件，严重地损害了金融机构自身的形象和核心竞争力。由于理论的发展，特别是现实生活中因道德与操守问题出现的金融丑闻，使金融操守逐渐成为社会共同关注和学术理论界研究的重要课题。

职业道德是同职业活动紧密相连的，是一定社会对从事一定职业的人们的一种道德要求，是从业人员长期从事特定职业必须遵循的道德规范和行为准则。社会上有多少种不同的职业，就会有多少种不同的职业道德，职业道德是社会道德体系中的重要组成部分。职业道德不仅对人们的道德意识产生着重大而深远的影响，而且对社会职业道德行为、社会的道德风俗和道德传统有着重要的引领作用。金融职业道德以互利为基础反映社会对金融业活动的特定要求。一方面，它的服务受益者客户、群众通过使用金融服务而获得优惠和好处，或者额外的货币收益；另一方面，金融从业者将货币提供给有需求的客户，从而获得差额利润。可见，互利是金融从业人员必须遵循的原则。因为金融业主要的功能就是服务百姓，便利货币融通，而货币作为一般等价物是一种特殊的商品，金融从业人员如果缺少职业道德，则无法将货币业务正常地开展下去，等于切断了其行业命脉。

（三）金融伦理与职业道德的关系和演化

1. 中国金融职业道德与操守的发展沿革

在中国古代的经济思想中，关于“义利之辨”的争论从未停止过。义利观是儒家的核心思想，孔子的义利观主要体现在“见利思义”和“义以生利”这两个观点上。墨子认为，“义，利也”。程子说：“天下之事，唯义利而已。”朱熹说：“义利之说乃儒者第一义。”战国后期的荀子基于“人性恶”的人性论，提出了“义利两有”的价值观。北宋王安石批判了那些只讲仁义而不讲功利的所谓“君子”，认为“人窘于衣食，而欲其化而人于善，岂可得哉！”。南宋时期，永康学派的陈亮和永嘉学派的叶适提出了以“事功”为核心的功利主义思想，主张道德和功利、理和欲的统一。这些观点尽管不是专门关于金融伦理的，但无疑对探讨当代我国金融操守的规制具有重要启示。当代国内关于现代金融操守的研究可以追溯到新中国成立初期围绕社会主义经济中的货币存废、货币阶级性、人民币职能、利息合法性等问题所展开的讨论。这种讨论直接表现为一个有关金融的社会主义性质的意识形态问题，即金融为谁服务的伦理价值问题和金融制度的正当性问题。然而 1997 年亚洲金融危机和 2008 年全球性金融危机的爆发，使国内学者也深刻认识到金融领域操守缺失对金融乃至整个社会的巨大破坏力。近 10 年来，国内现代金融操守的研究在多个方面取得了进展，学者们开始从更加宽阔的视野审视金融操守的地位和意义。对于金融操守的作用，有学者借用《太极图》中的“实极”和“虚极”概念，认为只有遵循“货币虚极”对“财富实极”的道德“效忠”机制才能维持正常的经济伦理秩序。有学者认识到金融操守对实现社会和谐的意义：以公平正义为原则的金融制度安排，通过平等地管理和化解风险，使人们的日常财富、住房、医疗、就业等生计问题更有保障，可以减少社会不和谐因素。金融危机的发生让学者们开始从职业操守视角对金融道德风险进行了深度反思，不仅认识到金融产品过度创新、政府监管缺失、过度消费等问题将引发金融道德风险，而且从职业操守立场出发，分别从不同视角揭示引发金融道德风险的根本原因（卓志和陈育林，2021）。

2. 西方金融职业道德与操守的发展沿革

在西方的早期金融活动中，就已经形成了一些零散的道德与操守观念。如亚里士多德（Aristotle）在《尼各马可伦理学》中对高利贷给予了道德批判；《古兰经》也从宗教操守角度禁止高利贷；亚当·斯密在《国富论》中关注了资本的生产性问题，认为进行利率的合法限制是必要的。

更多学者的理论是建立在功利主义的价值观基础上，以边沁、约翰·穆勒（J. S. Mill）、威廉姆·斯坦利·杰文斯（W. S. Jevons）、马歇尔（G. C. Marshall）、弗里德曼（M. Friedman）等人为代表。21 世纪以来，更多有价值的理论开始形成。博特赖特认为，交易公平是促进金融市场有效性的手段，只有当市场被认为是公平的时候，人们才会积极参与到资本市场中去。瑞菲克·库尔派恩（R. Culpine）和约翰·塞尔（J. R. Searle）认为，信息传播透明度是利益相关者进行利益道德防卫的关键，企业必须形成和强化相应的职业操守。

3. 知识时代金融职业道德与操守的发展沿革

20 世纪 80 年代以来，在华尔街发生的一系列金融丑闻引起了社会对金融企业操守的高度重视与关注。一本声称“填补金融职业操守学方面的空白”的名为《华尔街伦理大全》的书在1987年问世，开启了企业伦理界研究金融操守的先河。

美国芝加哥罗耀拉大学博特赖特教授所著的《金融伦理学》在2002年出版，该书对金融操守的研究起到了推动作用，使金融操守与伦理的研究在广度与深度上取得了重要进展。

对金融企业而言，布里克利（Brickley）和齐默尔曼（Zimmerman）认为，基于操守行为的公司声誉是公司品牌资本的构成部分，它反映了公司证券的内在价值，有效市场将潜在地为公司操守行为提供激励。为了减少由于金融操守缺失产生的风险危害，查米（Chami）等人提出了管理伦理风险的重要性。

伦敦野村国际银行主席安德里斯· R.普林多（A. R. Prindl）和牛津坦普尔顿学院的研究员比莫·普罗德安（B. Prodhan）是较早研究金融领域操守冲突的两位专家。他们在2002年编辑出版的专著《金融领域中的伦理冲突》中比较全面地分析了金融领域中存在的利益冲突和操守冲突。

有学者指出现实金融生活中金融活动主体存在的三种操守道德境界——利己与利人并重、利己不损人、损人利己，并提出市场经济条件下金融活动更需要讲道德，如果道德缺位，将导致严重的操守冲突与金融灾难。

我国存在着因诚信缺失与社会责任缺失两种职业操守缺失导致的各种金融丑闻。体制转轨；政府职能错位、缺位，行为不规范；管理制度和法律不健全，对金融操守缺失行为的处罚力度弱，失信成本低；传统文化道德的削弱和丧失、新的文化道德体系还未建立等因素是导致金融操守缺失的主要原因。特别是中国加入世界贸易组织后，中国的对外开放度日益提高，金融领域的开放度急剧提升，中国金融企业面临的竞争压力与挑战与日俱增。通过加强对金融职业操守的研究，来提升中国金融企业、金融市场的核心竞争力，不仅是理论研究的需要，而且是现实金融生活的迫切要求（卓志和陈育林，2021）。

二、金融机构对从业人员行为规范的总体要求

（一）银行从业人员行为规范的总体要求

1. 银行从业人员职业道德与职业操守

银行职业道德是银行相关工作人员在工作中的行为规范的概括，是指在银行执业活动中应遵循的、体现银行工作职业特征的、以调整银行职业关系为目的的执业行为准则和规范，是银行从业人员在进行银行活动、处理银行业务关系时所形成的职业规律、职业观念和职业原则的行为规范的总和。对于银行业这样的特殊行业，职业道德对员工的工作具有约束性，从而避免银行从业人员在工作中因为私利而损害客户的利益和银行的形象。良好的职业道德修养是做好一切工作的基础，银行从业人员的职业道德素质对银

行形象的兴衰、社会主义道德的风尚产生十分重要，内容也十分丰富，包括忠于职守、严守信用、廉洁奉公、竭诚服务、顾全大局等。遵守职业道德规范是每个人的必修课，每个银行从业人员都必须明确自己的职业角色，在职业活动中既要对自己负责，又要对工作负责。

银行职业操守是指与银行业相关的职业行为规范的总称，即从事银行职业的人员，或其他与银行业金融机构有关系的机构、人员，在银行业务活动中处理与社会有关部门、服务对象的关系，处理内部之间、部门之间的关系，处理个人与集体、国家之间的关系所应该遵循的行为准则。其依据为原中国银监会于2006年颁布的《商业银行合规风险管理指引》中的第三条。职业操守包含的内容，相较于职业道德，更为详细而具体，更为可控和具有可操作性。

2. 银行职业道德与银行的管理制度、法规及其他职业道德的关系

两者都从属于社会道德体系，其基本原则和精神有着一致性。但涉及具体的道德要求，却带有不同的行业特点和不同的适用范围。银行职业道德只是银行职业范围内的特殊的道德要求，只能在银行这个特定的范围内起作用，对其他行业从业人员的行为是不适用的；同样，其他行业的职业道德，对银行工作人员的职业行为也是不完全适用的。

两者都具有行为规范的性质。但是，银行的管理制度、法规强制执行的规范，依靠行政手段和纪律处分及法律等来实施；而银行职业道德则具有观念规范的性质，是从道义上要求从业人员以一定的思想、感情、作风和行为来待人、处事和履行职责，只能依靠从业人员的内心信念和社会舆论来维持。两者的作用方式不同，但又互相联系，相辅相成。

3. 银行职业道德规范的内容

社会主义银行职业道德规范是在共产主义思想和集体主义道德原则指导下建立起来的，它所体现的不仅是银行业发展的要求，而且是整个社会、全体人民的要求。它是银行业广大职工在长期的银行工作实践中形成的一些基本的、比较固定的处理道德关系的要求。概括地说，主要有以下几个方面：

（1）忠于职守

忠于职守是整个银行职业道德规范体系的基石，没有这块基石，其他道德规范的实践和道德境界的提高就无从谈起。

要树立全心全意为人民服务的思想。全心全意为人民服务，是社会主义职业道德的主旋律，也是银行职业道德的核心。人民群众是社会的主体、国家的主人、社会主义的创造者。银行从业人员只有树立为人民服务的思想，才能使自己的思想和职业行为符合社会主义历史发展的要求，为社会主义经济建设提供最佳的金融服务。

要精技勤业，争创第一流的服务、第一流的效率、第一流的成绩。岗位有区别，分工有不同，但每一个具体的岗位都是整个金融事业不可缺少的，每一个银行从业人员的职业工作都对整个金融事业有必不可少的重要作用。好比一台复杂的机器，由无数个单位的零配件构成，每一个零件都关系到机器的正常运转。银行从业人员只有认真钻研业

务技术，不断提高工作技能，并熟悉党和国家的经济建设方针、政策，掌握一定的金融基础知识并加以灵活运用，才能出色地完成本职工作。

要具有临危不惧、坚守岗位的崇高献身精神。这是银行从业人员高尚的道德理想、优秀的道德品质在非常情况下的特殊体现。银行从业人员要时刻提高警惕、严格制度、堵塞漏洞、加强防范，在银行账款遭受水火灾害侵袭时，尤其是遭遇歹徒抢劫盗窃时，每一个银行从业人员都要坚守岗位，临危不惧，挺身而出保护国家和人民的钱财不受损失。

（2）严守信用

银行业是一种经营货币信用的社会职业。它的经营方式就是信用，严守信用对银行业来说具有特殊的意义。

组织存款，信用为重。存款是银行业务活动的起点，银行组织存款的过程，实际上也是坚持信用为重，提供信用保证，做好信用服务的过程。在组织存款中，要求每一个银行从业人员尽职尽责，严格按金融政策和有关规章制度办事，切实保障客户合法的正当权益不受侵犯。具体落实到日常生活中，就是保证存取自由，做到存款有息，为储户保密，以维护储户的利益。

发放贷款，遵约守信。发放贷款是银行业务活动的关键。银行发放贷款的过程，实际上是银行向社会公众提供的一种授信行为。“发放贷款，遵约守信”是信贷活动规律的内在要求，为此，要求银行从业人员在办理贷款业务时必须做到：第一，正确处理好国家、企业、银行三者的利益关系；在银行业务活动中，上述三者的利益关系是通过国家的信贷政策体现的，按照信贷政策合理发放贷款，是正确处理国家、企业、银行三者利益的重要保证，也是银行从业人员应有的职业道德的一种表现。第二，树立信用观念，自觉履行合同。借款合同一经确立，就具有法律的约束力，必须严格遵守，履行合同规定的义务，维护合同的严肃性。银行从业人员要有强烈的信用观，把借款合同看作是以信用为基础、以法律为保障的契约，认真履行自己应承担的道德责任和义务。

办理结算，维护权益。银行从业人员办理结算、维护权益既是社会主义结算的特点，又是严守信用在结算业务活动中的具体体现，是银行从业人员所必需具备的职业道德品质。在办理结算时维护收付双方的正当权益，主要是通过严格执行结算制度，克服本位主义，站在公正的立场维护结算纪律和加强结算监督来体现的。为此，要求银行从业人员做到：第一，严格执行结算开户规定，如果不严格按照开户条件进行审批，对不符合结算制度规定的予以开立账户，就可能损害双方的利益，也会为一些不法分子通过结算账户进行诈骗活动提供条件，这是一种不负责任、失信于客户的行为，有损于银行业的信誉。所以严格执行结算开户规定，是结算业务严守信用的起点。第二，克服本位主义，保障结算双方的合法权益。要求银行从业人员在办理结算时绝不能从银行自身利益出发，为缓解信贷资金不足，或因自身头寸不足，有意扣押支付凭证，无理拒付，或积压银行保单，或占用他行资金，这都是有损结算双方正当权益的不道德行为。第三，要加强结算监督。结算监督是国家赋予银行对经济进行管理的重要职责，也是维护收付双方正当权益的必要手段，应充分认识到放弃监督本身就是一种失职行为，也有害于银行职业道德建设。

（3）廉洁奉公

廉洁奉公是银行从业人员处理个人与国家、银行与客户之间关系的道德准则，是银行从业人员道德的基本行为规范。

廉洁奉公就是不徇私枉法、不贪污受贿、不搞任何特权、不利用手中掌握的权力为个人和少数人谋利益。廉洁奉公，对每个银行从业人员来说，就是要严格遵守银行工作守则，敢于维护银行工作的严肃性和纯洁性，反对贪污受贿行为。大公无私、清正廉明、廉洁奉公，是银行从业人员处理个人与国家、银行与客户之间关系的道德准则。每个银行从业人员只有严格遵守这一道德规范，在从事日常银行业务活动的过程中，始终保持洁身自好、节俭不贪、持权不乱的高尚品质，才能保证银行业健康稳步地发展，使社会主义银行业真正做到廉洁、高效、全心全意地为人民服务。

自觉遵纪守法，鄙视阳奉阴违。纪律和法规都是强制性的行为规范，违纪违法必将受到行政处罚和法律制裁。遵纪守法贵在自觉，这种自觉性是最起码、最基本的道德要求。阳奉阴违，表面一套，暗中一套，既已违纪或违法，又设法掩盖，说起假话堂而皇之，导致诚实、求实美德的丧失，因此阳奉阴违的做法历来受到道义的谴责。银行从业人员理应鄙视阳奉阴违，摒弃“上有政策，下有对策”之类的不良行为，做自觉遵纪守法的表率，在自己的职业行为中体现和传播社会主义精神文明。

以勤俭节约为荣，以铺张挥霍为耻。勤俭节约是劳动人民的传统美德，是廉洁奉公这一道德规范的要求。坚持勤俭节约就是保持劳动人民的本色，就是保持无产阶级的政治本色。唯俭可以助廉。无数事实表明，银行队伍里一些干部的变质、堕落，都是从“懒、贪、占、馋”开始的。因此，银行业从上到下，均应树立以勤俭节约为荣、以铺张挥霍为耻的道德观念。

持权不贪不浊，洁身自好为民。银行业务活动的核心是经营货币这一特殊商品，作为银行从业人员，是服务于人民的公仆，必须履行党和人民赋予的权利和义务。权利是党和人民给的，银行从业人员只有为民造福的义务，而无持权谋私的权利，尤其是各级领导、管理干部，应牢记“廉洁奉公”这一道德规范，全心全意地为发展金融事业而奋斗，不仅应做到持权不贪不浊、廉洁清正，而且应以高尚的情操、洁净的心灵、淳厚的作风、正直的品质为人民造福，为部属做出表率。

刚正不阿反腐蚀，严于律己扬清风。银行从业人员是社会成员的一部分，对社会各界有广泛的影响。个体素质的差异，在任何时候都是绝对的。在相同的环境下，有的人不断丰富、充实、提高自己的精神境界，永远保持着道德上的纯真；有的人却相反，在贪图享乐、攀比阔气、金钱至上、吃喝风猛刮时，就掉进了污浊的泥坑。

（4）竭诚服务

竭诚服务是银行从业人员必须遵守的职业道德规范。银行从业人员做到竭诚服务，不仅有利于促进国民经济的发展，方便人民生活，而且对整个社会风气的好转能起到一定的促进作用。

竭诚服务是银行业的基本职业道德规范，也是社会主义人与人的新型关系在银行业务活动中的具体体现和要求。全心全意地为经济建设服务，为人民生活服务，是社会主义银行业的宗旨。在指导思想上和实际工作中，必须把为经济建设服务、为客户服务放在第一位，建立社会主义的新型银企关系，竭尽全力、诚心诚意、满腔热情地服务。

客户至上，甘当公仆。这是做到竭诚服务、优质高效的思想基础。我们提倡客户至上，就是要从人民的利益出发，以公仆的身份去更好地为人民服务。银行从业人员如果不能把客户的正当利益放在首位，不去积极主动地为客户服务，就无法按照竭诚服务的要求，竭尽全力、诚心诚意地为客户提供优质高效的企融服务。客户至上，甘当公仆，是银行从业人员坚持全心全意地为人民服务的宗旨在职业道德规范上的具体反映。

礼貌待客，文明服务。银行是传播社会精神文明的重要窗口，银行的服务对象来自四面八方，银行从业人员必须把文明服务、礼貌待客作为自己的职业道德要求。要求银行从业人员在日常业务活动中做到：第一，要有主动热情、耐心周到的服务态度。银行从业人员的良好服务态度不仅能促进业务本身的发展，促进各行各业的发展和流通的扩大，而且能促进社会风气的好转。为此，应做到“四心”，即诚心、热心、细心、耐心。第二，要有整洁、大方、文雅的仪表风度。银行从业人员要做到仪表整洁、讲究卫生、举止大方、彬彬有礼、谈吐文雅、说话和气，以体现良好的精神面貌，在客户心中树立良好形象。第三，要有优美、整洁的行容、行貌。这是搞好金融服务的重要条件。一个优美、整洁的环境可以给客户精神上带来轻松和愉悦，一个脏、乱、差的环境会给客户带来心境上的不愉快感。

开拓进取，敢于创新。竭诚服务还要求银行从业人员必须具备开拓进取、勇于创新的精神，不断开拓新的服务领域，增加服务种类，为社会提供优质、高效、全功能的最佳服务。为此，银行从业人员应做到：第一，要有锐意进取精神。“进取”就是不满足于现状，刻意求新、不断发展，只有进取才能创新。一个人有了进取精神，就会勇于向前，不断拼搏。第二，要有勇于创新的胆识。银行从业人员必须在坚持四项基本原则、坚持改革开放的方针下，解放思想，大胆探索，不断排除习惯势力的影响，打破陈旧、停滞、封闭、僵化的观念，克服安于现状、思想懒惰、墨守成规、不求上进、惧怕改革的思想，树立市场观念、效益观念、服务观念，努力探索中国特色社会主义金融事业的规律。第三，要努力学习，勤于思考。银行从业人员必须努力学习马列主义、毛泽东思想、邓小平理论、“三个代表”重要思想、科学发展观、习近平新时代中国特色社会主义思想，努力学习党的路线、方针、政策，在政治思想上始终与党中央保持一致；要善于学习、借鉴国外金融理论和金融业务实践的有益经验，通过比较分析的方法，取其精华为我所用。

（5）顾全大局

顾全大局是正确处理银行职业群体内外关系的最基本道德规范，是一切先进的银行职业群体长期道德实践的理论概括。

顾全大局，即在原则上树立整体观念和全局观念，把全局利益、整体利益放在首位，在个人与整体、局部与全局、当前与长远利益发生矛盾时，个人应服从整体，局部应服从全局，当前应服从长远，顾大局，识大体，以维护整体利益、全局利益、长远利益为道德原则。顾全大局的道德意义在于：在协调处理银行职业群体关系时，以优化群体素质和整体功能为最高利益。以全局利益为重，就是有道德的；如果为了当前利益而损害了长远利益，或者为了个人利益而损害了群体其他成员的利益，就是不道德的。

立足金融，胸怀全局。广大银行从业人员在职业生活中，应牢固树立全国一盘棋的思想，识大体，顾大局。自觉地把全局利益放在首位，团结一致地为企业服务、为发展经济服务、为社会服务。首先，牢固树立“立足金融，胸怀全局”的职业指导思想。把从经济全局的高度充分筹集资金、挖掘现有资金能力、扩大信贷资金来源作为自己对国家和社会经济全局承担的责任和义务。其次，必须管好用好资金，反对本位主义，把国家宏观调控机制落实到自己的岗位上，在宏观政策指导下，搞活微观经济，为发展社会生产力做出应有的贡献。最后，正确处理银行利益与社会利益的关系。银行业在追求自身经济效益的同时，还必须重视社会的整体利益，应把提高社会效益作为提高银行自身效益的前提。当两者利益发生矛盾时，部门利益应该服从社会利益。

团结协作，相互支持。这是社会分工和社会进步的必然要求，也是社会主义新型职业道德的显著特点。银行业是比较复杂的行业体系，每一个银行组织内部存在着多种岗位和分工，它们之间紧密相连，互为依存，这从客观上要求每个银行从业人员在各自的岗位上齐心协力，发挥整体力量。在银行的上下级之间，应提倡下级服从上级、上级为下级服务的职业道德风尚，反对有令不行、有禁不止的个人主义和高高在上的官僚作风。在银行的相邻岗位之间，应提倡把困难留给自己、把方便让给别人的风尚，反对那种相互推诿、钩心斗角、争权夺利的不道德行为。

互助互学，共同进步。这是社会主义新型社会关系的要求，也是社会主义银行职业道德的一个重要要求。共同的事业客观上要求银行从业人员团结互助、互帮互学、取长补短、共同进步。它要求银行从业人员做到：第一，在业务上互帮互学。提高银行部门全体职工的业务技能和水平，除了组织专门的业务学习和培训外，还要依靠各岗位职工在日常生活中的互帮互学，以老带新，使银行职业群体中形成一种“比、学、赶、帮、超”的学习风尚。第二，在工作上互相支持。在坚持原则的前提下，求大同、存小异，不斤斤计较，不以分工不同为借口互相推诿责任；对工作中遇到的矛盾，应先从自身找原因，摆问题，互相配合，共同研究和分析，找出解决矛盾的有效办法；对工作中发生的差错和事故，应勇于挑担子，知难而进；还应提倡协商讨论、同谋共事的工作作风，反对“事不关己，高高挂起”的自由主义思想。

4. 银行从业人员职业操守基本准则

针对不同岗位有不同的职责要求，下面针对信贷、储蓄、会计、出纳、统计岗位，一一说明。

信贷工作者要熟悉银行信贷的基本原则和业务范围，深入实践、调查研究，按照市场需要和经济效益的原则择优发放贷款。信贷工作者应对贷款建议中所含信息的真实性、全面性和可靠性负责，坚决杜绝不合理的“人情贷款”；不私用职权向贷款企业提出不正当的要求，索取不义之财；不准弄虚作假，冒名贷款，搞非法经营；不准玩忽职守，搞风险贷款，造成银行财产损失。

储蓄工作者要立足储户，按储蓄章程办事，实行“存款自愿、取款自由、存款有息、为储户保密”的原则，不能强迫和摊派存款，也不能刁难和阻挠储户取款，更不能弄虚作假和贪污储户存款、利息和代办费、宣传费等。办事按制度，操作按程序，做到凭证规范化、操作科学化、记账规则化，同时加强事后检查，确保核算质量，这是储蓄工作者应尽的职责。

会计工作者应做到：一要确保资金安全，保证账款、账目、账实、账卡、内外账簿相符，日清月结；二要作风正派，不准盗用公章、盗用银行密押，伪造凭证，伪造账、据；三要坚持会计制度规定和会计记账原则，不能感情用事，放弃原则，放松银行柜面监督和管理，为企事业单位及个人违反财经纪律开绿灯。

出纳工作者应履行以下职责：熟悉财务会计制度，遵守财经纪律；把好现金收付关，做到先收款后记账，付款时先记账后付款；要坚持出纳制度，交易复核，做到日清月结，每日核对库存现金，杜绝现金收付差错事故；收款时，不能以各种借口拒收企业或商户的交款；付款时，要根据客户需要的票面配好所付的款项，并做好复点和复核工作，防止出现差错。坚持钱账分管、及时复核、交接登记、经常查库等原则。

统计工作者应履行以下职责：统计数字要准确及时，有数据、有情况、有分析，为银行决策者进行金融与经济决策提供依据；要对信贷企业单位和个体工商户的资金和现金使用情况进行监督检查；不利用审批权向企业或个体工商户捞取个人好处。

（二）证券从业人员行为规范的总体要求

1. 证券从业人员职业道德与职业操守

随着证券市场的发展，为证券市场的正常运作而辛勤工作的从业人员，已逐步树立起自己的地位与形象。但是证券市场又是一个高风险的市场，证券从业人员的工作涉及国家利益、团体利益和投资者个人利益，因此，必须在坚持“公开、公平、公正”原则的同时，严格按照有关法律和规章制度操作。由于证券工作在社会主义市场经济建设中具有重要地位和相当明显的特点，因此就必然要求证券从业人员具有高质量的道德素养。证券从业人员的职业道德规范是行业自律监管的准绳，它表明了证券行业自觉接受社会各界人士监督的决心，有利于健全证券业务活动的内部监督和社会监督机制，树立起证券业良好的社会形象。加强职业道德建设，将在不断提高证券市场参与者及管理者的素质和水平的基础上，使各方加强自觉、自律意识，各司其职，各尽其责，各守其道，相互督促，相互配合，共谋证券期货市场在良好的监管环境下健康稳定地发展。证券从业人员应遵守的职业道德规范，概括起来有以下几个方面内容：正直诚信、勤勉尽责、廉洁保密、自律守法。

（1）正直诚信

正直诚信就是要刚正不阿，诚实守信；要不畏权势，忠于职守，坚决维护市场的“三公”原则，坚持秉公办事，严守信用，实事求是，忠实履行所承诺的职责和诺言，取信于民。正直诚信是证券从业人员职业道德的根本要求和核心价值。证券从业人员是证券发行、流通市场的代理者，又是直接参与者，他们通过参与市场的发行和交易来组织市场活动，又为证券的发行和流通不断地创造和拓展市场。如果没有正直诚信这一基础，就等于切断了证券业的命脉。

首先，要求证券从业人员立身要正直，做事要讲诚信，绝不可片面追求盈利，因害怕失信于客户而违反原则。必须牢记“三公”原则，绝对不从事对投资者利益有害的活动，不得从事有损于证券市场信誉的活动。“公开、公平、公正”的市场原则是证券市场存在和发展的基石，它的存在决定了证券从业人员必须具备正直诚信的职业道德规范。比如，证券从业人员不得参与非法的证券交易或为非法的证券交易提供方便；不得向客户提供上涨或下跌的肯定性意见；不得为排除竞争者而不正当地运用其在交易中的优越地位限制某一客户的业务活动；不得接受客户在数量、价格方面的全权委托或对任何人以任何方式进行偏袒或给予特殊照顾等。

其次，正直诚信要求证券从业人员在证券发行、证券交易及其他相关的业务活动中提供、公布的文件和资料必须真实、完整，不得虚假陈述或欠缺重要事项。在证券市场上，从公司招股说明书、上市公告书到年度报告、中期报告及其他重要事项披露等，都必须在公开报刊上予以公告。广大投资者主要是通过这些文件、资料对上市公司进行了解认识，从而做出投资决策的。这些文件、资料的内容和数据往往对股价有很大影响。如果证券从业人员公布不实、严重误导或有重大遗漏事项的公告，必将引起投资者的错误判断与决策，给投资者造成无法挽回的损失。

（2）勤勉尽责

勤勉尽责就是要勤奋踏实、努力不懈地做好本职工作。证券从业人员要热爱本职工作，认真负责，勤勤恳恳，踏踏实实，任劳任怨，一丝不苟，对待工作尽责、尽力、尽瘁。“鞠躬尽瘁，死而后已”是社会主义职业道德的最高境界。

当今世界，知识更新很快，我国证券业起步晚，要跟上时代的步伐，必须造就一批思想素质好、技术过硬的专门人才队伍。因此，证券从业人员要积极适应我国证券事业迅速发展的需要，必须加倍努力，自觉认真，勤奋学习，熟悉、通晓本职业务，要学习证券知识，熟练操作电脑，努力钻研，勤奋演练，提高自己的工作水平和工作效率。对新政策、新规定、新动向要及时学习、及时掌握，勇于进取，做一名合格的证券从业人员。

同时，我国证券市场是一个新生市场，孕育着巨大的发展潜力。而目前广大国内投资者对筹资企业的情况，对证券投资的观念、理论、技巧，对国家有关法律法规政策都不太熟悉。国际投资者对中国经济发展及某些具体企业的发展状况也不太熟悉。所有这些都需要证券从业人员对之进行热情周到的宣传介绍，耐心详细地答问释疑。因此，勤勉尽责既是证券从业人员必备的道德素养，也是关系到证券机构和我国证券事业能否健康顺利发展的重要条件。

证券业具有资金集中、竞争激烈的特点。这就决定了证券从业人员只有在工作中勤勉尽责，才能避免造成失误，也才能以优质的服务吸引客户、留住客户，从而赢得市场。勤勉尽责是对证券从业人员的基本道德要求。

首先，勤勉尽责要求证券从业人员热爱证券事业，热爱本职工作，努力钻研，勤奋演练，提高自己的业务水平和工作效率。同时，确立“客户至上”的观念。态度诚恳文明，服务周到热情，沟通真诚有效，与同事团结协作，合理处理业务中出现的各种矛盾。只有这样，证券从业人员才能做好本职工作，让客户称心满意。

其次，由于我国证券市场是一个新生市场，故无论从其管理、服务设施、法规建设、机构建设，还是从证券品种来说，目前发展水平都较低，尤其是相对于其国际化的必然趋势来看，应做的工作还有很多，需填补的空白也有很多。每一个证券从业人员必须积极思考，创造性地工作，锐意进取，使我国证券市场迅速发展，并充分发挥其筹集融通资金、调节国民经济的职能，为我国整个社会主义市场经济建设做出应有的贡献。

最后，勤勉尽责还要求证券从业人员必须按章办事，尽最大的努力维护客户及公司的正当利益，避免粗枝大叶、玩忽职守、越职行事、欺诈客户的行为。证券市场交易日成交额数以亿元计，键盘一敲，便可使巨额资金物易其主。证券价格起伏涨跌，盈与亏转瞬即变，这是其他行业所不可想象的。所以说作为一个高风险行业，证券从业人员的工作存在着相当大的职业风险。如果不按章办事，不尽职尽责，玩忽职守，后果就非常严重。因此，证券从业人员一定要严格执行规章制度，遵守工作程序，及时、忠实地执行客户委托，不得挪用客户的证券或资金，不得为客户透支买卖股票，不得对客户的交易记录作虚假记载等，不得违背勤勉尽责这一道德规范。

(3) 廉洁保密

廉洁要求证券从业人员在非分的收益面前，保持自己应有的节操，不谋私利，洁身自好。保密即保守机密。既包括保守在从业过程中接触到的有关客户和证券经营机构的商业秘密，还包括保守有关国家机密。

廉洁保密就是要自觉遵守法律法规，按照规章制度办事，要廉洁奉公，不谋私利，严守秘密，谨言慎行，洁身自好；要品行端正，作风正派，清廉守正，秉公办事；不贪污盗窃，不挪用公款，不索礼受贿，不徇私舞弊，不随意泄露与市场有关的信息和情报，不参与内幕交易，不进行非法交易；不以商业机密换取“腐败收益”。

廉洁作为一种规范要求，是指一个人在非分的收益面前，保持自己应有的节操。所谓“非分”，即不是自己的正当合法收入。对合法收入之外或自己劳动应得收益之外的钱财，是否能够保持清正廉洁的品德，而绝不伸手或绝不沾手，对每一个证券从业人员而言，同样是至关重要的。证券从业人员在证券业务活动中，其工作性质决定了他们或有着相当的职业便利，或掌握大量的内幕信息。在证券市场上，这些便利和信息都可以直接迅速地转化为金钱。因此，保守秘密，不为非法利益所动，也是对证券从业人员最根本的道德要求。

证券市场涉及企业单位的财务收支和经济活动情况，也涉及个人的市场交易、收入情况，还涉及国家的财政运作状况。除某些信息按国家规定必须向社会公布外，相当多的信息是当事者的秘密，任何经济群体和个人在市场经济中，都不愿意别人过多地掌握自己的经济情报，以免使自己在竞争中处于不利地位。即使那些按国家规定予以公布的信息，也有一个公布审批过程、公布条件和公布时机的问题，也会涉及众多当事者的利益。证券从业人员由于工作的性质和需要，往往会优先接触到这些信息和情报，因此，更有责任、有义务对之予以保密。否则，有关内情一旦私下泄露，就会被某些人利用引起市场风波，从而失去投资者对当事证券机构的信任，甚至退出交易，进而影响整个证券市场的健康发展。

廉洁保密，首先要求证券从业人员务必牢记自己的职责，在工作中不贪财，不伸手，不能利用职务与工作之便贪污盗窃、行贿受贿，不得以任何借口向客户索取礼品或回扣，不得与客户发生借贷关系。尤其是政府管理部门工作人员及证券公司高级管理人员更应注意，由于他们的身份特殊，不仅需要保持廉洁奉公的美德，而且需要主动进行反腐败斗争。证券从业人员只有廉洁奉公，才能做到遵章循则、依法办事，才能站在公正的立场上，促进和维护证券市场的健康发展。

廉洁保密要求证券从业人员不得以获取利益或减少损失为目的而利用内幕信息进行发行、交易活动。内幕信息是指为内幕人员所知悉的、尚未公开的、可能影响证券市场价格的重大信息。内幕人员可分为上市公司内幕人员、市场内幕人员和政府内幕人员。证券从业人员利用职务之便，利用内幕信息从事内幕交易，违背了证券市场的“三公”原则，损害了投资者、上市公司及证券市场的利益，会导致投资者对上市公司的诚信度及市场交易的公正性产生怀疑，并最终弱化甚至彻底破坏证券市场。

证券从业人员应从三个层次着手保守秘密：第一，为客户保密。证券从业人员对客户的名册登记、开户事项、资金状况及其他相关证券交易情况负有保密的责任。第二，为公司保密。证券从业人员不得擅自向外界提供本公司的重要业务资料与情报，以免使公司在竞争中处于不利地位。第三，保守因职务或业务便利而知晓的尚未公布的证券市场的秘密。例如，证券公司高级管理人员、上市公司的高级管理人员和其他知情者，在中期报表、年度报告及重大事项尚未公布前，不得泄露有关秘密。保守秘密要求证券从业人员不仅要主观上重视，不泄露、不传播、不散发，而且要在日常工作中养成防范意识，形成防范习惯。资料不乱丢，档案保存好。对文件要按保密级别分级保存，以防被人轻易窃走秘密，造成不必要的损失。尤其需要指出的是，目前许多投资者为捕捉获利机会，往往以金钱和其他优厚条件为诱饵，来换取证券从业人员的内幕信息。对此，证券从业人员必须站稳立场，不贪金钱，严守秘密，不参与内幕交易，遵守职业道德规范。

（4）自律守法

自律要求证券从业人员对证券业的职业道德规范和法规性政策性规定，都能自觉执行。证券从业人员要严于律己、遵纪守法、自尊自爱、自重自制；要严格要求自己，从小事做起；要自觉增强法制观念，学法、知法、守法，严格按照规章制度办事，抵制不正之风，与违法乱纪行为作坚决的斗争。

如前所述，证券业是一个与公众利益密切相关的行业，因此，国家制定了尽可能详尽的法规和政策体系来规范公众的行为。欲正人先正己，作为证券从业人员，应强化法规和政策意识，自觉用法规和政策来规范自己的言行，真正做到违背法规政策的话不说、违背法规政策的事不做、违背法规政策的利不取，以自己的实际行动和形象，影响和带动广大投资者自觉遵守国家的法规和政策，创造和保持良好的金融秩序，促使我国证券市场健康成长。

由于证券业在我国还比较年轻，可借鉴的经验少，其运营体系、监管体制不能尽善尽美，法制建设还不完善。而证券从业人员的职业地位使其有可能在短时间内冒较大风险获取高额盈利。证券从业人员所面临的金钱诱惑比其他行业要多得多。自律守法是证券从业人员树立良好职业形象的前提，也是规避证券市场风险的良策。虽然高风险下可能有高收益，但为了个人的前途、公司的发展、证券市场的进程，绝不应该为了可能的高收益而主动以身试险，冒险者没有常胜将军，总有一天会一败涂地。

证券市场的主体构成有三类，即投资者、筹资者和中介服务者。投资者为获得资金收益，将闲置的货币资金的使用权转让给筹资者。筹资者为了发展生产和经营的需要向投资者筹款，将证券或资本的所有权转让给投资者。他们显然是由于利益的驱动，自愿平等地走到一起，实施这一系列转让行为的。如果任何一方由于某种原因被置于不自愿或不平等的地位，他就会立即退出市场。与此相关的一系列市场经济活动和社会生产就会停止，其消极作用是显而易见的。因此，国家有关部门将保证促成公平交易的重担交给了证券从业人员，并为此制定了一系列法规、政策。由此看来，自律守法是证券从业人员的基本道德素养。做不到这一点，就是失职，就不具备做一名证券从业人员的资格。

首先，自律守法要求证券从业人员遵守国家法律和有关证券业务的各项制度条款，在证券发行、交易、管理等一系列活动中，严格规范自己的行为。遵守国家法律是证券从业人员自律守法的最基本的要求。此外，近年来国家证券主管部门和交易所颁布了一系列规定和规则，如有关股票发行程序、交易程序、交易原则、交易场所及禁止进入证券市场的各类人员的有关规定，这些也是证券从业人员理应遵守的。在自身利益与市场规则发生冲突时，证券从业人员必须以法律规范自己的行为，绝不能产生只顾自身利益而不顾市场法规的冲动。

其次，从职业道德角度讲，自律守法要求广大证券从业人员在法律不完善、无规章可循、有漏洞可钻时，更要自我约束。在诱惑面前克服贪心、驱除杂念，牢记自己的职责，不见钱眼开，不见利忘义。事实上，凡是法律法规所禁止的行为，也是职业道德所谴责的行为。证券从业人员若不注意提高自己的职业道德修养水平，缺乏自律，对职业道德规范置之不理，经常性地违背职业道德要求的话，必有一天会触犯法律，落入法网。

2. 证券从业人员行为规范

证券从业人员行为规范是证券从业人员在证券活动中必须遵守的行为守则规范。其作用主要表现在以下几个方面：

（1）规范证券从业人员的业务行为，保证证券市场的良好秩序，促进证券业的健康发展

对证券业的管理由政府管理和行业自律管理构成。证券业协会作为行业自律管理机构，制定的行为规范、从业人员守则等给每位证券从业人员的职业行为提供了依据、准则和目标，也为评判证券从业人员的职业行为、工作态度、服务质量提供了标准，促使证券从业人员在保证证券市场有序运行的同时，促进证券业的健康发展。

（2）提高证券从业人员的业务素质，完善证券从业人员的人格，建立高素质的证券从业人员队伍

证券市场在经济建设方面具有重要地位，要求证券从业人员具有良好的业务素质。这就需要通过明确从业人员的行为规范，将良好的业务素质渗透到证券行业的每一项工作和每一个环节中去，形成良好的职业风气、职业习惯、职业传统，使每一位证券从业人员真正成为具有良好业务素质的社会所需人才。

（3）健全证券业务活动的内部监督和社会监督机制，树立证券业良好的职业风气和职业形象

证券市场是一个高风险市场，证券从业人员的工作涉及国家利益、团体利益和个人利益，因此，必须坚持公开、公平、公正的原则，严格按有关法律规章制度办事。证券行业的职业道德规范是行业自律管理的准绳，它表明了证券行业自觉接受社会监督的决心，有利于树立证券业的良好社会形象。

3. 证券从业人员的行为准则

证券从业人员的行为准则包括保证性行为和禁止性行为。

保证性行为又称积极性行为，是证券从业人员应当做到的行为，它包括如下几点：

（1）热爱本职工作，准确地执行客户指令，为客户保密。客户的指令代表客户的投资决策，关系到客户的投资收益，证券从业人员应准确、及时、完整地执行客户的指令。客户的资金和证券是他们的合法财产，除执行法律特别规定外，证券从业人员应就客户的投资、奖金、持有证券的情况严守秘密，不得随意泄露给他人。

（2）努力钻研业务，提高自己的业务水平和工作效率。证券业务不仅具有很强的专业性，而且要不断开拓新品种、发展新业务。这就要求证券从业人员具有扎实的专业知识和较宽的知识面，要不断学习、钻研业务，努力提高自己的专业素养和知识水平，更

好地服务客户。

（3）遵守国家法律和有关证券业务的各项制度。证券业务的运作直接关系到各方经济利益，国家的相关法律和证券管理部门制定的规章制度是各经济主体合法权益的保证。证券从业人员应该自觉遵纪守法，严格约束和规范自己的行为。

（4）积极维护投资者的合法权益，珍惜证券业的职业荣誉。维护投资者的合法权益是证券业的职责，也是证券业赖以发展壮大的基础。珍惜证券业的职业荣誉，树立职业荣誉感是每位证券从业人员的应有行为。

（5）文明经营、礼貌服务，保证证券交易的公开、公平、公正。证券业是一个窗口行业。证券从业人员在业务活动中要热忱服务、耐心周到，把好服务质量关。证券交易中的公开、公平、公正的原则，是证券市场的生命，也是证券从业人员职业行为的基本原则。

（6）服从管理，服从领导，自觉维护证券交易中的正常秩序。证券市场是一个高风险市场，市场中行情瞬息万变，而且突发性事件对证券市场的影响往往迅速而有力。证券从业人员要从国家利益、整体利益、长远利益出发，服从领导，准确执行指令，自觉维护证券交易的正常秩序。

（7）团结同事，协调合作，合理处理业务活动中出现的各种矛盾。证券业务运行中有诸多环节，需要证券从业人员团结一致、相互协作，才能提高工作效率，更好地为客户服务。

（8）热心公益事业，爱护公共财产，不以职谋私，不以权谋私。证券从业人员的岗位特殊性，要求其树立强烈的社会责任感，不仅不能以职谋私、以权谋利，而且要积极参与社会公益活动、爱护公共财产、奉献爱心、关心他人。

禁止性行为包括如下几点：

（1）不得以获取投机利益为目的，利用职务之便从事证券的买卖活动。证券从业人员利用职务之便从事证券买卖，不仅违反了有关法律规定，而且会侵害投资者的利益，助长证券市场的投机风气，扰乱市场正常经营秩序。

（2）不得向客户提供证券价格上涨或下跌的肯定性意见。证券行情变化莫测，向客户提供价格涨跌的肯定意见，一旦预测失误，就有可能引起经济纠纷，影响证券从业人员和证券业的声誉。

（3）不得与发行公司或相关人员间有获取不正当利益的约定。这种约定违反公开、公平、公正的原则，也违反国家法律规定，这种约定行为将要受到行政处罚甚至法律制裁，由此取得的收益是不法利益。

（4）不得劝诱客户参与证券交易。证券投资是风险投资，未来的收益是不确定的，投资者应对可能出现的不利后果具备一定的承受能力。证券从业人员劝诱客户参与证券交易却不代其承担相应的责任，是对客户不负责的行为，可能导致证券公司为自身利益而损害客户利益行为的发生，不仅败坏证券业的信誉，而且可能产生不必要的纠纷。

（5）不得接受分享利益的委托。证券从业人员在接受客户委托的同时分享收益，实际上属于参与客户投资，不仅侵犯客户的收益权，而且违背了证券从业人员不得从事证券买卖的法律规定。

(6) 不得向客户保证收益。证券投资的高风险使任何人都难以保证证券投资的收益水平，向客户做出收益保证，会影响客户的投资决策，并可能导致客户达不到预期收益水平，从而产生法律纠纷。

(7) 不得接受客户买卖证券的种类、数量、价格及买进或卖出的全权委托。法律规定，参与证券投资的客户必须是具备完全行为能力的人，能独立承担投资活动的法律责任，对其账户或以其名义进行的证券买卖负全部责任。证券从业人员接受客户的全权委托，性质上属于代客户进行投资，违背了上述规定。

(8) 不得为达到排除竞争者目的，不正当地运用其在交易中的优越地位限制某些客户的业务活动。证券从业人员为在竞争中保持领先地位而在交易中利用特殊或优越条件限制某一客户的业务活动，显然有违公开、公平、公正的原则。无论是大客户还是小客户，也无论是竞争伙伴还是竞争对手，证券从业人员都应对所有客户一视同仁。

（三）保险从业人员行为规范的总体要求

1. 保险从业人员的职业道德与职业操守

(1) 秉持“一个理念”树立道德规范

① 秉持“海上扬清风 金融倡廉明”的理念。必须根据监管要求，紧盯廉洁合规风险易发多发的“重点岗位、重点条线、重点环节”，强化内部控制与外部监督，大力营造清廉金融文化建设浓厚氛围和风清气正、廉洁从业的良好政治生态。

② 不断加强从业人员对清廉金融文化建设的重视和认知；不断加强从业人员的职业道德行为规范教育，保持良好职业操守，严格执行廉洁从业各项规定，共同维护保险行业的良好形象。

(2) 严守法纪底线

严守“依法合规经营”底线，严格遵守国家的法律法规、监管规定、公司章程及内控制度，坚持依法合规开展业务，发生问题严肃问责。

(3) 树立“两杆标尺”

① 树立道德高线。强化员工职业道德行为规范教育，督促各级党员干部和管理人员充分发挥先锋模范作用，引领员工恪守职业操守，爱岗敬业、克己奉公、诚实守信、勤勉尽职，共同维护保险业的良好形象。

② 严守法纪底线。必须严守“依法合规经营”底线，维护健康有序、合理竞争的市场环境，共同抵制各类违法违纪违规行为，防范和化解金融风险，促进保险业持续健康发展。

(4) 推进“三个公开”推进承保服务承诺公开

推进承保服务承诺公开，自觉接受客户和社会监督。为客户提供公开、透明、高效、廉洁的保险服务。对投保人切实履行如实告知和信息披露义务，并清晰告知提供各类资料必须完整、真实，认真履行尽职调查义务，严格执行承保、核保业务流程，及时向客户反馈审核结果。

① 推进理赔业务流程公开。包括理赔办理流程，理赔核定结果告知，清晰告知客户理赔需要提供的各类资料及提交索赔材料的各种途径，并提供理赔核定结果查询服务。

② 推进理赔服务承诺公开。旨在为客户提供公开、透明，高效、廉洁的金融服务。各保险机构应当向社会公开理赔服务监督举报电话、投诉处理等渠道信息。

③ 推进廉洁从业规定公开。向客户发放理赔监督告知书并做好回执回收工作；不断探索延伸理赔监督举报渠道，逐步构建保险机构、从业人员、保险消费者多方协同参与的廉洁从业常态化、立体化监督体系。

（5）强化“四个不得”意识

① 不得收受或索取不当利益。保险理赔人员不得利用职务上的便利，收受、索取或以借用为名占用任何单位和个人给予的现金、具有现金价值的电子红包、购物卡、票券、烟酒，以及各种有价证券、干股或者其他金融产品等；不得参加与理赔工作有利害关系的单位和个人的宴请及其他消费和服务，包括但不仅限于聚餐、旅游、观影观展等。

② 不得从事与理赔工作有关的社会经营活动。保险理赔人员及近亲属不得以各种形式参股、间接控制汽修企业或与单位理赔业务有关联的第三方企业（例如从事二手车经营、车辆配件买卖经营、损余物资回收和特种修理等）。

③ 不得与索赔人、第三方机构、其他单位（个人）制作虚假赔案或故意扩大损失索赔。保险理赔人员不得在理赔过程中故意或放任扩大损失；不得与欺诈嫌疑人合谋制作虚假赔案或放任欺诈嫌疑人制作虚假赔案。

④ 不得推诿扯皮、不严格或不正确履行岗位职责。保险理赔人员不得在理赔过程中不严格或不正确履行岗位职责，出现“跑冒滴漏”等情节；不得出现对待客户服务态度生硬、故意刁难、推诿扯皮、侮辱谩骂等行为。

（6）廉洁从业情况接受社会监督

公开廉洁从业投诉举报途径，自觉接受社会各界的监督。

2. 保险从业人员行为管理基本内容

（1）恪守信用

① 不得对保险产品的分红水平或者未来不确定收益做出超出合同保证的承诺。

② 不得阻碍投保人履行如实告知义务或者诱导其不履行如实告知义务，或虚假执行人身保险投保提示书。

③ 不得妨碍投保人真实、准确、完整、及时提供投保信息。

④ 不得冒充或让他人代替投保人接受保险机构客服回访，不得诱导投保人在双录或回访过程中做不实回答。

⑤ 不得代签名。

⑥ 不得擅自印制名片和擅自印制、发放、传播保险产品宣传材料。

（2）诚信销售

① 不得诱导、唆使投保人终止、放弃有效的保险合同，购买新的保险产品，不得侵害、损害保险机构和投保人利益。

② 不得通过虚挂中介业务、虚列费用等方式套取资金，不得给予或者承诺给予投保人、被保险人或者受益人保险合同以外的其他利益。

③ 不得通过制造传播虚假信息、歪曲监管政策、炒作保险产品停售等方式进行销售误导。

④ 不得虚挂保险费、资金体外循环，侵占、挪用或截留保险费。

（3）信息保密

严格履行客户信息保密义务，杜绝任何以扰民形式开展的保险营销行为。

三、清廉金融对职业道德的新要求

（一）清廉金融与新时代金融伦理

实现清廉金融与金融伦理的有机结合是一个多维度、多层次的过程，涉及文化、制度、监管、教育和创新等多个方面，在五个方面对我们提出了要求。

1. 文化与制度的双重建设

文化是金融伦理的灵魂，制度是金融伦理的保障。金融机构应将诚信、责任、公平、透明等金融伦理原则融入企业文化，使之成为员工共同遵循的行为准则。这要求金融机构在招聘、培训、考核等各个环节都强调伦理价值观，确保员工在日常工作中能够自觉践行。同时，金融机构需要建立健全的内部控制和合规体系，包括风险管理、反洗钱、反贿赂等政策，确保业务流程的合规性和透明度。制度建设应与企业文化相辅相成，通过制度的约束和激励，使清廉金融成为员工的自觉行为。

2. 监管与自律的协同作用

监管机构在推动清廉金融与金融伦理结合中扮演着至关重要的角色。监管机构应制定明确的监管政策和标准，对金融机构的清廉行为进行监督和指导。同时，金融机构应加强自律，建立健全自我监督机制，如设立独立的合规部门，实行内部举报制度，确保业务活动的透明和公正。监管与自律的协同作用，有助于形成不敢腐、不能腐、不想腐的长效机制，提升整个金融行业的道德水平。

3. 警示教育与正向激励相结合

警示教育是增强金融从业人员廉洁意识的有效手段。金融机构应定期组织员工观看警示教育片，学习典型案例，让员工深刻认识到违反金融伦理和清廉金融原则的严重后果。同时，通过表彰先进典型，树立榜样，激发员工的道德自觉，形成以廉为荣、以贪为耻的良好风尚。正向激励机制，如设立廉洁从业奖、优秀员工奖等，可以进一步增强员工的荣誉感和责任感，促进清廉金融文化的深入人心。

4. 社会参与与文化传承

清廉金融文化的建设需要社会各界的共同参与。金融机构应与高校、媒体、行业协会等建立合作关系，共同推广清廉金融理念。通过举办清廉金融论坛、研讨会、知识竞赛等活动，提高公众对清廉金融的认识。同时，将清廉金融文化融入金融教育，通过编写教材、开设课程等方式，培养未来的金融人才，确保清廉理念的传承和发展。社会参与不仅能够提升清廉金融文化的传播效果，而且能够形成全社会支持和参与的良好氛围。

5. 持续创新与实践探索

在实践中不断探索清廉金融与金融伦理结合的有效途径。金融机构应鼓励创新，尝试新的管理方法和业务模式，如利用金融科技提高透明度，通过大数据和人工智能技术加强风险监控。创新不仅能够提高金融服务的效率和质量，而且能够增强金融机构的竞争力，为清廉金融提供技术支持。同时，金融机构应总结经验，不断优化和完善相关政策和措施，确保清廉金融与金融伦理的持续发展和完善。

通过上述五个方面的深入实施，金融机构可以在确保业务发展的同时，不断提升自身的道德标准和社会责任，为构建一个更加健康、公正的金融市场环境做出贡献。这不仅有助于提升金融机构的信誉和市场竞争力，而且能够增强公众对金融体系的信心，促进金融市场的稳定和经济的可持续发展。

（二）清廉金融与新时代金融职业道德

清廉是金融文化不可分割的重要部分，是在金融文化的基础上，侧重于对金融职工廉洁从业理念的提炼、建构。我们现今对于金融文化的推进与提升，离不开对清廉的高度重视。员工廉洁从业环境、氛围的建设与营造，都与金融文化中清廉元素密不可分。

首先，廉洁确保了金融文化在思想理念、制度规范、社会形象等诸多维度上符合社会主义先进文化，彰显了社会主义核心价值观。其次，清廉是金融文化里蕴涵的重要内核，保证金融文化的健康高效传扬，有力推动了金融业高质量发展。

同时，值得一说的是金融文化发展中要创建清廉文化建设可感可知可见的途径，创新清廉文化建设思路，需要丰富活动载体。这就需要我们深挖金融文化中关于清廉的素材。比如书籍、影像、纪念品或历史藏品等，这是一个持之以恒、长期耕耘的过程。通过这些载体使员工参与交流、接受教育，使得清廉的底色渗透在久久为功的金融文化中。

理解清廉对于金融文化的重要意义，是建设金融文化的前提。清廉强调遵规守纪，金融突出行业特征，文化彰显精神属性。倡导清廉金融，涵养风清气正的政治生态，既是落实中央全面从严治党要求、防范化解金融风险的需要，也是金融行业实现高质量发展的需要。知易行难，金融从业人员不仅要厘解清廉的要求与意义，而且要通过遵守自身职业道德来对自己进行约束，实现知行合一。

金融职业道德是对金融从业人员的道德要求，是社会道德在金融职业活动中的具体体现，是所有金融从业人员在职业活动中应该遵守的基本行为准则。金融职业道德既是对进行金融活动的金融从业人员的行为要求，又是整个金融行业对社会所负的道德责任与道德义务。只有筑牢金融从业人员的职业道德根基，才能从根本上防止金融腐败，构建清廉金融环境。

金融从业人员职业道德的具体内容包括以下三个方面：遵纪守法、独立客观和忠诚审慎。其中，遵纪守法是对金融从业人员最基本的要求，独立客观是金融从业人员在职业活动中必须秉持的原则，而忠诚审慎是金融从业人员对其客户和雇主所承担的责任义务。

1. 遵纪守法

遵纪守法要求金融从业人员在从事金融活动的过程中，必须具备一定的法律知识和法律素养。遵纪守法是金融从业人员的行为底线，是金融职业道德中最基本的要求。

金融从业人员必须理解并遵守由立法机构、政府、金融监管部门或金融行业自律组织制定的所有适用的法律法规或规章制度。我国的金融法律体系包括四个层级，分别是由全国人民代表大会及其常务委员会制定和颁布的法律法规，如《中华人民共和国银行业监督管理法》《中华人民共和国保险法》；由国务院依法制定和出台的行政法规，如《中华人民共和国外资银行管理条例》《中华人民共和国外资保险公司管理条例》；由监管部门制定和发布的规章和规范性文件，如《商业银行流动性风险管理办法》《商业银行资本管理办法（试行）》；由行业自律组织发布的自律性规章制度，如中国证券业协会发布的《证券经营机构及其工作人员廉洁从业实施细则》。一旦金融从业人员的行为可能与相关法律法规或规章制度发生冲突时，金融从业人员就应当严格以法律法规或规章制度为准，不得有意参与或协助违反相关法律法规或规章制度的活动，并且必须避免这些违法违规的行为。

金融从业人员应当了解和熟悉与其职业活动相关的所有法律法规和规章制度。例如，我国的银行业从业者要熟悉和掌握有关银行业的上述四个层级的所有法律法规和规章制度。涉及跨国业务时，银行业从业者还应了解国外银行业的法律法规。具体而言，遵守职业道德并不要求金融从业人员成为金融领域的法律专家，但金融从业人员必须掌握与其工作内容直接相关的法律法规和规章制度。如果相关法律法规或规章制度与职业道德标准的要求不一致，则金融从业人员应当遵守较为严格的规定。这里的较为严格的规定，是指对金融从业人员的行为提出了更加严格的限制，或者要求从业人员采取更为严厉的措施来维护投资者权益的相关规定。

金融从业人员参加或协助违法违规的行为以及活动，将承担相应的法律责任。如果金融从业人员有充足的理由和证据认定其客户（雇主）即将进行的或正在进行的行为、活动是违法违规的或违反职业道德的，则其应当立即终止与这些行为活动的关系。

2. 独立客观

独立客观要求金融从业人员在从事金融活动时保持独立性和客观性。其中，独立性要求金融从业人员在提供服务或建议时必须保证自身的言行完全基于自己的真实意思表达；客观性要求金融从业人员在提供服务或建议时不受到外界因素的干扰。

金融从业人员必须保持谨慎的态度，在进行金融活动时独立客观地做出合理的判断。金融从业人员不得向他人索要或接受他人提供的任何常理上认为有损其个人的独立性和客观性的好处或报酬。同样地，金融从业人员也不得提供有损他人的独立性和客观性的好处或报酬。

在现实中，金融从业人员时常遇到有可能影响其金融活动决策的利益输送，这些利益输送会对个人的独立性和客观性造成损害。例如，发行商为了促进新的证券交易向金融从业人员提供好处，经纪人为了达成新的委托交易为金融从业人员提供额外利益。其中一种隐性地提供利益的方式是向金融从业人员提供新上市公司的股票。这种行为将为金融从业人员提供在二级市场上迅速获利的机会，金融从业人员有可能为了此类利益促成客户与提供好处的发行商或经纪人达成交易，但对客户而言，其无法从中获得任何收益。因此，此行为是被职业道德和相关法律法规严格禁止的。金融从业人员应当注意拒绝可能与其客户利益存在冲突的请求或暗示。金融从业人员最佳的方式是拒绝接受任何可能有损其独立性和客观性的好处或报酬。

综上所述，无论在任何条件下，金融从业人员都要保证自己的独立性和客观性。其向客户或公众提供的各类信息必须真实、客观、准确、表述清晰。

金融从业人员进行陈述时需要保持谨慎，尽力确保信息的合理、正确和完整，不得做故意错误或不恰当的陈述，避免误导客户。具体要求包括但不限于：第一，金融从业人员不得向客户承诺保证某一投资的表现或收益可以达到某个特定目标。例如，金融从业人员向客户承诺保证其今年的资产净收益率将不低于10%，或者保证在这项投资上会实现收益。由于任何投资活动都包含特定的风险因素，因此投资收益情况是无法事先准确估计的。第二，金融从业人员不得向客户夸大自身的能力或公司服务范围。第三，金融从业人员不得抄袭或剽窃，不得在没有明确引用的情况下，使用他人的报告、预测、图表或模型，不得未经允许使用他人编写的材料，不得擅自将他人作品归入自己名下。

3. 忠诚审慎

金融从业人员既有忠于客户的义务，也有忠于雇主的义务，然而在具体开展金融活动时，金融从业人员必须将客户的利益摆在雇主利益和个人利益之前。在为客户提供建议和服务时，金融从业人员必须在独立客观的范围内保持谨慎的态度，专注、专业、勤勉地做出审慎的判断，并且应当比较和权衡客户对收益的要求和对风险的承受能力，尽量避免客户承担损失。同时，金融从业人员管理客户的投资组合时应当参考客户的实际需求或特定要求。例如，某些机构可能被限制在烟草或军工业进行投资。

忠诚审慎要求金融从业人员以客户的利益为先，但有时需要金融从业人员具备识别实际客户的意识。例如，当金融从业人员作为被委托投资人管理养老基金时，此时投资人要维护的客户并不是养老基金的管理层，而是享有养老基金账户权益的个人。

忠诚审慎还要求金融从业人员在为客户提供咨询服务时遵守以下原则：一是必须事先询问客户的投资经历、利润目标、风险承受能力等基本信息，并且每隔一段时间重新评估和更新这些信息，以便能够做出合理的投资建议或采取相应的投资行动；二是采取某项投资行动时，需要评估该投资是否适合客户的财务状况以及是否符合客户的收益要求等；三是需根据客户的投资组合，判断投资是否适当，所提供的投资建议或采取的投资行动必须符合客户规定的投资组合目标和限制条件。也就是说，职业道德要求金融从业人员在向客户提供投资建议时充分考虑客户的实际需求、具体情况和投资目标。

此外，金融从业人员对每一名客户都负有公平对待的责任和义务，应当公正客观、一视同仁地为所有客户提供金融服务。这里的公平是指金融从业人员在提供金融服务过程中不得歧视特定客户或特殊优待某些客户。公平并不等同于平等，不同的客户有不同的投资需求和投资目标，金融从业人员无法对所有客户都提供完全相同的服务时间，某项特定服务也不可能适用于所有客户，金融从业人员还有可能向额外支付报酬的某些客户提供更具深度和专业的服务。职业道德并不禁止金融从业人员为客户提供差别化的服务，但上述差别化的服务不得对其他客户产生负面影响，并且金融从业人员还应当向其他客户就差别化服务的情况进行必要披露。

对客户的忠诚还体现在保密上。金融从业人员必须对现在的客户、过去的客户以及潜在的客户的非公开信息负有保密责任，除非该信息涉及非法活动、影响其他客户的利益或客户同意披露该信息。最基本的职业道德要求金融从业人员必须严格遵守法律的规定。如果相关法律规定在某些情况下对客户的某些信息加以披露，那么金融从业人员就应当遵守相关的法律规定。

除了对客户之外，金融从业人员对其雇主也有忠诚和审慎的责任。金融从业人员在行事时必须考虑雇主的利益，不得从事损害雇主利益的活动。

（三）清廉金融与新时代金融从业人员行为规范

实现清廉金融目标，金融从业人员需要在多个层面规范自身行为，确保其职业操守和行为准则符合新时代清廉金融行业目标的要求。

1. 遵守法律法规

金融从业人员在职业生涯中，首要任务是严格遵守法律法规。这不仅是对个人职业行为的基本要求，而且是维护金融市场秩序、保护消费者权益和促进金融稳定的关键。法律法规是金融市场运行的基石，涵盖了从银行业务操作到证券交易、保险承保、资产管理等各个方面。金融从业人员必须对这些法律法规有深入的理解和掌握，确保自己的行为不会触犯法律红线。

在实际工作中，金融从业人员可能面临各种法律风险，如反洗钱、反恐怖融资、数据保护、消费者权益保护等。他们需要具备识别这些风险的能力，并采取相应的预防措施。例如，在处理客户资金时，应严格遵守反洗钱法规，对可疑交易进行报告；在销售金融产品时，应确保产品信息的透明度，遵守《中华人民共和国广告法》《中华人民共和国消费者权益保护法》，避免误导消费者。

随着金融科技的发展，新的金融产品和服务不断涌现，法律法规也在不断更新。金融从业人员应保持对新法规的关注，及时更新自己的知识库。这要求他们具备持续学习的能力，通过参加培训、阅读专业书籍、关注行业动态等方式，不断适应法律环境的变化。

此外，金融从业人员还应具备良好的法律意识，能够在日常工作中主动识别潜在的法律问题，并寻求专业的法律咨询。在遇到法律纠纷时，应积极配合法律程序，维护自己和机构的合法权益。通过这些努力，金融从业人员不仅能够确保自己的行为合法合规，而且能够为金融市场的健康发展做出贡献。

2. 恪守职业道德

职业道德是金融从业人员在职业生涯中必须坚守的道德准则，它对于维护金融市场的诚信和稳定至关重要。金融行业的职业道德要求从业人员在所有业务活动中保持诚实、公正、专业和负责任的态度。这些道德标准不仅体现在对外的客户服务中，而且体现在对内的团队合作和个人行为上。

诚实守信是金融职业道德的核心。金融从业人员在与客户沟通时，应提供真实、准确的信息，不夸大产品收益，不隐瞒潜在风险。在处理客户资金时，应确保资金的安全和合规使用，不得利用职务之便为自己或他人谋取不正当利益。此外，金融从业人员在内部工作中也应保持诚信，如实报告工作进展和问题，不参与任何形式的欺诈或内幕交易。

公正性要求金融从业人员在服务客户时，不受个人偏见影响，确保所有客户都能获得平等的待遇。这意味着在信贷审批、投资建议、产品推荐等方面，应基于客观标准和客户的最佳利益进行决策，而不是基于个人关系或利益冲突。

专业性是金融从业人员的另一个重要职业道德要求。金融行业涉及复杂的金融产品和服务，要求从业人员具备相应的专业知识和技能。他们应不断学习和更新知识，以适应金融市场的变化。在提供专业建议时，应基于充分的市场分析和风险评估，为客户提供合理的投资策略。

责任感则要求金融从业人员对自己的行为后果负责。在面对市场波动和客户投诉时，应积极寻找解决方案，而不是推卸责任。在团队合作中，应承担自己的职责，与同事共同推动项目成功。

金融职业道德的实践还要求从业人员在面对道德困境时，能够坚守原则，拒绝不道德的诱惑。这可能包括拒绝参与不合规的业务操作，或者在发现同事的不当行为时，勇于质疑和举报。通过这些行为，金融从业人员不仅能够维护自己的职业声誉，而且能够为整个金融行业树立良好的形象。

总之，恪守职业道德是金融从业人员的基本要求，它要求从业人员在职业生涯中始终保持高标准的道德行为。这不仅有助于个人职业发展，而且是维护金融市场秩序和公众信任的关键。通过持续的自我提升和对职业道德的坚守，金融从业人员可以为实现清廉金融目标做出重要贡献。

3. 维护客户利益

在金融行业中，维护客户利益是从业人员的首要职责，也是确保金融机构长期稳定发展的关键。这要求金融从业人员在提供服务时，始终将客户的需求和利益放在首位，确保客户能够获得安全、高效和透明的金融服务。

首先，保护客户资金安全是维护客户利益的基础。金融从业人员应采取严格的风险管理措施，确保客户资金不受损失。这包括对投资产品进行充分的风险评估，确保产品的风险与客户的投资目标和风险承受能力相匹配。在信贷业务中，应进行详尽的贷前调查，合理设定贷款条件，避免不良贷款的产生。

其次，尊重和保护客户隐私是维护客户利益的重要方面。金融从业人员应严格遵守数据保护法规，确保客户信息不被泄露。在处理客户数据时，应采取加密、访问控制等技术手段，防止数据被未经授权的第三方获取。同时，应定期对客户信息进行安全审查，确保数据安全。

在销售金融产品时，金融从业人员应充分披露产品的相关信息，包括潜在风险、费用结构和预期收益。这有助于客户做出明智的投资决策，避免因信息不对称而产生的损失。同时，应避免误导性销售，确保客户对所购买的产品有清晰的认识。

此外，提供优质的客户服务也是维护客户利益的重要手段。金融从业人员应建立有效的客户服务体系，及时响应客户咨询和投诉，解决客户在使用金融服务过程中遇到的问题。通过提供个性化的服务，增强客户满意度，建立长期稳定的客户关系。

在金融市场中，金融从业人员还应关注客户的长期利益，提供财务规划和投资建议，帮助客户实现财富增值。这要求从业人员具备专业的财务知识，能够根据市场变化和客户情况，提供合理的投资策略。

最后，金融从业人员在维护客户利益的同时，也应关注社会责任。在推广金融产品时，应考虑其对社会和环境的影响，推动可持续发展。这不仅有助于提升金融机构的社会形象，而且有助于实现金融市场的健康发展。

总之，维护客户利益是金融从业人员的核心职责。通过保护客户资金安全、尊重客户隐私、提供优质服务、关注客户长期利益和承担社会责任，金融从业人员可以有效地维护客户利益，为金融机构赢得良好的声誉，促进金融市场的稳定和繁荣。

4. 遵守内部规章制度

遵守内部规章制度是金融从业人员职业行为规范的重要组成部分，它对于确保金融机构的稳健运营和维护市场秩序具有重要意义。内部规章制度通常包括金融机构的业务流程、风险管理、合规操作、员工行为准则等多个方面，是金融机构内部管理和外部监管的基础。

首先，金融从业人员应熟悉并严格遵守金融机构制定的业务操作规程。这些规程涵盖了从客户接待、业务办理到资金清算的各个环节，旨在确保业务流程的标准化和规范化。遵守这些规程有助于减少操作失误，提高工作效率，也能够防止因操作不当导致的经济损失和法律风险。

其次，风险管理是金融机构的核心职能之一。金融从业人员应遵循机构的风险管理政策，参与风险评估、监控和控制工作。在信贷审批、投资决策等关键环节，应严格执行风险控制措施，确保风险在可接受的范围内。此外，应定期进行风险自查，及时发现并纠正潜在的风险点。

合规操作是金融从业人员必须遵守的另一项重要规定。金融机构通常制定详细的合规手册，明确了从业人员在业务操作中应遵守的法律法规和行业标准。金融从业人员应定期接受合规培训，增强自身的合规意识，确保在日常工作中不触碰合规红线。

员工行为准则是金融机构对员工行为的具体要求，包括职业道德、工作纪律、保密义务等。金融从业人员应严格遵守这些准则，树立良好的职业形象。在处理客户关系时，应保持诚信和公正，避免利益冲突。在工作场所，应遵守工作纪律，尊重同事，维护良好的工作环境。

此外，金融从业人员还应积极参与内部规章制度的修订和完善。当发现现有制度存在不足或不适应市场变化时，应及时提出改进建议。通过参与制度建设，金融从业人员不仅能够提升自身的专业素养，而且能够为金融机构的持续改进和发展做出贡献。

总之，遵守内部规章制度是金融从业人员的基本职责。通过熟悉和执行业务操作规程、风险管理政策、合规要求和员工行为准则，金融从业人员能够确保金融机构的稳健运营，维护金融市场的秩序，也为自己的职业生涯打下坚实的基础。

5. 持续学习和自我提升

在快速变化的金融行业中，持续学习和自我提升是金融从业人员保持竞争力的关键。金融领域的知识更新迅速，新的金融工具、技术和监管政策不断涌现，要求从业人员必须具备终身学习的能力，以适应行业的发展需求。

首先，金融从业人员应通过各种途径不断更新自己的专业知识。这包括参加由金融机构、行业协会或专业培训机构组织的培训课程，学习金融市场的最新动态、金融产品的最新发展以及金融科技的应用。此外，通过阅读专业书籍、行业报告、学术论文等，可以深入了解金融市场的深层次逻辑和发展趋势。

其次，金融从业人员应注重提升自己的技能水平。这不仅包括金融分析、风险评估等专业技能，而且包括沟通协调、团队合作等软技能。在实际工作中，这些技能对于解决复杂问题、提高工作效率和促进团队协作至关重要。通过参与项目实践、模拟交易等活动，可以提高实际操作能力，增强应对市场变化的适应性。

此外，金融从业人员还应关注国际金融市场的发展，了解国际金融规则和跨境业务的操作流程。随着全球化的深入，国际金融市场的互动日益频繁，具备国际视野的金融人才将更受市场欢迎。通过学习国际金融法规、参与国际交流项目，可以提升自己的国际竞争力。

在自我提升的过程中，金融从业人员还应注重培养创新思维。金融行业的发展往往伴随着创新，新的商业模式、金融产品和服务层出不穷。通过学习创新理论、参与创新项目，可以培养发现问题、解决问题的能力，为金融机构带来新的增长点。

最后，金融从业人员应将学习成果转化为实际工作能力。通过将新知识和新技能应用于实际工作中，可以提高工作效率、提升服务质量、增强客户满意度。同时，通过分享学习成果，可以带动团队成员共同进步，形成良好的学习氛围。

总之，持续学习和自我提升是金融从业人员职业发展的重要途径。通过不断更新知识、提升技能、拓宽视野和培养创新思维，金融从业人员可以在激烈的市场竞争中保持领先地位，为金融机构的发展做出更大的贡献。

6. 积极参与清廉金融文化建设

清廉金融文化是金融行业健康发展的基石，它要求金融从业人员在职业生涯中始终保持高度的道德标准和职业操守。积极参与清廉金融文化建设，不仅有助于提升个人的职业形象，而且是对整个金融行业声誉的维护和社会责任的体现。

首先，金融从业人员应通过自己的实际行动，成为清廉金融文化的践行者。在日常工作中，应严格遵守法律法规，诚实守信，公正无私，拒绝任何形式的腐败行为。在面对诱惑和压力时，应坚守原则，不为私利损害公共利益，确保金融活动的透明度和公平性。

其次，金融从业人员应成为清廉金融文化的传播者。通过参与行业研讨会、论坛、培训等活动，分享自己的经验和见解，推广清廉金融的理念。在社交媒体和公共平台上，积极发声，倡导诚信、责任和透明度，提高公众对清廉金融重要性的认识。

此外，金融从业人员还应参与清廉金融文化的制度建设。这包括参与制定和完善金融机构的内部规章制度，确保这些制度能够有效地预防和遏制腐败行为。同时，应支持和参与金融机构的合规培训和道德教育，增强同事的道德意识和合规意识。

在推动清廉金融文化建设的过程中，金融从业人员还应关注行业内部的不正之风，勇于揭露和抵制腐败行为。当发现同事或上级存在不当行为时，应通过适当的渠道进行举报，维护行业的清廉环境。这种勇气和正义感是清廉金融文化的重要组成部分。

最后，金融从业人员应将清廉金融文化融入自己的职业生涯规划中。在职业发展的道路上，应以清廉为荣、以诚信为基，不断提升自己的道德修养和专业水平。通过个人的努力，为金融行业的健康发展做出贡献，也为自己的职业生涯赢得尊重和信任。

总之，积极参与清廉金融文化建设是金融从业人员的重要职责。通过践行清廉原则、传播清廉理念、参与制度建设、勇于揭露不正之风以及将清廉融入职业规划中，金融从业人员可以为构建一个公正、透明、高效的金融市场环境做出积极贡献。

7. 建立和维护良好的职场环境

在金融行业中，建立和维护一个良好的职场环境对于促进员工的职业道德发展、提升工作效率以及增强团队凝聚力至关重要。一个积极、健康的工作环境不仅能够吸引和留住人才，而且能够激发员工的创新精神和工作热情，从而推动金融机构的整体发展。

首先，金融从业人员应积极参与构建一个尊重和包容的职场文化。这意味着在工作中，每个人都应被平等对待，无论其背景、性别、年龄或职位。尊重同事的意见和贡献，鼓励开放和诚实的沟通，这有助于建立信任和理解，减少误解和冲突。

其次，金融从业人员应致力于营造一个公平竞争的环境。在晋升、奖励和资源分配等方面，应确保所有员工都有平等的机会。通过明确的绩效评估体系和透明的决策过程，可以确保员工的努力得到公正的回报，从而激发员工的积极性和忠诚度。

此外，金融从业人员还应关注职场的心理健康和工作生活平衡。长时间的工作压力可能导致职业倦怠和心理健康问题，影响员工的工作效率和生活质量。因此，金融机构应提供适当的支持和资源，如心理咨询服务、灵活的工作时间安排等，帮助员工管理压力，保持良好的工作状态。

在维护职场环境的同时，金融从业人员还应积极参与企业文化的建设。通过参与团队建设活动、志愿服务项目等，可以增强员工之间的凝聚力，提升员工对机构的归属感。同时，这些活动也有助于塑造积极的企业形象，吸引更多的优秀人才。

最后，金融从业人员应成为职场道德的榜样。通过自己的行为，传递诚信、责任和尊重的价值观，影响和激励周围的同事。在面对不道德的行为时，应勇于站出来，维护职场的正义和秩序。

总之，建立和维护良好的职场环境是金融从业人员的重要责任。通过促进尊重和包容、公平竞争、心理健康和企业文化建设，金融从业人员可以为自己和同事创造一个更加和谐、高效的工作环境，为金融机构的长期成功奠定坚实的基础。

8. 接受监督和自我监督

在金融行业中，接受监督和自我监督是确保从业人员行为规范、维护金融市场诚信的关键。这种监督机制不仅包括来自监管机构的外部监督，而且包括金融机构内部的自我监督，以及从业人员自身的道德自律。

首先，金融从业人员应主动接受监管机构的外部监督。监管机构通过制定严格的法律法规和监管政策，对金融机构及其从业人员的行为进行规范。从业人员应积极配合监管机构的检查和调查，确保自己的业务操作符合监管要求。在面对监管机构的指导和建议时，应认真对待，及时调整自己的行为，以避免潜在的违规风险。

其次，金融机构内部的监督机制对于维护良好的职场环境同样重要。金融机构应建立完善的内部控制体系，包括合规部门、风险管理部门等，对从业人员的行为进行监督。金融从业人员应支持这些部门的工作，及时报告潜在的风险和问题，共同维护机构的合规性和声誉。

自我监督是金融从业人员个人道德修养的体现。在没有外部监督的情况下，从业人员应自觉遵守职业道德和行为规范，对自己的行为进行反思和评估。这要求从业人员具备高度的自我意识和自我约束能力，能够在面对诱惑和压力时，坚守原则，做出正确的决策。

在自我监督的过程中，金融从业人员应定期进行自我评估，识别自己的不足和改进空间。这可以通过参加道德培训、阅读相关书籍、与同事讨论等方式实现。通过自我评估，从业人员可以不断提升自己的道德水平，增强职业责任感。

此外，金融从业人员还应鼓励同事之间的相互监督。在团队合作中，应相互提醒和支持，共同维护团队的道德标准。当发现同事的不当行为时，应勇于提出，帮助其纠正错误，共同营造一个正直、诚信的工作环境。

总之，接受监督和自我监督是金融从业人员维护职业操守的重要途径。通过接受外部监管、支持内部监督和加强自我监督，金融从业人员可以确保自己的行为始终符合职业道德和法律法规的要求，为金融市场的健康发展做出贡献。

通过上述措施，金融从业人员可以在日常工作中树立良好的职业形象，为实现清廉金融目标做出积极贡献。这不仅有助于提升金融机构的信誉和市场竞争力，而且能够增强公众对金融体系的信心，促进金融市场的稳定和经济的可持续发展。

（四）新时代清廉金融环境构建与清廉金融意识培养

金融环境是指一个国家在一定的金融体制和金融制度下，影响经济主体活动的各种金融要素的集合。在本书中，清廉金融环境是指在整个国家的金融体系范围内，从金融监管部门到基层金融机构自上而下的整体廉洁。构建清廉金融环境，就是要大力弘扬清廉金融文化，不断提升金融从业人员的道德品行、职业操守，增强金融从业人员遵纪守法、廉洁诚信的清廉金融意识，形成风清气正的金融从业氛围。

然而，构建清廉金融环境仍然面临着一些挑战，其中最严峻的就是金融腐败现象的滋生。反腐形势严峻复杂，金融反腐工作任重道远。党的十八大以来，全面从严治党深入推进、金融反腐力度持续加大。中国共产党第十九届中央纪律检查委员会第二次全体会议将审批监管、金融信贷等列为反腐重点。中国共产党第十九届中央纪律检查委员会第三次全体会议首次单独提出要加大金融领域反腐力度。中国共产党第十九届中央纪律检查委员会第四次全体会议再次强调要深化金融领域反腐败工作。中国共产党第十九届中央纪律检查委员会第五次全体会议强调做好金融反腐和处置金融风险统筹衔接。

1. 清廉金融环境构建

（1）金融腐败的主要形式

① 利用金融管制权力谋取腐败租金。寻租理论认为行政权力对经济活动的广泛干

预，即寻租环境的存在是腐败产生的重要根源。具体而言，市场经济的资源配置效应是通过市场主体之间的竞争来实现的。市场竞争的最终目标就是帕累托最优。在达到帕累托最优之前，企业家为了获得超额利润会不断地创新，但其他企业家也会不断改进技术和创新来参与竞争，这些新利润点会随着技术和创新的普及而逐渐消失，这时企业家又不得不为了寻找新的利润点继续更新技术或创新。但市场并非完美的，市场机制也有其缺陷，即市场失灵。这就需要政府这只“看得见的手”介入。由政府来配置资源就意味着权力介入，由于权力的使用可以带来额外收益，因此就可能产生权力寻租。同时，在一些特许行业，政府控制着特许权。许多人为了获取特许权，就会用额外的资源去寻租。这部分寻租活动带来的成本并未投入生产经营活动，是对资源的浪费，造成了整个社会福利的净损失。

② 利用金融资源配置权力为自己或他人谋取不当利益。利用金融资源配置权力为自己或他人谋取不当利益，是金融领域腐败的突出特点。例如，某银行原董事长姜某某，在任职期间，利用职务便利，向其个人或亲友控制的公司名下陆续转让约 2.83 亿股其所在银行股份，按照每股净资产计算，其所转移资产共计折合人民币 7.54 亿余元。此外，姜某某受贿金额超过 6 000 万元。

从横向看，金融资源配置权力的滥用在银行、保险、证券等行业均有发生。例如，国家开发银行原党委副书记、监事长姚某某因受贿罪被判处有期徒刑 14 年，并处罚金 350 万元，对姚某某受贿所得财物予以追缴，上缴国库。据检方指控，姚某某受贿超过 3 600 万元。

从纵向看，被查处的金融腐败人员涉及的层级很广，从中央金融单位到地方法人金融机构及地方各级分支机构均有涉及。2020 年 3 月，国家开发银行原党委书记、董事长胡某某涉嫌受贿案被提起公诉。胡某某被指控利用担任交通银行党委书记、董事长，国家开发银行党委书记、董事长等职务上的便利，为他人谋取不当利益，非法收受他人财物，数额特别巨大，依法应当以受贿罪追究其刑事责任。

③ 利用敏感信息攫取非法利益。《中华人民共和国证券法》明确规定禁止内幕交易，金融从业人员不得根据内幕信息交易或协助其他人根据内幕信息交易。之所以禁止内幕交易，是因为内幕交易会扭曲证券市场的价格形成机制和指数形成机制，导致本应反映公司综合业绩的证券价格和本应反映市场行情的证券指数成为一些人利用内幕消息炒作出来的结果。这些人为炒作出来的数据不仅无法准确反映证券的真正价值和市场的真实情况，而且直接造成证券市场秩序的混乱，使得证券市场无法发挥应有的优化资源配置和反映国民经济情况的重要作用。利用敏感信息谋取非法利益也是金融腐败的重要形式之一。

（2）防止金融腐败的外部监管和内部控制

清廉金融环境的构建离不开外部监管和内部控制两个方面。其中，外部监管是国家司法部门、金融监管部门以及金融行业自律组织共同对金融业进行外部的监督，通过管制来纠正或消除金融市场上的违法违纪行为；内部控制是指在外部监管的基础上，金融机构进行自我约束，从内部杜绝腐败问题的发生。外部监管和内部控制缺一不可。外部监管有着信息不对称的局限性。若一个金融机构存在不当交易，该机构就会想办法隐藏其真实信息以规避惩罚；仅仅依靠内部控制的自律效应也无法实现清廉金融的目标，只有将外部监管和内部控制有机结合起来，互为补充，才能达到有效防范金融腐败、化解金融风险、构建清廉金融环境的目的。

① 外部监管。金融行业是受监管最严格的部门之一。究其原因，金融行业具有与风险和腐败密切相关的属性，这些属性包括垄断性、外部性、创新性、隐蔽性和长期性。

A. 垄断性。金融是现代经济的核心，政府往往对金融实行牌照准入或特许经营，对金融从业资质提出要求，客观上使得金融业具有一定的垄断性。只有满足政府制定的准入要求的金融机构才能拿到金融牌照。这种进入门槛一是出于政府偏好，便于宏观调控；二是防止金融业的无序竞争导致风险损失。

B. 外部性。金融是实体经济的血脉，几乎所有的实体经济行业在一定程度上都依赖于金融。这就使得金融广泛影响社会资源配置。金融在资源配置中起重要作用。一方面，金融促进实体经济发展；另一方面，实体经济对金融具有很强的依赖性。因此，一旦金融领域发生波动或震荡，实体经济则会相应受到金融波动的不利影响；但同样地，金融行业的发展也会促进实体经济的发展。

C. 创新性。近年来，金融创新不断发展，金融产品的种类和数量不断增加，加上金融全球化，使得监管规则健全的速度有时赶不上创新的速度。这也为内幕交易和操纵市场留下了空间，从而产生风险和腐败问题。例如，2008 年全球金融危机肇始于美国的次贷危机，次贷危机正是由一种创新的金融产品——资产支持证券而引发的。

D. 隐蔽性。虽然能源、交通、工程建设等领域也容易发生腐败，但金融业因为直接与钱打交道，有很大的利益空间，因此容易产生风险和腐败。相比台面上的合同约定，私底下的“抽屉协议”更容易达成，因为隐蔽性较强，查处起来也很有难度。

E. 长期性。金融腐败交易还呈现长期性特点，如收受无偿赠予的股票、期权等，时间跨度大，不容易被查处。

正是由于金融行业的这些属性，外部监管对于构建清廉金融环境尤为重要。常见的外部监管措施包括准入限制、信息披露、存款保险、利率管制等。以银行业监管为例，各国银行监管部门的监管手段主要包括对商业银行的准入监管、日常监管、存款保险制度和银行危机处理与退出管理。银行的准入监管一般分为注册制和审批制。银行的日常监管主要是对财务状况的监管，包括《巴塞尔协议》所规定的资本充足率、杠杆率以及流动性标准等。存款保险制度的设立是为了保护存款人利益，稳定公众对银行体系的信心，进而稳定整个金融系统。银行危机处理管理是事后的挽救性措施，主要包括紧急救助、接管和并购，这些挽救措施可以在银行发生危机时尽可能减少损失、稳定市场。

证券业的监管包括对证券发行的监管、对证券交易的监管和对证券流通的监管。目前，世界各国对证券发行审核的方式主要是注册制和核准制。我国当前对证券发行的监管主要实行的是核准制，2020 年 6 月开始实行创业板改革和注册制试点。证券交易的监管制度主要包括证券上市制度、市场交易规则以及信息披露制度。对证券流通的监管主要包括对证券交易所的监管、对上市公司的监管、对证券经营机构和专业服务机构的监管。

我国保险监管的核心是三大支柱，即保险公司治理监管、保险市场行为监管、保险偿付能力监管。其中，公司治理是现代企业发展的产物，其本质是通过董事会建设、股东与经理人员之间的契约关系等制度性安排，界定公司相关利益各方（包括管理人员、员工、客户等）之间的关系，解决各方之间，特别是所有者和经营管理人员之间的利益冲突问题，实现利益各方的激励相容，实现公司的经营目标。保险市场行为监管主要是指保险监管部门通过逐步建立和完善市场行为准则，采取有效的监管措施，通过现场检查和非现场监管等方式，监督、检查保险公司以及中介机构在销售、承保、理赔以及客户服务等环节是否存在违法违规的行为，支持合法经营和公平竞争，处罚违规行为，促进保险公司完善经营管理和规范发展。偿付能力，即公司偿还债务的能力，具体表现为保险公司是否有足够的资产来匹配其负债，特别是履行其给付保险金或赔款的义务。偿付能力是反映保险公司清偿能力和风险状况的核心指标。

构建清廉金融环境除了对金融体系内的金融机构进行监管之外，还包括对金融监管部门的监督。中国共产党第十九届中央纪律检查委员会第二次全体会议将审批监管、金融信贷等列为反腐重点领域和关键环节。中国共产党第十九届中央纪律检查委员会第三次全体会议首次单独提出要加大金融领域反腐力度，并将其列入推进党风廉政建设和反腐败斗争六项任务之一，重点聚焦金融乱象背后的利益勾结和关系纽带。近年来，中央纪委国家监委驻中国银保监会纪检监察组（2023 年起更名为中央纪委国家监委驻金融监管总局纪检监察组）查办了一系列案件，全面强化对监管者的再监督。

上述关于外部监管的理论和方法只是对金融行业监管的横向介绍。从纵向来看，我国对金融机构的监督还涉及国家纪检监察机构监督、金融监管部门监督以及金融行业自律组织监督等。

② 内部控制。由于信息不对称的存在，被监管机构有可能隐藏对其不利的信息，因此外部监管存在局限性，监管部门无法全面了解各金融机构，无法完全防范风险。对于构建清廉金融环境，内部控制是对外部监管的有效补充，也是清廉金融的内在要求。

以银行业的内部控制为例，监管当局通过发布指导性原则，要求银行建立科学严密、完备的内部控制制度。按业务类型来看，内部控制的要求主要有对核心业务的内部控制的要求、对资金业务的内部控制的要求、对存款及柜台业务的内部控制的要求、对中间业务的内部控制的要求、对会计的内部控制的要求以及对计算机系统的内部控制的要求。中国人民银行出台了《加强金融机构内部控制的指导原则》《商业银行授权、授信管理暂行办法》等管理规定，要求商业银行建立多条内部控制防线，并明确银行内部监督部门的职能定位。

商业银行授信业务的内部控制要求商业银行设立独立的授信风险管理部门，对不同币种、不同客户对象、不同种类的授信业务进行集中管理，避免信用失控。其主要内容有商业银行资金业务的组织结构应当体现权限等级和职责分离的原则，前台交易与后台结算分离、自营业务与代客业务分离、业务操作与风险监控分离，建立岗位之间的监督制约机制。

总而言之，内部控制对于构建清廉金融环境是至关重要、不可或缺的一环。

2. 清廉金融意识培养

培养清廉金融意识，使清正廉洁在金融体系内蔚然成风，是构建清廉金融环境的根本性策略。清廉金融意识，即所有金融从业人员自发地遵守职业道德要求的意识，是金融行业中的每名从业人员都应该具备的基本观念。在整个行业内培养清廉金融意识、形成风清气正的行业良好发展风气十分必要。

培养清廉金融意识，要加强清廉教育。清廉教育是培养金融从业人员清廉金融意识的重要方法。着眼于未来及长远，财经类等专业的学生是金融行业的人才储备和未来的中坚力量。培养清廉金融意识，要加强警示教育。在金融监管和金融反腐进程中，有许多令人触目惊心的案例。对这些案例的通报与分析能够给金融从业人员以及即将步入金融行业的大学生起到强大的警示作用。加强警示教育，不仅要通报大案要案，而且要通报一些地方的、基层的违法渎职案件，起到警示和预防的作用。

培养清廉金融意识，要大力弘扬清廉金融文化和清廉金融价值观。清廉金融价值观源自社会主义核心价值观中的“敬业”与“诚信”，并在此基础上进行了延伸和发展。弘扬清廉金融价值观，有助于塑造金融从业人员对清廉金融的高度认同感和使命感，使清廉金融的观念深入人心。

金融业肩负着服务国家战略、支持实体经济的重任，也关系着广大金融消费者的切身利益。金融业要坚持回归本源和市场导向，兼顾市场价值与社会价值、产品价值与道德价值的统一，形成依法合规、恪守信用、清正廉洁、公正透明、务实创新、稳健可持续发展的行业文化价值认同。

清廉金融价值观，即金融从业人员应当共同遵守和弘扬的文化价值取向。清廉金融价值观具体包括以下三个方面：慎独慎微慎行、懂法知规守则、自知自省自纠。其中，慎独慎微慎行要求金融从业人员树立良好的职业理想，提升自我修养；懂法知规守则要求金融从业人员识对错、知敬畏，勇于坚守底线；自知自省自纠要求金融从业人员经常自省，实现自我纠偏。

（1）慎独慎微慎行

① 慎独，就是要求金融从业人员独自一人时仍能严格要求自己，始终做到表里如一。“莫见乎隐，莫显乎微，故君子慎其独也。”慎独作为一种高度自律的状态，既是个人修为的重要体现，也是原则的有效检验。东汉“四知先生”杨震用“暮夜却金”诠释

了慎独的道理。保持慎独，就要严于律己、高度自律，自觉遵守各项法律法规。金融腐败的重要原因之一就是有些金融从业人员做不到慎独，心存侥幸，认为自己所做的违法之事无人知晓。

② 慎微，就是要注重细节和细微之处，不因小失大。金融从业人员要时刻铭记“勿以善小而不为，勿以恶小而为之”，见微知著、防微杜渐，拒毫末之错于千里之外。

③ 慎行，就是行为谨慎检点、知行合一。慎行不是不行，而是“三思而后行，谋定而后动”，要事先考虑好“行”的结构、“行”的后果和“行”的影响。在采取行动之前，金融从业人员需要谨记忠诚审慎的原则。审慎即谨慎小心，做不到慎行便有可能走向职务犯罪的深渊。

金融是涉及资本融通的行业，承担着风险管理的功能，一旦与人性的贪婪捆绑，必然蕴藏巨大的风险。身处金融这个特殊行业中的从业人员，更是要坚持慎独、慎微、慎行，不存侥幸之心，不轻视微末之行。

（2）懂法知规守则

① 懂法，即熟悉法律规范。从金融监管法律法规的内容来看，主要涉及两方面的关系：一方面是金融监管关系，主要是指政府金融监管部门与金融机构、金融市场、金融产品、金融交易的监督管理关系；另一方面是金融交易关系，主要是指货币市场、证券市场、保险市场和外汇市场等各种金融市场之间、金融机构之间、金融机构与金融消费者之间、大众之间的各种金融交易关系。金融从业人员必须熟悉这些关系的法律规范，并做到知法、懂法、守法。下列知法犯法的行为主要违反了职业道德中遵纪守法、独立客观和忠诚审慎的规定，金融从业人员要引以为戒、严加杜绝。

第一类是职务犯罪。例如，某地银保监分局一科长因受贿罪被判处有期徒刑 3 年、缓刑 4 年。某地银保监分局党委给予其“双开”处理。某地银保监局原副局长赵某某违纪案是《中华人民共和国监察法》实施以来第一起中国银保监会会管干部被留置案件。赵某某违反政治纪律，与他人订立攻守同盟，转移藏匿赃款赃物，违反组织纪律，插手金融机构人事工作；违反廉洁纪律，收受财物 232 万元，违规从事营利活动；违反工作纪律，接受请托违规批准机构跨区域设立分支机构；利用职务便利为他人谋取利益收受财物 2 880 万元，涉嫌受贿犯罪。某地银保监局原党委书记、局长元某某长期收受监管对象礼品、礼金、消费卡，使用小金库支付个人承担费用；收受干股并交由特定关系人代持，利用职权为特定关系人谋取利益；滥用职权；利用职务便利为金融机构、企业和个人谋取利益并收取巨额财物；涉嫌受贿犯罪。这些案件中，监管干部由金融秩序的维护者沦为破坏者，严重损害了金融监管的权威性和严肃性。

第二类是挪用侵占资金。《中华人民共和国刑法》规定了挪用资金罪、挪用公款罪、职务侵占罪等。《中国共产党纪律处分条例》也明确禁止违规占有、使用公款公物等违反廉洁纪律行为。挪用类职务违法犯罪、违纪案件违反了职业道德中遵纪守法和忠诚审慎的规定。

例如，王某曾任某信用联社某县信用社主任，与银行信贷部负责人杨某、库管员李某勾结，利用职务之便，挪用客户账户资金和客户归还信用社的贷款共计 530 万元。在未经存款人同意的情况下，王某将大额存款设定为质押，私自取出挪作他用，主要用于炒股、入股经商办企业、投资理财、填平现金空库等。人民法院依法判处王某有期徒刑 3 年，该信用社给予王某开除党籍、行政开除处分。

又如，刘某曾任某国有大型商业银行某县支行综合部主任、会计科科长、行长，利用职务便利，单独或伙同某市房地产公司总经理王某，挪用信贷资金 3 200 万元归自己和王某使用，主要用于赌博和经商。人民法院以挪用公款罪和受贿罪判处刘某有期徒刑 12 年。该国有大型商业银行某省分行行政开除 5 人，留用察看 5 人，行政记大过 3 人，撤职处分 3 人，警告 3 人。涉案资金仅追回 448 万元。

吴某曾任某国有大型商业银行某县支行行长，其先后与该行信用卡部主任罗某、某公司总经理徐某、该县信用社主任王某等人相勾结，相继直接挪用和斡旋挪用财政社保资金、农村信用社存款、企业存款共计 2 385 万元，主要用于投资该市某房地产开发项目和个人经商。人民法院以挪用公款罪和挪用资金罪判处吴某有期徒刑 17 年，以挪用公款罪判处罗某有期徒刑 10 年。该国有大型商业银行某省分行行政开除 2 人，撤职处分 5 人，警告及降职处分 10 人。

某保险公司经理姜某利用职务之便，采用直接从投保人处收取保险金，将保险公司出具的保险单、保险业专用发票交给投保人，而收取的保险金不交回公司的手段，将保险金用于自己消费，挪用应收保费金额 26 万元，截至案发仍未退还。人民法院以挪用资金罪判处姜某有期徒刑 6 年。某保险公司省公司行政撤职处分 2 人、行政记过 3 人。

某保险公司某支公司经理赵某利用职务之便，擅自决定将公司账外资金 30 万元拆借给某企业喻某个人使用。喻某到案发时仍未归还该款项。人民法院判决赵某犯挪用公款罪，判处有期徒刑 3 年。某保险公司省公司行政撤职市分公司高管人员 2 人，行政降职及警告 3 人。

第三类是贪污受贿。金融从业人员贪污受贿同样违反了职业道德中遵纪守法、忠诚审慎的规定。

例如，2018 年 7 月 19 日，某保险公司农险渠道经理彭某因涉嫌滥用职权罪，被监察委留置。2018 年 8 月 10 日，公安局对彭某执行逮捕，并于同日将其移送检察院审查起诉。检察院指控彭某涉嫌滥用职权罪、贪污罪、单位行贿罪，彭某所在支公司农险渠道涉嫌单位行贿罪。人民法院于 2018 年 12 月 5 日开庭审理本案。2019 年 6 月 6 日，人民法院正式判决，认定彭某伙同部分乡镇工作人员利用职务之便虚构保险标的投保套取国家财政补贴，造成补贴资金损失 1 547 516.8 元，情节特别严重；认定彭某伙同部分乡镇工作人员虚假理赔，骗取公司理赔款 352 000 元，数额巨大；认定彭某任职期间为单位谋取不正当利益，给予国家工作人员现金 479 087.28 元，情节严重。彭某及相关涉案人员均受到法律的严惩。

② 知规，即知道制度规定、纪律规定、禁止性条款。心存敬畏，知规守矩，是对每一个金融从业人员的内在要求。从宏观方面而言，知规是知晓国家的制度规定、禁止性条款；对中国共产党党员来说，知规还包括知晓党纪、党规。从微观方面而言，知规包括知晓并遵守在实践中约定俗成的行业规定、所在单位的规章制度等。在金融反腐进程中，出现了各种各样的违规案例，金融从业人员需引以为戒，知规守矩。

首先，违规行为表现为金融监管人员违反党纪、党规，如违反中央八项规定精神、违规参与经济活动、违反廉洁纪律规定以及违反组织纪律等。例如，2013 年 11 月，某银监分局党委委员、副局长带队赴辖内对农村信用联社改制农村商业银行清产核资工作验收过程中，工作组 4 人、联社 3 人和中介机构 2 人共 9 人接受了被检查单位安排的个人宴请及娱乐活动，共消费 1 700 元。该副局长受到党内警告处分，验收组退回就餐款，取消验收组成员当年评先创优资格，并在系统内通报。

其次，违反监管部门的制度规定和禁止性条款也是违规行为的一种。以原中国银保监会、原上海银保监局对被监管机构有关廉洁从业的规定为例，包括《中国银保监会关于银行保险机构员工履职回避工作的指导意见》《中国银保监会办公厅关于预防银行业保险业从业人员金融违法犯罪的指导意见》《上海银行业金融机构从业人员禁止性规定》以及《上海保险机构及保险专业中介机构从业人员禁止性规定》等。

最后，对于行业自律组织发布的自律性规章制度和个体单位的规章制度也应该严格遵守。自律性规章制度包括中国证券业协会出台的《证券经营机构及其工作人员廉洁从业实施细则》，中国银行间市场交易商协会出台的《银行间债券市场债券交易自律规则》，中国证券投资基金业协会出台的《基金经营机构及其工作人员廉洁从业实施细则》等。

③ 守则，就是遵守规则，有契约精神和规则意识。守则是在遵守国家的各项方针政策、法律法规之外，对金融从业人员提出的更高要求。这些需要遵守的规则主要是指各个单位、部门、系统根据实际情况，为了规范、约束员工的道德行为而制定的一系列规章制度。这些规则具有约束性和规范性，要求金融从业人员有守则意识。守则在职业道德标准中体现在陈述谨慎、对客户和雇主忠诚等方面。

（3）自知自省自纠

① 自知，即自己能了解自己，自己能认识自己。“知人者智，自知者明。”

自知之明对于金融从业人员保持清廉具有重要作用。一是“知止”，即心存敬畏，把违反法律法规、党纪国法的行为坚决止于自身。二是“知耻”，所谓“知耻而后勇”，金融从业人员应当正确认识自己的不足并加以改正和提升。三是“知足”，即培育平常之心，严守道德底线，保持公正清廉。

金融从业人员的自知主要体现在工作过程中对自己的言论、行为和所有言行的后果有足够清醒和正确的认知，并且在这些认知的基础上表现出合适合规的言行举止。

② 自省，也就是要求金融从业人员严格要求自己，经常检查、反省自己有无错误

与过失，有则改之，无则加勉。古人以“吾日三省吾身”要求自己，处于风险巨大的金融行业中的金融从业人员，更是要提高对自己的要求，常反思、常改进，将自省作为从事金融工作的日常修养和职业习惯。

③ 自纠，也就是在自省之后要纠正自己的不足。自省是方法，自纠才是自省的目的。金融从业人员要及时对自己工作中出现的各种问题和不足进行改正、改善，把自我纠正当成日常工作的重要一环。

金融从业人员在日常工作中，可能出现一些疏漏和不足。对于这些疏漏和不足，如果金融从业人员不能及时反思并加以改正，那么就有可能使这些疏漏和不足发展成大的错误，甚至是违法行为，这时候自省和自纠就显得尤为重要了。例如，金融从业人员在为公司选择投资对象时，与某家目标公司的总裁共同参与了一个与投资项目无关的公益活动，该活动是由这家目标公司主办的，在活动过程中该从业人员与该公司总裁并无过多交流。上述行为看似合理合规，但存在着一些风险，若最终的投资目标确定为该公司，这名金融从业人员很可能被质疑其独立性和客观性。已经参加过的活动无法改变，但金融从业人员经过反省之后可以及时发现其中的问题，在事后向本单位报备该活动的情况，并将该公益活动的组织者和参与者名单记录在案以备查阅，这些补救行为可以弥补对其独立性和客观性的损害。

综上所述，自知自省自纠是金融从业人员应当遵守和弘扬的价值观念，也是在日常的工作中自我警醒、免于犯错的法宝。

第七章
金融行业前沿中的清廉金融：合规与风控

一、金融机构合规与风控的内涵、演进与意义

（一）金融机构合规管理的基本内涵

金融机构的合规管理工作是指以有效防控合规风险为目的，以企业和员工经营管理行为为对象，开展包括制度制定、风险识别、合规审查、风险应对、责任追究、考核评价、合规培训等有组织、有计划的管理活动。

金融机构合规管理的三层含义：

其一，金融机构合规管理的目标。合规风险是现代金融企业经营面临的主要风险之一，是因企业违反了合规义务而产生的风险。因此，合规管理的目标就是防控合规风险，使企业经营遵循各项国家政策、行业法规等相关要求，不要触犯合规界限。

其二，金融机构合规管理的对象。合规管理作为一种管理，与其他管理的共同点都是把企业和员工的行为作为管理对象，不同点是合规管理的对象范围更广泛。如营销管理是把企业和员工的营销行为作为管理对象；人力资源管理是把企业和员工的人力资源相关行为作为管理对象；而合规管理是把企业和员工的全部经营管理行为作为管理对象。这正是合规管理原则的“全面性”之体现。

其三，金融机构合规管理的手段。合规管理手段具体包括制度制定、风险识别、审查、风险应对、责任追究、考核评价、合规培训等。其中制度制定是企业合规管理活动必须依赖的基础。在实践中，必须综合运用合规管理手段，形成一个可不断测量和改进的循环过程，方可取得好的效果。

（二）金融机构风险控制的基本内涵

金融机构的风控管理工作是在遵循国家经济金融政策法规的基础上，规范公司各项业务的操作流程，组织对各项业务进行风险识别、评估与管理工作，重在强化风险管理意识，推进合规经营。

金融机构风控管理的三层含义如下：

其一，金融机构风控管理的目标。金融风控主要目标在于通过采取各种措施和方法，消灭或减少风险事件发生的各种可能性，减少风险事件发生时造成的损失。以避免在风险事件发生时带来的难以承担的损失。

其二，金融机构风控管理的对象。风控管理对象是金融机构经营过程中面临的各类型风险事件，需要对各种风险事件进行风险识别、风险评估、风险处理和风险监控。其中，风险识别为风险管理的前提，风险评估是将识别到的风险事件进行评估的过程，风险处理是管理风险事件的过程，风险监控是在对风险事件处理完成后，及时监控，跟踪金融处理的动态，并对处理效果不好或者不明显的风险事件，及时调整策略。

其三，金融机构风险管理的手段。风控管理的手段包括风险回避、风险保留、损失控制以及风险转移四种基本方法。风险回避是主体完全放弃了风险事件的行为，这可以避免风险事件带来的损失，但也放弃了风险事件可能带来的收益；风险保留是指主体承担风险事件的行为，若风险事件发生时，主体需要承担损失；损失控制是指主体未完全放弃风险事件，而采用一定的举措和方法，去减少风险事件可能造成的损失或者实际已经造成的损失；风险转移是将风险事件转移给受让人承担的行为。除此，风险控制还包括风险对冲、风险补偿等方法，实际运用中需结合风险事件进行选择。

（三）金融机构合规管理的发展演进

合规管理源于美国银行业，20 世纪 30 年代金融危机下的大萧条使美国监管者深刻认识到防范重大风险，确保金融系统稳定的重要性。因此，监管加强了对银行业的合规监管，倒逼各大银行纷纷强化合规管理，这有力保障了第二次世界大战后 30 年间美国银行业的稳定。随着金融行业的快速发展，频发的金融行业风险案例使得金融机构认识到合规管理关系企业生死问题，严重的合规风险威胁到企业的生存，而良好的合规管理则可给企业带来竞争优势；合规管理不仅是应对外部监管的需要，而且是银行自身业务发展的需要。于是，美国银行业的监管中第一次使用了“合规”一词。

20 世纪 70 年代基于对“水门事件”中牵涉企业的各种违规和舞弊事件的反思，美国出台了《反海外腐败法》，到 90 年代《美国联邦量刑指南》明确把是否建立了“有效的合规机制”作为法院对企业定罪量刑的重要考量因素。2001 年美国最大能源公司安然公司申请破产保护，其曝出的一系列背后的违规操作令人震惊，布什政府紧急出台《萨班斯-奥克斯利法案》为上市公司强化合规管理指明了方向。在美国范式的影响下，很多国家和国际组织通过完善规则之治，加强行业监管，推进企业合规管理、完善内部治理。合规理念逐渐深入人心。

2005 年 4 月 29 日，巴塞尔银行监管委员会颁布的《合规与银行内部合规部门》中规定：“合规所涉及的法律、规则和准则有各种各样的规范来源，主要包括立法机关和监管机构发行的法律、规则和准则、市场惯例、行业协会制定的适用于银行内部工作人员的内部守则和行为准则。合规还包括超越上述具有法律约束力的规范以外的、具有广泛意义的诚信标准和道德行为标准。”随着经济全球化的发展，合规管理的理念不再仅限于银行业，证券行业、期货行业和跨国公司也逐渐认识到加强企业合规管理的重要性。

其后，在保险行业，国际保险监督协会（IAIS）在2004年发布的《保险公司治理的核心原则》中，要求保险公司董事会指定一名或数名官员负责公司的合规管理工作，并定期向董事会报告。而在证券行业，2005年12月，美国证券行业协会（SSA）和国际证监组织（IOSCO）等国际证券组织先后发表了针对证券行业的合规管理相关文件，其中影响最大的当数《合规的作用（白皮书）》及《关于市场中介机构中合规职能问题的最终报告》，上述文件对合规的作用、职能、机构设置、独立性、人员资质、合规文化等合规管理重大问题进行了全面、系统的阐述，为期货公司合规管理体系建设提供了较好的指南。

从以上合规管理的发展溯源来看，合规管理经历了从银行合规向证券合规传导的过程。从20世纪30年代，西方银行业开始了合规管理体系的建设；到20世纪90年代以来，除银行业外，包括证券、保险、基金等整个金融行业均逐渐建立合规体系。而相较于发达国家的发展情况，中国企业的合规管理起步相对较晚，较为系统的合规管理也发轫于金融行业，原中国银监会在2006年颁布了《商业银行合规风险管理指引》、原中国保监会在2007年颁布了《保险公司合规管理指引》（已失效）、中国证监会2008年公布《证券公司合规管理试行规定》（已失效）。自此，银行、保险、券商等金融机构积极探索有效防控风险的合规管理机制，保障了金融行业的稳健发展。到2017年，中国国家标准化委员会正式颁布《GB/T 35770—2017合规管理体系指南》国家标准，有力推进了合规管理从金融行业扩展至全行业各类企业。

（四）金融机构风险控制的发展演进

自20世纪70年代以来，随着金融创新及全球金融交易的迅速发展，国际金融市场动荡加剧，不同程度不同形式的金融危机每隔一段时间就卷土重来，人们开始把焦点集中到金融机构风控体系的建设与完善方面。时至今日，各金融机构对风控体系的建设大多有所建树。然而，相对于国际先进水平而言，发展中国家已经建立的风控体制还相对落后，建立有效的风控系统应对日益复杂的金融风险还有待加强。

一方面，从监管精神看，2004年出台的《新巴塞尔资本协议》中提出对银行全面风险管理的要求，其字里行间有不少对风险进行量化的要求，强调借助现代金融工程的各种理论与技术对大量市场数据进行整理、分析，通过风险模型精确地确定各项风险指标，使得现代金融风险管理朝着定量化、程序化、产品化、市场化、专业化的方向发展。事实上，风险管理是一门科学，最近几十年来，在风险管理领域中，运用先进数学和统计模型量化金融风险的工作获得了巨大进步。

另一方面，在实践中，尽管在现代金融理论、数理统计知识和计算机技术的支持下，现代风险计量技术迅速发展，但是风险管理还远没有成为纯粹的科学。许多风险因子涉及的相关基本面信息，如业务核心竞争力、管理层能力、盈利能力等，其获取与计算很大程度上是一门艺术，无法做到工程般的精确。在实践中，艺术化的处理在企业风险管理中仍然占据非常重要的地位。

（五）金融机构合规管理与风险控制的重要性

1. 合规管理的重要性

金融的本质是经营风险，监管是金融发展的必要途径，合规是金融机构面临的重要话题。我国改革开放四十余年，法制建设已取得重大进步，金融业在“回归本源”，强化对实体经济的支持过程中，合规管理的地位持续凸显。从监管数据看，2022 年各级监管部门坚持对违法违规行为严查严处，全系统 2017 年以来累计处罚银行业金融机构 9 579 家次，处罚责任人员 1.22 万人次，罚没合计 104.36 亿元，超以往十几年总和。从罚单中对从业人员的处罚决定结果，以及近两年频发的违法违规类案件内容，并结合《中国银监会关于印发银行业金融机构从业人员行为管理指引的通知》等监管要求来看，监管在加强从业人员行为管理方面，处罚力度在逐步加大。因此，金融机构唯有强化合规管理，才能真正实现可持续稳健发展。

首先，强化合规管理是金融机构稳健运营的内在要求。从预防性价值看，金融机构合规管理可防止或减少企业发生违法违规的行为，特别是在混业经营和金融创新高速发展时期，强化合规可以促使金融机构稳健经营，从而避免违规行为对企业声誉的损害以及由此带来预料不到的其他损失。当前，随着中国金融体制改革稳步推进，金融产品也在不断创新，部分金融机构在商业利益的驱动下，严重背离审慎、理性的经营理念，合规管理意识淡薄，合规风险不断增大。其中，部分金融机构仍然过于注重市场营销和业务拓展，而忽视业务的合规性管理，有的甚至为了追求短期收益，不惜顶风作案、违规操作，其背后也暴露出了操作人员合规守法意识欠缺。

其次，强化合规管理是金融机构适应外部监管变化的需要。近年来，随着依法治理进程的不断加快，中国金融行业的法律法规不断完善，这对不同金融机构的合规经营提出了更高的要求。尤其是一些跨境、跨领域的金控集团，将面临更多的各类监管规范的要求。最近，国家金融监督管理总局的监管趋势和国内商业银行的实践也表明，因未遵循各项相关法律、条例、行为准则和良好的执业标准导致受到法律和监管条例制裁、财务或声誉损失的合规风险已然不容忽视。因此，为了避免遭受越来越严苛的刑事责任或监管处罚，这就要求金融机构建立有效的合规管理体系，自觉培养合规文化。

再次，加强合规管理是增强金融机构持续竞争力的关键所在。从提升性价值看，金融机构实施有效的合规管理，可以树立良好的遵纪守法的企业形象，进而提升企业的品牌价值和认可度，这有助于企业在激烈的金融市场竞争中、在商业合作中，以及在履行社会责任中获得更高的评价，从而全方位提升企业的核心竞争力。不仅如此，实践证明，合规经营是企业科学发展的重要基石，具有良好的合规管理体系的金融机构必然具有持续的竞争能力，这不仅能给金融机构带来财富收入和声誉价值，而且能促进金融机构与外部环境的协调和可持续发展。而经验也表明，金融机构 10 年的安全经营，经不起一朝的安全事故冲击。因此，加强合规管理，建立合规风险防范的长效机制显得尤为重要。

最后，加强合规管理为金融机构经营提供了风险缓冲地带。从“责任切割”视角来看，合规管理不仅可以帮助企业减少违法、违规的行为，而且当企业被指控为违法、违规时，可以为企业提供风险缓冲地带，避免企业整体遭受“毁灭式”打击。若涉事企业已建立有效的合规管理体系，则很有可能避免整体被合规风险牵连，只需要具体的违法违规责任人依法承担法律责任，而企业的最高责任人和企业自身可以得到“免除或减轻”处罚。因此，在企业的经营管理中，尽管企业为了建立合规管理体系投入了资源和人员等一些必要的成本，甚至放弃了一些短期的交易机会，但从长期来看，建立合规体系是非常必要的，其中合规创造的价值不容低估。

2. 风险控制的重要性

经过多年发展，国内金融机构业务有了更多元化的发展，涉及领域越来越多，经济效益逐年增长。但由于风险防控机制和治理能力等方面的不足，使得部分金融机构铤而走险，偏离主业，在追求高利润的同时，承受了较高风险。如 2018 年 P2P 暴雷，引起行业信用迅速崩塌，截至 2022 年 5 月，近 5 000 家 P2P 网贷机构已经全部停业，立案查处非法集资案件 2.5 万起，互联网平台企业金融业务全部被纳入监管；又如 2022 年河南村镇银行暴雷，多家村镇银行被曝无法提供取款业务，涉及的资金高达 400 亿元，储户数量超过 40 万户。这些事件表明，风险管理与控制是金融行业监管的永恒主题。事实上，近年来，国家不仅先后提出了深化金融改革、完善金融体系的具体目标，而且反复强调了金融机构必须审慎、合规经营，切实承担风险管理的重任。

首先，强化风控管理是降低风险发生概率和减少损失的关键举措。客观地说，在金融机构的经营管理活动中，遭遇各种金融风险是不可避免的，但关键在于如何将其风险发生概率和损害程度控制在金融机构的可承受范围内。这就需要事先制定配套的相应风险防控措施，强化风控管理。其一，金融机构应积极响应国家和政府的号召，在现行政策和法律法规的指引下，全面落实金融改革措施；其二，应正确、全面地认识和总结自身经营和管理上存在的缺漏和不足，并以此为依据不断调整内部组织架构和管理模式；其三，还应建立健全内部风险管理控制体系，及时发现和解决潜在风险，遵循金融行业的市场变化规律，将内部管理重心落在风险防控上。

其次，强化风控管理是推动金融创新和提高服务效率的重要保障。随着金融科技的快速发展，以及大数据、云计算、移动互联网、5G 等技术的普及，金融机构的服务已经迈入数字化时代。如一部手机即可办理各项银行业务，银行服务也从单一窗口升级为千人千面的特定服务。金融通过科技手段打破了时空的界限，使服务的边界得以延展，服务渠道不断下沉，让更多人享受到了金融服务的便利。然而，创新金融服务也带来新的风险挑战。在创新金融服务的同时，金融欺诈手段也在不断升级，软硬件攻击、社会工程①等方式并举，犯罪分子欺诈能力不断提升，欺诈方式更专业、智能，导致金融机构面临的欺诈风险持续走高。在此背景下，只有强化风控管理，构建满足现代金融风控的体系才能为金融创新保驾护航。

最后，强化风控管理是增强抵御风险能力和维持企业稳健运行的关键。科学的风险控制措施，能够提升金融机构在面临风险时决策的科学性，使金融机构在面对不可预测的市场风险时能够尽可能地减少损失。与此同时，有效的风控管理体系有助于提升金融机构的经济利润，确保金融机构的健康稳健发展。金融机构作为一类企业主体，提供金融服务的根本目标是实现利润，但是随着市场竞争的加剧，要实现这一目标所面临的困难也在不断增加。而金融机构完善风险控制，有助于增强企业应对诸多困难的能力，确保企业的经济利润不会出现剧烈波动。如对银行而言，风险防控是银行的生命线。长期以来，“重贷轻管”现象屡见不鲜，这也是银行信贷风险事件的主要原因之一，而资产质量是商业银行提高服务实体经济质量和效率的基础，因此为有效平衡服务实体经济与风险控制的关系，银行需要不断提升智能风控水平，加强风险预警和处置。

二、我国金融机构合规管理与风险控制的现状与存在的问题

（一）我国金融机构合规管理的现状与存在的问题

近年来，中国金融机构在合规管理方面取得了显著进步。其一，金融机构的合规管理体系在逐步完善。其中，监管部门推动了一系列合规管理体系建设，包括加强内部控制、完善风险管理体系、提升合规文化等。特别是在“内控合规管理建设年”活动中，金融机构积极响应，强化了对合规管理的重视。其二，监管政策不断强化。近年来，国家金融监督管理总局等监管机构发布了多项政策和通知，要求金融机构加强合规管理，确保金融活动的合法合规。这些政策旨在提升金融机构的风险防控能力，保护消费者权益，维护金融市场稳定。其三，合规文化逐步建立。中国金融机构开始重视合规文化建设，如通过培训、宣传等方式增强员工的合规意识。当前，合规管理已经逐渐被视为金融机构稳健经营的基石，而非仅仅是监管要求。

然而，尽管中国金融机构在合规管理方面取得了显著进步，但仍然存在一些问题。其一，合规意识不足。尽管合规管理体系建设取得进展，但仍有部分金融机构存在合规

---

① 社会工程是一种操纵手段，其目的是利用人为失误来获取私人信息、访问权限或有价值的东西。在网络犯罪中，这些“人为的黑客”诈骗往往诱骗毫无戒心的用户泄露数据、传播恶意软件感染或提供受限系统的访问权限。攻击可能发生在线上、面对面互动和其他互动中。

意识不足的问题。一些机构在业务发展中忽视合规要求，导致合规风险事件频发。其二，内控机制不健全。部分金融机构的内部控制机制存在缺陷，如贷款“三查”不尽职、统一授信管理不到位、销售适当性要求执行不力等，这些问题可能导致风险的积累和爆发。其三，人员管理不到位。重要岗位关键人员的管理有效性不足，导致风险事件频发。部分机构在岗位制衡、不相容岗位管理、重要岗位轮换等方面执行不严，增加了操作风险。其四，问责机制不完善。内部问责机制存在“宽松软”的问题，对违规行为的惩戒力度不够，导致一些违规行为屡查屡犯，影响了金融机构的整体声誉。其五，合规资源投入不足。部分金融机构在合规管理资源投入上不足，包括合规人员配备、合规系统建设等方面，这限制了合规管理的有效性和效率。其六，监管科技应用不足。在金融科技快速发展的背景下，一些金融机构在利用科技手段进行合规管理方面存在不足，如缺乏有效的风险监测和预警系统，影响了合规管理的前瞻性和全面性。

为了解决以上问题，中国金融机构需要进一步加强合规管理体系建设，提升合规意识，完善内控机制，强化人员管理和问责制度，加大合规资源投入，并积极应用监管科技，以实现合规管理的现代化和智能化。同时，监管机构也应继续强化监管力度，推动金融机构不断提升合规管理水平。

（二）我国金融机构风险控制的现状与存在的问题

在当前全球经济金融形势复杂多变的背景下，我国金融机构在风险控制方面取得了显著成效。其一，在宏观审慎管理方面，我国金融监管部门采取了一系列措施，包括控制宏观杠杆率、实施逆周期调节、加强系统重要性金融机构监管等，有效遏制了系统性金融风险的上升势头。其二，在微观审慎监管方面。监管部门强化了对银行业和保险业的监管，推动资本金约束规则的实施，确保金融机构的稳健经营。同时，通过拨备制度等工具，增强了对系统性风险的防范能力。其三，在金融消费者保护方面，我国已经建立了相应的监管框架，强化了金融知识宣传、规范金融机构行为、完善监督管理规则等，以减少信息不对称带来的风险。其四，在打击金融犯罪方面，我国采取了积极措施，包括设立专门的金融犯罪调查机构，加强与执法部门的合作，以及推动金融法制建设。其五，在市场稳定维护方面，监管部门加强了对金融市场的监管，规范金融秩序，及时稳定市场预期，防止风险交叉传染和扩散。其六，在处置问题金融机构方面，我国已经建立相应的机制，包括制订恢复和处置计划、落实自救安排、运用行业保障基金等，以确保风险得到有序处置。

然而，尽管我国金融机构在风险控制方面取得了显著成效，但仍面临一系列挑战。其一，风险防控机制不完善。尽管取得了一定成效，但金融机构在风险防控机制方面仍有不足，特别是在应对新形势下的风险挑战时，如金融科技风险、跨境资金流动等。其二，公司治理结构待优化。部分金融机构在公司治理方面存在缺陷，如股权结构不透明、股东行为不规范、关联交易管理不严等，这些因素可能影响风险控制的有效性。其三，监管资源与能力不足。金融监管资源总体紧张、高素质监管人才缺乏、基层监管力量薄弱，这在一定程度上制约了风险控制的全面性和深入性。其四，面临金融科技挑战。随着金融科技的快速发展，金融机构面临着数据安全、反垄断、金融基础设施稳健运行等新挑战，监管科技手段与行业数字化水平的差距凸显。其五，金融法治环境和信用体系建设仍需加强，特别是在金融创新快速发展的背景下，如何平衡创新与风险防控，确保金融活动的合法合规，是一个亟待解决的问题。其六，中小银行风险较大。尽管中小银行整体运行平稳，但个别机构存在较高风险，有的还涉嫌违法犯罪，这需要监管部门进一步加强监管和风险处置。

为了应对这些问题，中国金融机构和监管部门需要继续深化金融体制改革，完善风险防控体系，加强监管科技应用，提升监管效能，同时强化金融机构的内部控制和公司治理，确保金融市场的稳定健康发展。

（三）缺乏清廉思想政治教育是导致问题的重要原因

在探讨金融机构存在风险控制问题时，我们不得不关注到清廉思想政治教育的重要性。其中，清廉思想政治教育是构建健康金融生态的基石，它对于塑造金融机构员工的价值观、职业道德以及风险意识具有深远影响。然而，当前一些金融机构在这一领域存在明显的不足，这已成为导致风险问题的重要原因之一。

首先，清廉思想政治教育的缺失导致员工职业道德的缺失。在金融行业中，职业道德是确保业务合规、防范风险的首要防线。没有坚定的职业道德，员工可能在面对利益诱惑时丧失原则，从而参与不正当交易、内幕交易等违法违规行为，这些行为不仅损害了金融机构的利益，而且破坏了市场的公平竞争环境。

其次，缺乏清廉教育使得员工对风险的认识和防范意识不足。在金融市场中，风险无处不在，只有充分认识到风险的存在并采取有效措施进行防范，才能确保金融机构的稳健运行。然而，没有系统的清廉教育，员工可能对潜在的风险视而不见，或者在风险评估和决策时过于乐观，这无疑增加了金融机构面临的风险。

再者，清廉思想政治教育的不足还会影响金融机构的内部控制。内部控制是防范风险、确保合规经营的关键机制。如果员工缺乏清廉意识，可能在执行内部控制流程时敷衍了事，甚至为了个人利益而故意规避或破坏内部控制，这将直接导致内部控制机制失效，为风险的滋生提供了土壤。

此外，清廉教育的缺失还可能导致腐败行为的滋生。在金融机构中，腐败行为往往与权力、资金的滥用紧密相关。没有清廉教育的约束，一些员工可能利用职务之便为自己或他人谋取不正当利益，这种行为不仅损害了金融机构的声誉，而且可能引发严重的法律后果。

因此，为了解决这些问题，金融机构必须将清廉思想政治教育作为一项长期而系统的工作来抓。这包括但不限于：设立专门的清廉教育课程，定期对员工进行职业道德、法律法规、风险管理等方面的培训。在企业文化中融入清廉元素，通过各种形式的宣传和活动，强化员工的清廉意识。建立健全激励和惩戒机制，对表现优秀的员工给予表彰和奖励，对违规行为进行严肃处理。加强内部监督，确保清廉教育的实施效果，及时发现并纠正问题。通过这些措施，可以逐步建立起一个以清廉为核心的金融文化，为金融机构的稳健发展和金融市场的健康发展提供坚实的基础。

三、清廉金融思想政治教育对金融机构合规与风险的价值

（一）清廉金融思想政治教育是金融机构合规与风控工作的基础

清廉金融文化是中国特色社会主义先进文化的重要组成部分，是广大的金融工作者追求“以清为美、以廉为荣”价值取向的集中体现。现阶段，建设清廉金融文化，加强和倡导清廉金融思想政治教育是确保金融机构稳健运营和发挥金融服务实体经济功能的必要保障。习近平总书记在中共中央政治局第十三次集体学习中，明确强调了经济与金融的共生共荣关系，提出“经济是肌体，金融是血脉”“金融活，经济活；金融稳，经济稳。经济兴，金融兴；经济强，金融强”。因此，我们要时刻提防金融这一新鲜血脉在滋养“经济”肌体的同时催生贪婪和腐败的重大风险。长期以来，金融腐败是引发金融机构经营风险的重要源头。在金融机构内部控制不够严密的情况下，金融腐败等违法违规行为会造成直接的经济损失，加剧不良资产积累和损害金融机构信誉。若未能贯彻清廉金融思想，培养廉洁意识，则腐败和违规行为可能长期根植于金融机构的日常经营管理活动中，这会给金融机构的风险管理留下重大隐患。因此，建设和倡导清廉金融思想政治教育，不仅可以加强从业人员的清廉意识和合规意识，有效提高金融机构的内部控制效率，让腐败和违规行为更早地被发现和阻止，从而降低腐败和违规行为的发生频率和带来的风险；同时，建设和倡导清廉金融思想政治教育还可以激发金融机构的管理层和监管部门更精准地评估和管理金融机构的风险的动力，从而更有效地推动金融业的健康发展。

（二）清廉金融思想政治教育是培育合规文化和风控文化的基础

廉洁文化是社会主义政治文化的鲜明底色，是对中华优秀传统文化的传承和弘扬。金融机构要培育和建设合规和风控文化，需要以廉洁文化为基础，从社会主义先进文化中凝聚共识（冯鹏志，2019）。首先，清廉文化深深扎根于传统文化、革命文化以及社会主义先进文化之中，这是中华民族独特的精神标志。这样的独特精神标志是文化自信得以生存和维系的历史依据与基本形态，因而在文化自信的视野中，清廉金融文化建设融合了观念变革、制度创新和清廉主体的塑造。其中，不敢腐的根源在于对法纪、历史、文

化的敬畏之心；不能腐的措施是要建立与本土文化相适应的制度体系，在创新中不断适应新时代的发展要求；不想腐的自觉，根本在于发挥文化的自律、教化、育人功能，使每个个体都筑起抵御廉洁风险的思想防线（钟纪言，2020）。因此，金融机构培育合规和风控文化，必须树立清廉金融思想，并以此为根基构建自身的合规和风控文化体系。

（三）清廉金融思想政治教育是增强清廉意识和强化合规意识的前提

即使金融机构的合规制度和风控制度做得再好，若员工不知规则、不守规则，制度也很难执行且难以发挥真正的效用。事实上，金融机构的合规管理和风控管理往往是一项长期工程，既需要建立完善的合规和风控体系，让金融机构的稳健运营有制度保障，也需要加强制度宣传，确保制度落地。因此，要发挥合规制度优势和创造合规价值，就需要增强员工的廉洁意识，营造"不敢违规、不能违规、不想违规"的工作氛围。具体而言，加强清廉金融思想政治教育，重点培养员工的清廉金融意识，如通过定期培训、专题宣传测试、内部自查整改、零容忍、严肃问责等措施，加强员工行为管理，营造合规廉洁的氛围，营造敬畏风险的企业文化，只有强化员工风险意识和合规文化，才能真正助力各项业务稳健发展。

（四）清廉金融思想政治教育是降低腐败和增强风控效率的保障

2022 年 6 月 17 日，习近平总书记在十九届中央政治局第四十次集体学习时强调，"一体推进不敢腐、不能腐、不想腐，必须三者同时发力、同向发力、综合发力，把不敢腐的强大震慑效能、不能腐的刚性制度约束、不想腐的思想教育优势融于一体"，这里更是点明了清廉金融思想政治教育的重要且不可或缺的作用。在后疫情时期，面对错综复杂的国内外形势和不断加大的经济下行压力，中国金融业担负着更加神圣的使命，确保金融队伍的纯洁与稳定，是习近平新时代中国特色社会主义思想赋予清廉金融思想政治教育的一项重要任务。只有加强清廉金融思想的宣传教育，让清廉金融思想根植于每一位金融工作者的行动中，才能防止金融腐败和违规行为的发生，从而提高金融机构的风控效率和合规水平。

（五）清廉金融思想政治教育是降低合规压力和风控压力的关键举措

将清廉金融思想政治教育纳入机构经营管理全过程，有助于净化金融行业主体机构的内外部环境、营造良好的业务氛围、全面提高从业人员的素质修养，从而增强企业的核心竞争力，促进其稳健、可持续发展，进而反过来降低金融机构合规和风控的压力。例如，若保险从业者为满足自己不断上升的物欲而经受不住诱惑，就可能导致其虚列费用、虚假承保、虚假退保、虚假理赔以及虚挂保费"五虚"问题，这不仅增加了公司经营的合规风险和风控成本，使公司面临严重的监管损失，而且扰乱了保险市场秩序和行业正当竞争，致使保险背离了其应有的社会管理功能。另外，从企业本身从业人员培养与发展角度来说，清廉金融思想政治教育作为一项重要的反腐败工作，在大力推进中能够在心理上增强从业人员的法治意识，至少做到“不敢腐”，并树立起敬业诚信的廉洁服务理念，从思想上完成“不想腐”的目标，不断增强抵御腐败诱惑和违法犯罪侵蚀的免疫力。这会显著降低金融机构经营中的合规风险和风控压力。

四、金融机构的合规要求与从业人员行为规范

（一）银行业的合规要求

银行业的合规要求，主要遵照原中国银监会于 2006 年 10 月发布的《商业银行合规风险管理指引》来执行。发文明确了银行业的合规、合规风险及合规管理部门职责等重要细节，是当前银行业明确合规要求、树立合规意识和规避合规风险的重要指导性文件。其中，对银行业的合规要求具体如下：

第一章　总则

第一条　为加强商业银行合规风险管理，维护商业银行安全稳健运行，根据《中华人民共和国银行业监督管理法》和《中华人民共和国商业银行法》，制定本指引。

第二条　在中华人民共和国境内设立的中资商业银行、外资独资银行、中外合资银行和外国银行分行适用本指引。

在中华人民共和国境内设立的政策性银行、金融资产管理公司、城市信用合作社、农村信用合作社、信托投资公司、企业集团财务公司、金融租赁公司、汽车金融公司、货币经纪公司、邮政储蓄机构以及经银监会批准设立的其他金融机构参照本指引执行。

第三条　本指引所称法律、规则和准则，是指适用于银行业经营活动的法律、行政法规、部门规章及其他规范性文件、经营规则、自律性组织的行业准则、行为守则和职业操守。

本指引所称合规，是指使商业银行的经营活动与法律、规则和准则相一致。

本指引所称合规风险，是指商业银行因没有遵循法律、规则和准则可能遭受法律制裁、监管处罚、重大财务损失和声誉损失的风险。

本指引所称合规管理部门，是指商业银行内部设立的专门负责合规管理职能的部门、团队或岗位。

第四条　合规管理是商业银行一项核心的风险管理活动。商业银行应综合考虑合规风险与信用风险、市场风险、操作风险和其他风险的关联性，确保各项风险管理政策和程序的一致性。

第五条　商业银行合规风险管理的目标是通过建立健全合规风险管理框架，实现对合规风险的有效识别和管理，促进全面风险管理体系建设，确保依法合规经营。

第六条　商业银行应加强合规文化建设，并将合规文化建设融入企业文化建设全过程。

合规是商业银行所有员工的共同责任，并应从商业银行高层做起。

董事会和高级管理层应确定合规的基调，确立全员主动合规、合规创造价值等合规理念，在全行推行诚信与正直的职业操守和价值观念，增强全体员工的合规意识，促进商业银行自身合规与外部监管的有效互动。

第七条　银监会依法对商业银行合规风险管理实施监管，检查和评价商业银行合规风险管理的有效性。

第二章　董事会、监事会和高级管理层的合规管理职责

第八条　商业银行应建立与其经营范围、组织结构和业务规模相适应的合规风险管理体系。

合规风险管理体系应包括以下基本要素：

（一）合规政策；

（二）合规管理部门的组织结构和资源；

（三）合规风险管理计划；

（四）合规风险识别和管理流程；

（五）合规培训与教育制度。

第九条　商业银行的合规政策应明确所有员工和业务条线需要遵守的基本原则，以及识别和管理合规风险的主要程序，并对合规管理职能的有关事项作出规定，至少应包括：

（一）合规管理部门的功能和职责；

（二）合规管理部门的权限，包括享有与银行任何员工进行沟通并获取履行职责所需的任何记录或档案材料的权利等；

（三）合规负责人的合规管理职责；

（四）保证合规负责人和合规管理部门独立性的各项措施，包括确保合规负责人和合规管理人员的合规管理职责与其承担的任何其他职责之间不产生利益冲突等；

（五）合规管理部门与风险管理部门、内部审计部门等其他部门之间的协作关系；

（六）设立业务条线和分支机构合规管理部门的原则。

第十条　董事会应对商业银行经营活动的合规性负最终责任，履行以下合规管理职责：

（一）审议批准商业银行的合规政策，并监督合规政策的实施；

（二）审议批准高级管理层提交的合规风险管理报告，并对商业银行管理合规风险的有效性作出评价，以使合规缺陷得到及时有效的解决；

（三）授权董事会下设的风险管理委员会、审计委员会或专门设立的合规管理委员会对商业银行合规风险管理进行日常监督；

（四）商业银行章程规定的其他合规管理职责。

第十一条　负责日常监督商业银行合规风险管理的董事会下设委员会应通过与合规负责人单独面谈和其他有效途径，了解合规政策的实施情况和存在的问题，及时向董事会或高级管理层提出相应的意见和建议，监督合规政策的有效实施。

第十二条　监事会应监督董事会和高级管理层合规管理职责的履行情况。

第十三条　高级管理层应有效管理商业银行的合规风险，履行以下合规管理职责：

（一）制定书面的合规政策，并根据合规风险管理状况以及法律、规则和准则的变化情况适时修订合规政策，报经董事会审议批准后传达给全体员工；

（二）贯彻执行合规政策，确保发现违规事件时及时采取适当的纠正措施，并追究违规责任人的相应责任；

（三）任命合规负责人，并确保合规负责人的独立性；

（四）明确合规管理部门及其组织结构，为其履行职责配备充分和适当的合规管理人员，并确保合规管理部门的独立性；

（五）识别商业银行所面临的主要合规风险，审核批准合规风险管理计划，确保合规管理部门与风险管理部门、内部审计部门以及其他相关部门之间的工作协调；

（六）每年向董事会提交合规风险管理报告，报告应提供充分依据并有助于董事会成员判断高级管理层管理合规风险的有效性；

（七）及时向董事会或其下设委员会、监事会报告任何重大违规事件；

（八）合规政策规定的其他职责。

第十四条　合规负责人应全面协调商业银行合规风险的识别和管理，监督合规管理部门根据合规风险管理计划履行职责，定期向高级管理层提交合规风险评估报告。合规负责人不得分管业务条线。

合规风险评估报告包括但不限于以下内容：报告期合规风险状况的变化情况、已识别的违规事件和合规缺陷、已采取的或建议采取的纠正措施等。

第十五条　商业银行应建立对管理人员合规绩效的考核制度。商业银行的绩效考核应体现倡导合规和惩处违规的价值观念。

第十六条　商业银行应建立有效的合规问责制度，严格对违规行为的责任认定与追究，并采取有效的纠正措施，及时改进经营管理流程，适时修订相关政策、程序和操作指南。

第十七条　商业银行应建立诚信举报制度，鼓励员工举报违法、违反职业操守或可疑的行为，并充分保护举报人。

第三章　合规管理部门职责

第十八条　合规管理部门应在合规负责人的管理下协助高级管理层有效识别和管理商业银行所面临的合规风险，履行以下基本职责：

（一）持续关注法律、规则和准则的最新发展，正确理解法律、规则和准则的规定及其精神，准确把握法律、规则和准则对商业银行经营的影响，及时为高级管理层提供合规建议；

（二）制定并执行风险为本的合规管理计划，包括特定政策和程序的实施与评价、合规风险评估、合规性测试、合规培训与教育等；

（三）审核评价商业银行各项政策、程序和操作指南的合规性，组织、协调和督促各业务条线和内部控制部门对各项政策、程序和操作指南进行梳理和修订，确保各项政策、程序和操作指南符合法律、规则和准则的要求；

（四）协助相关培训和教育部门对员工进行合规培训，包括新员工的合规培训，以及所有员工的定期合规培训，并成为员工咨询有关合规问题的内部联络部门；

（五）组织制定合规管理程序以及合规手册、员工行为准则等合规指南，并评估合规管理程序和合规指南的适当性，为员工恰当执行法律、规则和准则提供指导；

（六）积极主动地识别和评估与商业银行经营活动相关的合规风险，包括为新产品和新业务的开发提供必要的合规性审核和测试，识别和评估新业务方式的拓展、新客户关系的建立以及客户关系的性质发生重大变化等所产生的合规风险；

（七）收集、筛选可能预示潜在合规问题的数据，如消费者投诉的增长数、异常交易等，建立合规风险监测指标，按照风险矩阵衡量合规风险发生的可能性和影响，确定合规风险的优先考虑序列；

（八）实施充分且有代表性的合规风险评估和测试，包括通过现场审核对各项政策和程序的合规性进行测试，询问政策和程序存在的缺陷，并进行相应的调查，合规性测试结果应按照商业银行的内部风险管理程序，通过合规风险报告路线向上报告，以确保各项政策和程序符合法律、规则和准则的要求；

（九）保持与监管机构日常的工作联系，跟踪和评估监管意见和监管要求的落实情况。

第十九条　商业银行应为合规管理部门配备有效履行合规管理职能的资源。合规管理人员应具备与履行职责相匹配的资质、经验、专业技能和个人素质。

商业银行应定期为合规管理人员提供系统的专业技能培训，尤其是在正确把握法律、规则和准则的最新发展及其对商业银行经营的影响等方面的技能培训。

第二十条　商业银行各业务条线和分支机构的负责人应对本条线和本机构经营活动的合规性负首要责任。

商业银行应根据业务条线和分支机构的经营范围、业务规模设立相应的合规管理部门。

各业务条线和分支机构合规管理部门应根据合规管理程序主动识别和管理合规风险，按照合规风险的报告路线和报告要求及时报告。

第二十一条　商业银行应建立合规管理部门与风险管理部门在合规管理方面的协作机制。

第二十二条　商业银行合规管理职能应与内部审计职能分离，合规管理职能的履行情况应受到内部审计部门定期的独立评价。

内部审计部门应负责商业银行各项经营活动的合规性审计。内部审计方案应包括合规管理职能适当性和有效性的审计评价，内部审计的风险评估方法应包括对合规风险的评估。

商业银行应明确合规管理部门与内部审计部门在合规风险评估和合规性测试方面的职责。内部审计部门应随时将合规性审计结果告知合规负责人。

第二十三条　商业银行应明确合规风险报告路线以及合规风险报告的要素、格式和频率。

第二十四条　商业银行境外分支机构或附属机构应加强合规管理职能，合规管理职能的组织结构应符合当地的法律和监管要求。

第二十五条　董事会和高级管理层应对合规管理部门工作的外包遵循法律、规则和准则负责。

商业银行应确保任何合规管理部门工作的外包安排都受到合规负责人的适当监督，不妨碍银监会的有效监管。

第四章　合规风险监管

第二十六条　商业银行应及时将合规政策、合规管理程序和合规指南等内部制度向银监会备案。

商业银行应及时向银监会报送合规风险管理计划和合规风险评估报告。

商业银行发现重大违规事件应按照重大事项报告制度的规定向银监会报告。

第二十七条　商业银行任命合规负责人，应按有关规定报告银监会。商业银行在合规负责人离任后的十个工作日内，应向银监会报告离任原因等有关情况。

第二十八条　银监会应定期对商业银行合规风险管理的有效性进行评价，评价报告作为分类监管的重要依据。

第二十九条　银监会应根据商业银行的合规记录及合规风险管理评价报告，确定合规风险现场检查的频率、范围和深度，检查的主要内容包括：

（一）商业银行合规风险管理体系的适当性和有效性；

（二）商业银行董事会和高级管理层在合规风险管理中的作用；

（三）商业银行绩效考核制度、问责制度和诚信举报制度的适当性和有效性；

（四）商业银行合规管理职能的适当性和有效性。

第五章　附则

第三十条　本指引由银监会负责解释。

第三十一条　本指引自发布之日起实施。

（二）银行从业人员的合规行为规范

银行从业人员的合规行为规范，主要遵照银协发〔2020〕120 号文执行，即《银行业从业人员职业操守和行为准则》。其中，银行业从业人员应当敬畏党纪国法，严格遵守法律法规、监管规制、行业自律规范以及所在机构的规章制度，自觉抵制违法违规违纪行为，坚持不碰政治底线、不越纪律红线，“一以贯之”守纪律，积极维护所在机构和客户的合法权益。具体归纳整理如下：

1. 遵守岗位管理规范

银行业从业人员应当遵守业务操作指引，遵循银行岗位职责划分和风险隔离的操作规程，确保客户交易的安全。不得打听与自身工作无关的信息，或是违反规定委托他人履行保管物品、信息或其他岗位职责。

2. 遵守信贷业务规定

银行业从业人员应当根据监管规定和所在机构风险控制的要求，严格执行贷前调查、贷时审查和贷后检查“三查”工作。

3. 遵守销售业务规定

银行业从业人员不得在任何场所开展未经监管机构或所在机构批准的金融业务，不得销售或推介未经所在机构审批的产品，不得代销未持有金融牌照机构发行的产品。

不得针对特定客户非公开销售优于其他同类客户的存款产品、贷款产品、基金产品、信托产品、理财产品等。

4. 遵守公平竞争原则

银行业从业人员应当崇尚公平竞争，遵循客户自愿原则、尊重同业公平原则。在宣传、办理业务过程中，不得使用不正当竞争手段。坚决抵制以权谋私、钱权交易、贪污贿赂、“吃拿卡要”等腐败行为。

5. 遵守财务管理规定

银行业从业人员应当严格执行所在单位的财务报销规定，组织或参加会议、调研、出差等公务活动应当严格执行公务出差住宿和交通标准。出差人员应在职务级别对应的住宿费标准限额内选择宾馆住宿，按规定登记乘坐交通工具。

不得用公款支付应当由本人或亲友个人支付的费用，严禁上下级机构及工作人员之间、行内部门之间用公款相互宴请或赠送礼品，不得使用公款开展娱乐活动、游山玩水或以学习考察等名义出国（境）公款旅游等。

6. 遵守出访管理规范

出访期间须主动接受我国驻外使领馆的领导和监督，及时请示报告。除另有规定外，严禁持因私护照出访执行公务。严格执行中央对外工作方针政策和国别政策，严守外事纪律，遵守当地法律法规，尊重当地风俗习惯，杜绝不文明行为。严禁变相公款旅游，严禁安排与公务活动无关的娱乐活动，不得参加可能对公正履职有影响的出访活动。增强安全保密意识，妥善保管内部资料，未经批准，不得对外提供内部文件和资料。

7. 遵守外事接待规范

接待国（境）外来宾坚持服务外交、友好对等、务实节俭原则，安排宴请、住宿、交通等接待事宜根据相关规定执行。在公务外事活动中，严格遵守外事礼品赠予与接受的相关规定。

8. 遵守离职交接规定

银行业从业人员岗位变动或离职时，应当按照规定妥善交接工作，遵守脱密和竞业限制约定，不得擅自带走所在机构的财物、工作资料和客户资源。

9. 贯彻“八项规定”、反“四风”

银行业从业人员应当严格遵守纪律要求，认真落实所在机构贯彻中央八项规定的有关制度，求真务实、勤俭节约，坚决反对“形式主义、官僚主义、享乐主义和奢靡之风”四种不正之风。

10. 如实反馈信息

银行业从业人员应当确保经办和提供的工作资料、个人信息等的合法性、真实性、完整性与准确性。严禁对相关个人信息采取虚构、夸大、隐瞒、误导等行为。

11. 按照纪律要求处理利益冲突

银行业从业人员应当按照纪律要求处理自身与所在机构的利益冲突。存在潜在冲突的情况下，应当主动向所在机构管理层说明情况。

12. 严禁非法利益输送交易

银行业从业人员严禁利用职务便利侵害所在机构权益，自行或通过近亲属以明显优于或低于正常商业条件与其所在机构进行交易。

13. 实施履职回避

银行业从业人员应当严格遵守有关履职回避要求。任职期间出现需要回避情形的，本人应当主动提出回避申请，服从所在机构做出的回避决定。

银行业金融机构不得向特定关系人及其亲属提供高薪岗位、职务、薪酬奖励，不得针对特定关系人授予或评审职位职称。

14. 严禁违规兼职谋利

银行业从业人员应当遵守法纪规定以及所在机构有关规定从事兼职活动，主动报告兼职意向并履行相关审批程序。应当妥善处理兼职岗位与本职工作之间的关系，不得利用兼职岗位谋取不当利益，不得违规经商办企业。

银行业从业人员未经批准，不得参加授课、课题研究、论文评审、答辩评审、合作出书等活动；经批准到本单位直属或下辖单位参加上述活动的，按所在单位有关规定办理。

15. 抵制贿赂及不当便利行为

银行业从业人员应当自觉抵制不正当交易行为。严禁以任何方式索取或收受客户、供应商、竞争对手、下属机构、下级员工及其他利益相关方的贿赂或不当利益，严禁向政府机关及其他利害关系方提供贿赂或不当利益，严禁收、送价值超过法律及商业习惯允许范围的礼品。

16. 厉行勤俭节约

银行业从业人员应当厉行勤俭节约，珍惜资源，爱护财产。根据工作需要合理使用所在机构财物，禁止以任何方式损害、浪费、侵占、挪用、滥用所在机构财产。

17. 塑造职业形象

银行业从业人员在公共场合应做到言谈举止文明稳重、着装仪表整洁大方，个人形象要与职业身份、工作岗位和环境要求相称。做到身心健康、情趣高雅，积极履行社会责任。严禁通过网络等发布、传播不当言论。

18. 营造风清气正的职场环境和氛围

银行业金融机构应按照“忠、专、实”的衡量标准，选拔任用政治过硬、素质过硬、踏实肯干的干部人才。破除阿谀奉承、拉帮结派等小圈子、小团伙依附关系，杜绝因“圈子文化”而滋生的畸形权力和裙带关系。关爱员工，严禁体罚、辱骂、殴打员工；采取合理的预防、受理投诉、调查处置等措施，防止和制止利用职权、从属关系等实施性骚扰。尊重员工权益，畅通诉求渠道，从政治思想教育、薪酬待遇、职业生涯规划、心理动态咨询等多方面帮助引导员工，在多岗位历练培养，增强员工的归属感和成就感。

（三）证券业的合规要求

为了促进证券公司和证券投资基金管理公司加强内部合规管理，实现持续规范发展，根据《中华人民共和国公司法》《中华人民共和国证券法》《中华人民共和国证券投资基金法》和《证券公司监督管理条例》，监管部门于 2017 年 6 月制定了《证券公司和证券投资基金管理公司合规管理办法》（证监会令第 133 号），并于 2022 年 3 月根据《关于修改部分证券期货规章的决定》（证监会令第 166 号）进行修订，其中明确了证券业的合规要求如下：

第一章　总则

第一条　为了促进证券公司和证券投资基金管理公司加强内部合规管理，实现持续规范发展，根据《中华人民共和国公司法》《中华人民共和国证券法》《中华人民共和国证券投资基金法》和《证券公司监督管理条例》，制定本办法。

第二条　在中华人民共和国境内设立的证券公司和证券投资基金管理公司（以下统称证券基金经营机构）应当按照本办法实施合规管理。

本办法所称合规，是指证券基金经营机构及其工作人员的经营管理和执业行为符合法律法规、规章及规范性文件、行业规范和自律规则、公司内部规章制度，以及行业普遍遵守的职业道德和行为准则（以下统称法律法规和准则）。

本办法所称合规管理，是指证券基金经营机构制定和执行合规管理制度，建立合规管理机制，防范合规风险的行为。

本办法所称合规风险，是指因证券基金经营机构或其工作人员的经营管理或执业行为违反法律法规和准则而使证券基金经营机构被依法追究法律责任、采取监管措施、给予纪律处分、出现财产损失或商业信誉损失的风险。

第三条　证券基金经营机构的合规管理应当覆盖所有业务，各部门、各分支机构、各层级子公司和全体工作人员，贯穿决策、执行、监督、反馈等各个环节。

第四条　证券基金经营机构应当树立全员合规、合规从管理层做起、合规创造价值、合规是公司生存基础的理念，倡导和推进合规文化建设，培育全体工作人员合规意识，提升合规管理人员职业荣誉感和专业化、职业化水平。

第五条　中国证券监督管理委员会（以下简称中国证监会）依法对证券基金经营机构合规管理工作实施监督管理。中国证监会派出机构按照授权履行监督管理职责。

中国证券业协会、中国证券投资基金业协会等自律组织（以下简称协会）依照本办法制定实施细则，对证券基金经营机构合规管理工作实施自律管理。

第二章　合规管理职责

第六条　证券基金经营机构开展各项业务，应当合规经营、勤勉尽责，坚持客户利益至上原则，并遵守下列基本要求：

（一）充分了解客户的基本信息、财务状况、投资经验、投资目标、风险偏好、诚信记录等信息并及时更新。

（二）合理划分客户类别和产品、服务风险等级，确保将适当的产品、服务提供给适合的客户，不得欺诈客户。

（三）持续督促客户规范证券发行行为，动态监控客户交易活动，及时报告、依法处置重大异常行为，不得为客户违规从事证券发行、交易活动提供便利。

（四）严格规范工作人员执业行为，督促工作人员勤勉尽责，防范其利用职务便利从事违法违规、超越权限或者其他损害客户合法权益的行为。

（五）有效管理内幕信息和未公开信息，防范公司及其工作人员利用该信息买卖证券、建议他人买卖证券，或者泄露该信息。

（六）及时识别、妥善处理公司与客户之间、不同客户之间、公司不同业务之间的利益冲突，切实维护客户利益，公平对待客户。

（七）依法履行关联交易审议程序和信息披露义务，保证关联交易的公允性，防止不正当关联交易和利益输送。

（八）审慎评估公司经营管理行为对证券市场的影响，采取有效措施，防止扰乱市场秩序。

第七条　证券基金经营机构董事会决定本公司的合规管理目标，对合规管理的有效性承担责任，履行下列合规管理职责：

（一）审议批准合规管理的基本制度；

（二）审议批准年度合规报告；

（三）决定解聘对发生重大合规风险负有主要责任或者领导责任的高级管理人员；

（四）决定聘任、解聘、考核合规负责人，决定其薪酬待遇；

（五）建立与合规负责人的直接沟通机制；

（六）评估合规管理有效性，督促解决合规管理中存在的问题；

（七）公司章程规定的其他合规管理职责。

第八条　证券基金经营机构的监事会或者监事履行下列合规管理职责：

（一）对董事、高级管理人员履行合规管理职责的情况进行监督；

（二）对发生重大合规风险负有主要责任或者领导责任的董事、高级管理人员提出罢免的建议；

（三）公司章程规定的其他合规管理职责。

第九条　证券基金经营机构的高级管理人员负责落实合规管理目标，对合规运营承担责任，履行下列合规管理职责：

（一）建立健全合规管理组织架构，遵守合规管理程序，配备充足、适当的合规管理人员，并为其履行职责提供充分的人力、物力、财力、技术支持和保障；

（二）发现违法违规行为及时报告、整改，落实责任追究；

（三）公司章程规定或者董事会确定的其他合规管理职责。

第十条　证券基金经营机构各部门、各分支机构和各层级子公司（以下统称下属各单位）负责人负责落实本单位的合规管理目标，对本单位合规运营承担责任。

证券基金经营机构全体工作人员应当遵守与其执业行为有关的法律法规和准则，主动识别、控制其执业行为的合规风险，并对其执业行为的合规性承担责任。

下属各单位及工作人员发现违法违规行为或者合规风险隐患时，应当主动及时向合规负责人报告。

第十一条　证券基金经营机构设合规负责人。合规负责人是高级管理人员，直接向董事会负责，对本公司及其工作人员的经营管理和执业行为的合规性进行审查、监督和检查。

合规负责人不得兼任与合规管理职责相冲突的职务，不得负责管理与合规管理职责相冲突的部门。

证券基金经营机构的章程应当对合规负责人的职责、任免条件和程序等作出规定。

第十二条　证券基金经营机构合规负责人应当组织拟定合规管理的基本制度和其他合规管理制度，督导下属各单位实施。

合规管理的基本制度应当明确合规管理的目标、基本原则、机构设置及其职责，违法违规行为及合规风险隐患的报告、处理和责任追究等内容。

法律法规和准则发生变动的，合规负责人应当及时建议董事会或高级管理人员并督导有关部门，评估其对合规管理的影响，修改、完善有关制度和业务流程。

第十三条　合规负责人应当对证券基金经营机构内部规章制度、重大决策、新产品和新业务方案等进行合规审查，并出具书面合规审查意见。

中国证监会及其派出机构、自律组织要求对证券基金经营机构报送的申请材料或报告进行合规审查的，合规负责人应当审查，并在该申请材料或报告上签署合规审查意见。其他相关高级管理人员等人员应当对申请材料或报告中基本事实和业务数据的真实性、准确性及完整性负责。

证券基金经营机构不采纳合规负责人的合规审查意见的，应当将有关事项提交董事会决定。

第十四条　合规负责人应当按照中国证监会及其派出机构的要求和公司规定，对证券基金经营机构及其工作人员经营管理和执业行为的合规性进行监督检查。

合规负责人应当协助董事会和高级管理人员建立和执行信息隔离墙、利益冲突管理和反洗钱制度，按照公司规定为高级管理人员、下属各单位提供合规咨询、组织合规培训，指导和督促公司有关部门处理涉及公司和工作人员违法违规行为的投诉和举报。

第十五条　合规负责人应当按照公司规定，向董事会、经营管理主要负责人报告证券基金经营机构经营管理合法合规情况和合规管理工作开展情况。

合规负责人发现证券基金经营机构存在违法违规行为或合规风险隐患的，应当依照公司章程规定及时向董事会、经营管理主要负责人报告，提出处理意见，并督促整改。合规负责人应当同时督促公司及时向中国证监会相关派出机构报告；公司未及时报告的，应当直接向中国证监会相关派出机构报告；有关行为违反行业规范和自律规则的，还应当向有关自律组织报告。

第十六条　合规负责人应当及时处理中国证监会及其派出机构和自律组织要求调查的事项，配合中国证监会及其派出机构和自律组织对证券基金经营机构的检查和调查，跟踪和评估监管意见和监管要求的落实情况。

第十七条　合规负责人应当将出具的合规审查意见、提供的合规咨询意见、签署的公司文件、合规检查工作底稿等与履行职责有关的文件、资料存档备查，并对履行职责的情况作出记录。

第三章　合规管理保障

第十八条　合规负责人应当通晓相关法律法规和准则，诚实守信，熟悉证券、基金业务，具有胜任合规管理工作需要的专业知识和技能，并具备下列任职条件：

（一）从事证券、基金工作 10 年以上，并且通过中国证券业协会或中国证券投资基金业协会组织的合规管理人员胜任能力考试；或者从事证券、基金工作 5 年以上，并且通过法律职业资格考试；或者在证券监管机构、证券基金业自律组织任职5年以上；

（二）最近3年未被金融监管机构实施行政处罚或采取重大行政监管措施；

（三）中国证监会规定的其他条件。

第十九条　证券基金经营机构聘任合规负责人，应当向中国证监会相关派出机构报送人员简历及有关证明材料。证券公司合规负责人应当经中国证监会相关派出机构认可后方可任职。

合规负责人任期届满前，证券基金经营机构解聘的，应当有正当理由，并在有关董事会会议召开10个工作日前将解聘理由书面报告中国证监会相关派出机构。

前款所称正当理由，包括合规负责人本人申请，或被中国证监会及其派出机构责令更换，或确有证据证明其无法正常履职、未能勤勉尽责等情形。

第二十条　合规负责人不能履行职务或缺位时，应当由证券基金经营机构董事长或经营管理主要负责人代行其职务，并自决定之日起3个工作日内向中国证监会相关派出机构书面报告，代行职务的时间不得超过6个月。

合规负责人提出辞职的，应当提前1个月向公司董事会提出申请，并向中国证监会相关派出机构报告。在辞职申请获得批准之前，合规负责人不得自行停止履行职责。

合规负责人缺位的，公司应当在6个月内聘请符合本办法第十八条规定的人员担任合规负责人。

第二十一条　证券基金经营机构应当设立合规部门。合规部门对合规负责人负责，按照公司规定和合规负责人的安排履行合规管理职责。合规部门不得承担与合规管理相冲突的其他职责。

证券基金经营机构应当明确合规部门与其他内部控制部门之间的职责分工，建立内部控制部门协调互动的工作机制。

第二十二条　证券基金经营机构应当为合规部门配备足够的、具备与履行合规管理职责相适应的专业知识和技能的合规管理人员。合规部门中具备3年以上证券、金融、法律、会计、信息技术等有关领域工作经历的合规管理人员数量不得低于公司总部人数的一定比例，具体比例由协会规定。

第二十三条　证券基金经营机构各业务部门、各分支机构应当配备符合本办法第二十二条规定的合规管理人员。

合规管理人员可以兼任与合规管理职责不相冲突的职务。合规风险管控难度较大的部门和分支机构应当配备专职合规管理人员。

第二十四条　证券基金经营机构应当将各层级子公司的合规管理纳入统一体系，明确子公司向母公司报告的合规管理事项，对子公司的合规管理制度进行审查，对子公司经营管理行为的合规性进行监督和检查，确保子公司合规管理工作符合母公司的要求。

从事另类投资、私募基金管理、基金销售等活动的子公司，应当由证券基金经营机构选派人员作为子公司高级管理人员负责合规管理工作，并由合规负责人考核和管理。

第二十五条　证券基金经营机构应当保障合规负责人和合规管理人员充分履行职责所需的知情权和调查权。

证券基金经营机构召开董事会会议、经营决策会议等重要会议以及合规负责人要求参加或者列席的会议的，应当提前通知合规负责人。合规负责人有权根据履职需要参加或列席有关会议，查阅、复制有关文件、资料。

合规负责人根据履行职责需要，有权要求证券基金经营机构有关人员对相关事项作出说明，并向为公司提供审计、法律等中介服务的机构了解情况。

合规负责人认为必要时，可以证券基金经营机构名义直接聘请外部专业机构或人员协助其工作，费用由公司承担。

第二十六条　证券基金经营机构应当保障合规负责人和合规管理人员的独立性。

证券基金经营机构的股东、董事和高级管理人员不得违反规定的职责和程序，直接向合规负责人下达指令或者干涉其工作。

证券基金经营机构的董事、监事、高级管理人员和下属各单位应当支持和配合合规负责人、合规部门及本单位合规管理人员的工作，不得以任何理由限制、阻挠合规负责人、合规部门和合规管理人员履行职责。

第二十七条　合规部门及专职合规管理人员由合规负责人考核。对兼职合规管理人员进行考核时，合规负责人所占权重应当超过50%。证券基金经营机构应当制定合规负责人、合规部门及专职合规管理人员的考核管理制度，不得采取其他部门评价、以业务部门的经营业绩为依据等不利于合规独立性的考核方式。

证券基金经营机构董事会对合规负责人进行年度考核时，应当就其履行职责情况及考核意见书面征求中国证监会相关派出机构的意见，中国证监会相关派出机构可以根据掌握的情况建议董事会调整考核结果。

证券基金经营机构对高级管理人员和下属各单位的考核应当包括合规负责人对其合规管理有效性、经营管理和执业行为合规性的专项考核内容。合规性专项考核占总考核结果的比例不得低于协会的规定。

第二十八条　证券基金经营机构应当制定合规负责人与合规管理人员的薪酬管理制度。合规负责人工作称职的，其年度薪酬收入总额在公司高级管理人员年度薪酬收入总额中的排名不得低于中位数；合规管理人员工作称职的，其年度薪酬收入总额不得低于公司同级别人员的平均水平。

第二十九条　中国证监会及其派出机构和自律组织支持证券基金经营机构合规负责人依法开展工作，组织行业合规培训和交流，并督促证券基金经营机构为合规负责人提供充足的履职保障。

第四章　监督管理与法律责任

第三十条　证券基金经营机构应当在报送年度报告的同时向中国证监会相关派出机构报送年度合规报告。年度合规报告包括下列内容：

（一）证券基金经营机构和各层级子公司合规管理的基本情况；

（二）合规负责人履行职责情况；

（三）违法违规行为、合规风险隐患的发现及整改情况；

（四）合规管理有效性的评估及整改情况；

（五）中国证监会及其派出机构要求或证券基金经营机构认为需要报告的其他内容。

证券基金经营机构的董事、高级管理人员应当对年度合规报告签署确认意见，保证报告的内容真实、准确、完整；对报告内容有异议的，应当注明意见和理由。

第三十一条　证券基金经营机构应当组织内部有关机构和部门或者委托具有专业资质的外部专业机构对公司合规管理的有效性进行评估，及时解决合规管理中存在的问题。对合规管理有效性的全面评估，每年不得少于 1 次。委托具有专业资质的外部专业机构进行全面评估，每 3 年至少进行 1 次。

中国证监会及其派出机构发现证券基金经营机构存在违法违规行为或重大合规风险隐患的，可以要求证券基金经营机构委托指定的具有专业资质的外部专业机构对公司合规管理的有效性进行评估，并督促其整改。

第三十二条　证券基金经营机构违反本办法规定的，中国证监会可以采取出具警示函、责令定期报告、责令改正、监管谈话等行政监管措施；对直接负责的董事、监事、高级管理人员和其他责任人员，可以采取出具警示函、责令参加培训、责令改正、监管谈话、认定为不适当人选等行政监管措施。

证券基金经营机构违反本办法规定导致公司出现治理结构不健全、内部控制不完善等情形的，对证券基金经营机构及其直接负责的董事、监事、高级管理人员和其他直接责任人员，依照《中华人民共和国证券投资基金法》第二十四条、《证券公司监督管理条例》第七十条采取行政监管措施。

第三十三条　合规负责人违反本办法规定的，中国证监会可以采取出具警示函、责令参加培训、责令改正、监管谈话、认定为不适当人选等行政监管措施。

第三十四条　证券基金经营机构的董事、监事、高级管理人员未能勤勉尽责，致使公司存在重大违法违规行为或者重大合规风险的，依照《中华人民共和国证券法》第一百四十条、第一百四十二条、《中华人民共和国证券投资基金法》第二十五条采取行政监管措施。

第三十五条　证券基金经营机构违反本办法第十八条、第十九条、第二十条、第二十一条、第二十二条、第二十三条、第二十四条、第二十五条、第二十六条、第二十七条、第二十八条规定，情节严重的，对证券基金经营机构及其直接负责的董事、监事、高级管理人员和其他直接责任人员，处以警告、3 万元以下罚款。

合规负责人未按照本办法第十五条第二款的规定及时向中国证监会相关派出机构报告重大违法违规行为的，处以警告、3 万元以下罚款。

第三十六条　证券基金经营机构通过有效的合规管理，主动发现违法违规行为或合规风险隐患，积极妥善处理，落实责任追究，完善内部控制制度和业务流程并及时向中国证监会或其派出机构报告的，依法从轻、减轻处理；情节轻微并及时纠正违法违规行为或避免合规风险，没有造成危害后果的，不予追究责任。

对于证券基金经营机构的违法违规行为，合规负责人已经按照本办法的规定尽职履行审查、监督、检查和报告职责的，不予追究责任。

第五章　附则

第三十七条　本办法下列用语的含义：

（一）合规负责人，包括证券公司的合规总监和证券投资基金管理公司的督察长。

（二）中国证监会相关派出机构，包括证券公司住所地的中国证监会派出机构，和证券投资基金管理公司住所地或者经营所在地的中国证监会派出机构。

第三十八条　中国证监会根据审慎监管的原则，可以提高对行业重要性证券基金经营机构的合规管理要求，并可以采取增加现场检查频率、强化合规负责人任职监管、委托外部专业机构协助开展工作等方式加强合规监管。

前款所称行业重要性证券基金经营机构，是指中国证监会认定的，公司内部经营活动可能导致证券基金行业、证券市场产生重大风险的证券基金经营机构。

第三十九条　开展公开募集证券投资基金管理业务的保险资产管理机构、私募资产管理机构等，参照本办法执行。

第四十条　本办法自 2017 年 10 月 1 日起施行。《证券投资基金管理公司督察长管理规定》（证监基金字〔2006〕85 号）、《证券公司合规管理试行规定》（证监会公告〔2008〕30 号）同时废止。

（四）证券从业人员的合规行为规范

为规范证券公司董事、监事、高级管理人员及从业人员执业行为，保障相关人员具备从事证券业务所需的道德品行和专业能力，促进证券公司合规稳健经营，保护投资者合法权益，根据《中华人民共和国证券法》《证券基金经营机构董事、监事、高级管理人员及从业人员监督管理办法》（以下简称《监督管理办法》）等法律法规、监管规定，协会于 2022 年 5 月发布了《证券公司董事、监事、高级管理人员及从业人员管理规则》。具体要求归纳整理如下：

证券公司董事、监事、高级管理人员及从业人员应当遵守《中华人民共和国宪法》《中华人民共和国证券法》等法律法规及监管规定、自律规则、业务规范、公司制度，遵守社会公德和职业道德，维护职业声誉和行业声誉，诚实守信，勤勉尽责，忠实、专业、审慎地履行对公司和客户的责任和义务，保证执业质量，并恪守下列基本执业行为规范：

（1）遵守廉洁从业相关规定，落实廉洁从业各项要求。

（2）在法律法规规定及公司授权范围内开展业务，遵循客户利益优先和公平对待客户原则，有效防范利益冲突。

（3）在推荐产品或者提供服务时，应当按照要求了解客户的财务状况及风险承受能力等情况，向客户推荐合适的产品或者提供适当的服务，按照规定披露有关信息和揭示相关风险，进行相应的投资者教育。

（4）遵守相关业务规定，妥善保存客户资料及其交易信息，保证客户资产安全和信息安全。

（5）公平进行业务竞争，自觉抵制不正当竞争行为，维护正常市场秩序。

（6）依法依规保守国家秘密、商业秘密、客户信息及监管调查信息、反洗钱保密事项等非公开信息。在客户服务结束、岗位变动或者离职后，仍应按照有关规定或者约定履行保密义务。

（7）遵守反洗钱规定，履行反洗钱义务，配合有关部门打击洗钱活动。

（8）拒绝执行证券公司或者其管理人员发出的涉嫌违法违规的指令，发现违法违规行为应当及时向公司合规负责人或者中国证监会相关派出机构报告。

（9）法律法规、监管规定、自律规则、业务规范等规定的其他执业行为规范。

（五）保险业的合规要求

保险业的合规要求主要参照原中国保监会于 2016 年 12 月制定的《保险公司合规管理办法》。遵照文件要求，各保险公司应当设置合规管理部门、合规岗位，并配备符合规定的合规人员，相关工作应当于 2017 年 7 月 1 日前完成。办法实施以前，保险公司合规负责人兼管资金运用、内部审计等可能与合规管理存在职责冲突的部门，不再符合合规要求，应当于 2017 年 7 月 1 日前予以调整。2017 年 7 月 1 日以后，保险公司申请核准任职资格的合规负责人由总经理以外的其他高级管理人员兼任的，须提供拟任合规负责人任职期间不兼管业务、财务、资金运用和内部审计部门等可能与合规管理存在职责冲突的部门的声明。具体合规要求细则如下：

第一章　总章

第一条　为了加强保险公司合规管理，发挥公司治理机制作用，根据《中华人民共和国公司法》《中华人民共和国保险法》和《保险公司管理规定》等法律、行政法规和规章，制定本办法。

第二条　本办法所称的合规是指保险公司及其保险从业人员的保险经营管理行为应当符合法律法规、监管规定、公司内部管理制度以及诚实守信的道德准则。

本办法所称的合规风险是指保险公司及其保险从业人员因不合规的保险经营管理行为引发法律责任、财务损失或者声誉损失的风险。

第三条　合规管理是保险公司通过建立合规管理机制，制定和执行合规政策，开展合规审核、合规检查、合规风险监测、合规考核以及合规培训等，预防、识别、评估、报告和应对合规风险的行为。合规管理是保险公司全面风险管理的一项重要内容，也是实施有效内部控制的一项基础性工作。

保险公司应当按照本办法的规定，建立健全合规管理制度，完善合规管理组织架构，明确合规管理责任，构建合规管理体系，推动合规文化建设，有效识别并积极主动防范、化解合规风险，确保公司稳健运营。

第四条　保险公司应当倡导和培育良好的合规文化，努力培育公司全体保险从业人员的合规意识，并将合规文化建设作为公司文化建设的一个重要组成部分。

保险公司董事会和高级管理人员应当在公司倡导诚实守信的道德准则和价值观念，推行主动合规、合规创造价值等合规理念，促进保险公司内部合规管理与外部监管的有效互动。

第五条　保险集团（控股）公司应当建立集团整体的合规管理体系，加强对全集团合规管理的规划、领导和监督，提高集团整体合规管理水平。各成员公司应当贯彻落实集团整体合规管理要求，对自身合规管理负责。

第六条　中国保监会及其派出机构依法对保险公司合规管理实施监督检查。

第二章　董事会、监事会和总经理的合规职责

第七条　保险公司董事会对公司的合规管理承担最终责任，履行以下合规职责：

（一）审议批准合规政策，监督合规政策的实施，并对实施情况进行年度评估；

（二）审议批准并向中国保监会提交公司年度合规报告，对年度合规报告中反映的问题，提出解决方案；

（三）决定合规负责人的聘任、解聘及报酬事项；

（四）决定公司合规管理部门的设置及其职能；

（五）保证合规负责人独立与董事会、董事会专业委员会沟通；

（六）公司章程规定的其他合规职责。

第八条　保险公司董事会可以授权专业委员会履行以下合规职责：

（一）审核公司年度合规报告；

（二）听取合规负责人和合规管理部门有关合规事项的报告；

（三）监督公司合规管理，了解合规政策的实施情况和存在的问题，并向董事会提出意见和建议；

（四）公司章程规定或者董事会确定的其他合规职责。

第九条　保险公司监事或者监事会履行以下合规职责：

（一）监督董事和高级管理人员履行合规职责的情况；

（二）监督董事会的决策及决策流程是否合规；

（三）对引发重大合规风险的董事、高级管理人员提出罢免的建议；

（四）向董事会提出撤换公司合规负责人的建议；

（五）依法调查公司经营中引发合规风险的相关情况，并可要求公司相关高级管理人员和部门协助；

（六）公司章程规定的其他合规职责。

第十条　保险公司总经理履行以下合规职责：

（一）根据董事会的决定建立健全公司合规管理组织架构，设立合规管理部门，并为合规负责人和合规管理部门履行职责提供充分条件；

（二）审核公司合规政策，报经董事会审议后执行；

（三）每年至少组织一次对公司合规风险的识别和评估，并审核公司年度合规管理计划；

（四）审核并向董事会或者其授权的专业委员会提交公司年度合规报告；

（五）发现公司有不合规的经营管理行为的，应当及时制止并纠正，追究违规责任人的相应责任，并按规定进行报告；

（六）公司章程规定、董事会确定的其他合规职责。保险公司分公司和中心支公司总经理应当履行前款第三项和第五项规定的合规职责，以及保险公司确定的其他合规职责。

第三章　合规负责人和合规管理部门

第十一条　保险公司应当设立合规负责人。合规负责人是保险公司的高级管理人员。合规负责人不得兼管公司的业务、财务、资金运用和内部审计部门等可能与合规管理存在职责冲突的部门，保险公司总经理兼任合规负责人的除外。

本条所称的业务部门指保险公司设立的负责销售、承保和理赔等保险业务的部门。

第十二条　保险公司任命合规负责人，应当依据《保险公司董事、监事和高级管理人员任职资格管理规定》及中国保监会的有关规定申请核准其任职资格。

保险公司解聘合规负责人的，应当在解聘后10个工作日内向中国保监会报告并说明正当理由。

第十三条　保险公司合规负责人对董事会负责，接受董事会和总经理的领导，并履行以下职责：

（一）全面负责公司的合规管理工作，领导合规管理部门；

（二）制定和修订公司合规政策，制订公司年度合规管理计划，并报总经理审核；

（三）将董事会审议批准后的合规政策传达给保险从业人员，并组织执行；

（四）向总经理、董事会或者其授权的专业委员会定期提出合规改进建议，及时报告公司和高级管理人员的重大违规行为；

（五）审核合规管理部门出具的合规报告等合规文件；

（六）公司章程规定或者董事会确定的其他合规职责。

第十四条　保险公司总公司及省级分公司应当设置合规管理部门。保险公司应当根据业务规模、组织架构和风险管理工作的需要，在其他分支机构设置合规管理部门或者合规岗位。

保险公司分支机构的合规管理部门、合规岗位对上级合规管理部门或者合规岗位负责，同时对其所在分支机构的负责人负责。

保险公司应当以合规政策或者其他正式文件的形式，确立合规管理部门和合规岗位的组织结构、职责和权利，并规定确保其独立性的措施。

第十五条　保险公司应当确保合规管理部门和合规岗位的独立性，并对其实行独立预算和考评。合规管理部门和合规岗位应当独立于业务、财务、资金运用和内部审计部门等可能与合规管理存在职责冲突的部门。

第十六条　合规管理部门履行以下职责：

（一）协助合规负责人制订、修订公司的合规政策和年度合规管理计划，并推动其贯彻落实，协助高级管理人员培育公司的合规文化；

（二）组织协调公司各部门和分支机构制订、修订公司合规管理规章制度；

（三）组织实施合规审核、合规检查；

（四）组织实施合规风险监测，识别、评估和报告合规风险；

（五）撰写年度合规报告；

（六）为公司新产品和新业务的开发提供合规支持，识别、评估合规风险；

（七）组织公司反洗钱等制度的制定和实施；

（八）开展合规培训，推动保险从业人员遵守行为准则，并向保险从业人员提供合规咨询；

（九）审查公司重要的内部规章制度和业务规程，并依据法律法规、监管规定和行业自律规则的变动和发展，提出制订或者修订公司内部规章制度和业务规程的建议；

（十）保持与监管机构的日常工作联系，反馈相关意见和建议；

（十一）组织或者参与实施合规考核和问责；

（十二）董事会确定的其他合规管理职责。

合规岗位的具体职责，由公司参照前款规定确定。

第十七条　保险公司应当保障合规负责人、合规管理部门和合规岗位享有以下权利：

（一）为了履行合规管理职责，通过参加会议、查阅文件、调取数据、与有关人员交谈、接受合规情况反映等方式获取信息；

（二）对违规或者可能违规的人员和事件进行独立调查，可外聘专业人员或者机构协助工作；

（三）享有通畅的报告渠道，根据董事会确定的报告路线向总经理、董事会授权的专业委员会、董事会报告；

（四）董事会确定的其他权利。

董事会和高级管理人员应当支持合规管理部门、合规岗位和合规人员履行工作职责，并采取措施切实保障合规管理部门、合规岗位和合规人员不因履行职责遭受不公正的对待。

第十八条　保险公司应当根据业务规模、人员数量、风险水平等因素为合规管理部门或者合规岗位配备足够的专职合规人员。

保险公司总公司和省级分公司应当为合规管理部门以外的其他各部门配备兼职合规人员。有条件的保险公司应当为省级分公司以外的其他分支机构配备兼职合规人员。保险公司应当建立兼职合规人员激励机制，促进兼职合规人员履职尽责。

第十九条　合规人员应当具有与其履行职责相适应的资质和经验，具有法律、保险、财会、金融等方面的专业知识，并熟练掌握法律法规、监管规定、行业自律规则和公司内部管理制度。

保险公司应当定期开展系统的教育培训，提高合规人员的专业技能。

第四章　合规管理

第二十条　保险公司应当建立三道防线的合规管理框架，确保三道防线各司其职、协调配合，有效参与合规管理，形成合规管理的合力。

第二十一条　保险公司各部门和分支机构履行合规管理的第一道防线职责，对其职责范围内的合规管理负有直接和第一位的责任。

保险公司各部门和分支机构应当主动进行日常的合规管控，定期进行合规自查，并向合规管理部门或者合规岗位提供合规风险信息或者风险点，支持并配合合规管理部门或者合规岗位的合规风险监测和评估。

第二十二条　保险公司合规管理部门和合规岗位履行合规管理的第二道防线职责。合规管理部门和合规岗位应当按照本办法第十六条规定的职责，向公司各部门和分支机构的业务活动提供合规支持，组织、协调、监督各部门和分支机构开展合规管理各项工作。

第二十三条　保险公司内部审计部门履行合规管理的第三道防线职责，定期对公司的合规管理情况进行独立审计。

第二十四条　保险公司应当在合规管理部门与内部审计部门之间建立明确的合作和信息交流机制。内部审计部门在审计结束后，应当将审计情况和结论通报合规管理部门；合规管理部门也可以根据合规风险的监测情况主动向内部审计部门提出开展审计工作的建议。

第二十五条　保险公司应当制订合规政策，经董事会审议通过后报中国保监会备案。

合规政策是保险公司进行合规管理的纲领性文件，应当包括以下内容：

（一）公司进行合规管理的目标和基本原则；

（二）公司倡导的合规文化；

（三）董事会、高级管理人员的合规责任；

（四）公司合规管理框架和报告路线；

（五）合规管理部门的地位和职责；

（六）公司识别和管理合规风险的主要程序。

保险公司应当定期对合规政策进行评估，并视合规工作需要进行修订。

第二十六条　保险公司应当通过制定相关规章制度，明确保险从业人员行为规范，落实公司的合规政策，并为保险从业人员执行合规政策提供指引。

保险公司应当制定工作岗位的业务操作程序和规范。

第二十七条　保险公司应当定期组织识别、评估和监测以下事项的合规风险：

（一）业务行为；

（二）财务行为；

（三）资金运用行为；

（四）机构管理行为；

（五）其他可能引发合规风险的行为。

第二十八条　保险公司应当明确合规风险报告的路线，规定报告路线涉及的每个人员和机构的职责，明确报告人的报告内容、方式和频率以及接受报告人直接处理或者向上报告的规范要求。

第二十九条　保险公司合规管理部门应当对下列事项进行合规审核：

（一）重要的内部规章制度和业务规程；

（二）重要的业务行为、财务行为、资金运用行为和机构管理行为。

第三十条　保险公司合规管理部门应当按照合规负责人、总经理、董事会或者其授权的专业委员会的要求，在公司内进行合规调查。

合规调查结束后，合规管理部门应当就调查情况和结论制作报告，并报送提出调查要求的机构。

第三十一条　保险公司应当建立有效的合规考核和问责制度，将合规管理作为公司年度考核的重要指标，对各部门、分支机构及其人员的合规职责履行情况进行考核和评价，并追究违法违规事件责任人员的责任。

第三十二条　保险公司合规管理部门应当与公司相关培训部门建立协作机制，制订合规培训计划，定期组织开展合规培训工作。

保险公司董事、监事和高级管理人员应当参加与其职责相关的合规培训。保险从业人员应当定期接受合规培训。

第三十三条　保险公司应当建立有效的信息系统，确保在合规管理工作中能够及时、准确获取有关公司业务、财务、资金运用、机构管理等合规管理工作所需的信息。

第三十四条　保险公司各分支机构主要负责人应当根据本办法和公司合规管理制度，

落实上级机构的要求，加强合规管理。

第五章　合规的外部监管

第三十五条　中国保监会根据保险公司发展实际，采取分类指导的原则，加强督导，推动保险公司建立和完善合规管理体系。

第三十六条　中国保监会通过合规报告或者现场检查等方式对保险公司合规管理工作进行监督和评价，评价结果将作为实施风险综合评级的重要依据。

第三十七条　保险公司应当于每年 4 月 30 日前向中国保监会提交公司上一年度的年度合规报告。保险公司董事会对合规报告的真实性、准确性、完整性负责。

公司年度合规报告应当包括以下内容：

（一）合规管理状况概述；

（二）合规政策的制定、评估和修订；

（三）合规负责人和合规管理部门的情况；

（四）重要业务活动的合规情况；

（五）合规评估和监测机制的运行；

（六）存在的主要合规风险及应对措施；

（七）重大违规事件及其处理；

（八）合规培训情况；

（九）合规管理存在的问题和改进措施；

（十）其他。

中国保监会可以根据监管需要，要求保险公司报送综合或者专项的合规报告。

中国保监会派出机构可以根据辖区内监管需要，要求保险公司省级分公司书面报告合规工作情况。

第三十八条　保险公司及其相关责任人违反本办法规定的，中国保监会可以根据具体情况采取以下监管措施：

（一）责令限期改正；

（二）调整风险综合评级；

（三）调整公司治理评级；

（四）监管谈话；

（五）行业通报；

（六）其他监管措施。

对拒不改正的，依法予以处罚。

第六章　附则

第三十九条　本办法适用于在中华人民共和国境内成立的保险公司、保险集团（控股）公司。外国保险公司分公司、保险资产管理公司以及经中国保监会批准成立的其他保险组织参照适用。

保险公司计划单列市分公司参照适用本办法有关保险公司省级分公司的规定。

第四十条　本办法所称保险公司分支机构，是指经中国保监会及其派出机构批准，保险公司依法在境内设立的分公司、中心支公司、支公司、营业部、营销服务部以及各类专属机构。

本办法所称保险从业人员，是指保险公司工作人员以及其他为保险公司销售保险产品的保险销售从业人员。

第四十一条　本办法由中国保监会负责解释。

第四十二条　本办法自 2017 年 7 月 1 日起施行。中国保监会 2007 年 9 月 7 日发布的《保险公司合规管理指引》（保监发〔2007〕91 号）同时废止。

（六）保险从业人员的合规行为规范

保险从业人员的行为规范，主要根据《中华人民共和国保险法》、中国保监会有关政策规定，遵照原保监会发布的《保险从业人员行为准则》（保监发〔2009〕24 号）来执行。

第一章　保险从业人员基本行为准则

第一条　应依法合规，自觉遵守法律法规、规章制度，接受中国保监会及其派出机构的监督与管理，遵守中国保险行业协会的自律规则，执行所在机构的规章制度。

第二条　应诚实守信，不隐瞒、不说谎、不作假，不损害投保人、被保险人和受益人权益。

第三条　应爱岗敬业，尽职尽责，努力提高服务质量。

第四条　应专业胜任，热爱学习，钻研业务，不断提高专业素养。

第五条　应保守秘密，不泄露商业秘密和客户资料。

第六条　应公平竞争，自觉抵制不正当竞争。

第二章　保险机构高级管理人员行为准则

第七条　应统筹兼顾，妥善处理企业与客户、企业与员工、企业与股东、个人与企业之间的利益关系。

第八条　应树立科学的发展观和正确的业绩观，创新进取，努力提高所在机构的发展质量、竞争能力和服务水平。

第九条　应坚持科学决策、民主决策，正确行使权力，遵守决策程序，尊重员工民主管理权利。

第十条　应稳健经营，加强内控，提高管理能力，防范化解风险。

第十一条　应以人民群众需求和利益为导向，积极开发保险产品，制止销售误导，确保公正、及时理赔。

第十二条　应恪尽职守，勤勉高效，严格自律，发挥表率作用。

第三章　保险销售、理赔和客户服务人员行为准则

第十三条　应根据客户需求、经济承受能力推荐适合的保险产品。

第十四条　应以客户易懂的方式提供保险产品的信息，不得进行任何形式的误导。

第十五条　应主动提示保险产品可能涉及的风险，不得有意规避。

第十六条　应确保所有文件的有效性和准确性，不得代签名、代体检、伪造客户回访记录。

第十七条　应客观、公正、及时理赔，不得拖赔、惜赔。

第十八条　应迅速回应客户咨询，及时提供服务，不得推诿懈怠。

五、金融机构的风控要求与从业人员行为规范

（一）银行业的风控要求

银行业的风控要求主要遵循银监发〔2016〕44号的《银行业金融机构全面风险管理指引》的相关规定，具体细则如下：

第一章 总则

第一条 为提高银行业金融机构全面风险管理水平，促进银行业体系安全稳健运行，根据《中华人民共和国银行业监督管理法》《中华人民共和国商业银行法》等法律法规，制定本指引。

第二条 本指引适用于在中华人民共和国境内依法设立的银行业金融机构。

本指引所称银行业金融机构，是指在中华人民共和国境内设立的商业银行、农村信用合作社等吸收公众存款的金融机构、政策性银行以及国家开发银行。

第三条 银行业金融机构应当建立全面风险管理体系，采取定性和定量相结合的方法，识别、计量、评估、监测、报告、控制或缓释所承担的各类风险。

各类风险包括信用风险、市场风险、流动性风险、操作风险、国别风险、银行账户利率风险、声誉风险、战略风险、信息科技风险以及其他风险。

银行业金融机构的全面风险管理体系应当考虑风险之间的关联性，审慎评估各类风险之间的相互影响，防范跨境、跨业风险。

第四条 银行业金融机构全面风险管理应当遵循以下基本原则：

（一）匹配性原则。全面风险管理体系应当与风险状况和系统重要性等相适应，并根据环境变化进行调整。

（二）全覆盖原则。全面风险管理应当覆盖各个业务条线，包括本外币、表内外、境内外业务；覆盖所有分支机构、附属机构，部门、岗位和人员；覆盖所有风险种类和不同风险之间的相互影响；贯穿决策、执行和监督全部管理环节。

（三）独立性原则。银行业金融机构应当建立独立的全面风险管理组织架构，赋予风险管理条线足够的授权、人力资源及其他资源配置，建立科学合理的报告渠道，与业务条线之间形成相互制衡的运行机制。

（四）有效性原则。银行业金融机构应当将全面风险管理的结果应用于经营管理，根据风险状况、市场和宏观经济情况评估资本和流动性的充足性，有效抵御所承担的总体风险和各类风险。

第五条 银行业金融机构全面风险管理体系应当包括但不限于以下要素：

（一）风险治理架构；

（二）风险管理策略、风险偏好和风险限额；

（三）风险管理政策和程序；

（四）管理信息系统和数据质量控制机制；

（五）内部控制和审计体系。

第六条　银行业金融机构应当推行稳健的风险文化，形成与本机构相适应的风险管理理念、价值准则、职业操守，建立培训、传达和监督机制，推动全体工作人员理解和执行。

第七条　银行业金融机构应当承担全面风险管理的主体责任，建立全面风险管理制度，保障制度执行，对全面风险管理体系进行自我评估，健全自我约束机制。

第八条　银行业监督管理机构依法对银行业金融机构全面风险管理实施监管。

第九条　银行业金融机构应当按照银行业监督管理机构的规定，向公众披露全面风险管理情况。

第二章　风险治理架构

第十条　银行业金融机构应当建立组织架构健全、职责边界清晰的风险治理架构，明确董事会、监事会、高级管理层、业务部门、风险管理部门和内审部门在风险管理中的职责分工，建立多层次、相互衔接、有效制衡的运行机制。

第十一条　银行业金融机构董事会承担全面风险管理的最终责任，履行以下职责：

（一）建立风险文化；

（二）制定风险管理策略；

（三）设定风险偏好和确保风险限额的设立；

（四）审批重大风险管理政策和程序；

（五）监督高级管理层开展全面风险管理；

（六）审议全面风险管理报告；

（七）审批全面风险和各类重要风险的信息披露；

（八）聘任风险总监（首席风险官）或其他高级管理人员，牵头负责全面风险管理；

（九）其他与风险管理有关的职责。

董事会可以授权其下设的风险管理委员会履行其全面风险管理的部分职责。

第十二条　银行业金融机构应当建立风险管理委员会与董事会下设的战略委员会、审计委员会、提名委员会等其他专门委员会的沟通机制，确保信息充分共享并能够支持风险管理相关决策。

第十三条　银行业金融机构监事会承担全面风险管理的监督责任，负责监督检查董事会和高级管理层在风险管理方面的履职尽责情况并督促整改。相关监督检查情况应当纳入监事会工作报告。

第十四条　银行业金融机构高级管理层承担全面风险管理的实施责任，执行董事会的决议，履行以下职责：

（一）建立适应全面风险管理的经营管理架构，明确全面风险管理职能部门、业务部门以及其他部门在风险管理中的职责分工，建立部门之间相互协调、有效制衡的运行机制；

（二）制定清晰的执行和问责机制，确保风险管理策略、风险偏好和风险限额得到充分传达和有效实施；

（三）根据董事会设定的风险偏好，制定风险限额，包括但不限于行业、区域、客户、产品等维度；

（四）制定风险管理政策和程序，定期评估，必要时予以调整；

（五）评估全面风险和各类重要风险管理状况并向董事会报告；

（六）建立完备的管理信息系统和数据质量控制机制；

（七）对突破风险偏好、风险限额以及违反风险管理政策和程序的情况进行监督，根据董事会的授权进行处理；

（八）风险管理的其他职责。

第十五条　规模较大或业务复杂的银行业金融机构应当设立风险总监（首席风险官）。董事会应当将风险总监（首席风险官）纳入高级管理人员。风险总监（首席风险官）或其他牵头负责全面风险管理的高级管理人员应当保持充分的独立性，独立于操作和经营条线，可以直接向董事会报告全面风险管理情况。

调整风险总监（首席风险官）应当事先得到董事会批准，并公开披露。银行业金融机构应当向银行业监督管理机构报告调整风险总监（首席风险官）的原因。

第十六条　银行业金融机构应当确定业务条线承担风险管理的直接责任；风险管理条线承担制定政策和流程，监测和管理风险的责任；内审部门承担业务部门和风险管理部门履职情况的审计责任。

第十七条　银行业金融机构应当设立或者指定部门负责全面风险管理，牵头履行全面风险的日常管理，包括但不限于以下职责：

（一）实施全面风险管理体系建设；

（二）牵头协调识别、计量、评估、监测、控制或缓释全面风险和各类重要风险，及时向高级管理人员报告；

（三）持续监控风险管理策略、风险偏好、风险限额及风险管理政策和程序的执行情况，对突破风险偏好、风险限额以及违反风险管理政策和程序的情况及时预警、报告并提出处理建议；

（四）组织开展风险评估，及时发现风险隐患和管理漏洞，持续提高风险管理的有效性。

第十八条　银行业金融机构应当采取必要措施，保证全面风险管理的政策流程在基层分支机构得到理解与执行，建立与基层分支机构风险状况相匹配的风险管理架构。

在境外设有机构的银行业金融机构应当建立适当的境外风险管理框架、政策和流程。

第十九条　银行业金融机构应当赋予全面风险管理职能部门和各类风险管理部门充足的资源、独立性、授权，保证其能够及时获得风险管理所需的数据和信息，满足履行风险管理职责的需要。

第三章　风险管理策略、风险偏好和风险限额

第二十条　银行业金融机构应当制定清晰的风险管理策略，至少每年评估一次其有效性。风险管理策略应当反映风险偏好、风险状况以及市场和宏观经济变化，并在银行内部得到充分传导。

第二十一条　银行业金融机构应当制定书面的风险偏好，做到定性指标和定量指标并重。风险偏好的设定应当与战略目标、经营计划、资本规划、绩效考评和薪酬机制衔接，在机构内传达并执行。

银行业金融机构应当每年对风险偏好至少进行一次评估。

第二十二条　银行业金融机构制定的风险偏好，应当包括但不限于以下内容：

（一）战略目标和经营计划的制定依据，风险偏好与战略目标、经营计划的关联性。

（二）为实现战略目标和经营计划愿意承担的风险总量。

（三）愿意承担的各类风险的最大水平。

（四）风险偏好的定量指标，包括利润、风险、资本、流动性以及其他相关指标的目标值或目标区间。上述定量指标通过风险限额、经营计划、绩效考评等方式传导至业务条线、分支机构、附属机构的安排。

（五）对不能定量的风险偏好的定性描述，包括承担此类风险的原因、采取的管理措施。

（六）资本、流动性抵御总体风险和各类风险的水平。

（七）可能导致偏离风险偏好目标的情形和处置方法。

银行业金融机构应当在书面的风险偏好中明确董事会、高级管理层和首席风险官、业务条线、风险部门在制定和实施风险偏好过程中的职责。

第二十三条　银行业金融机构应当建立监测分析各业务条线、分支机构、附属机构执行风险偏好的机制。

当风险偏好目标被突破时，应当及时分析原因，制定解决方案并实施。

第二十四条　银行业金融机构应当建立风险偏好的调整制度。根据业务规模、复杂程度、风险状况的变化，对风险偏好进行调整。

第二十五条　银行业金融机构应当制定风险限额管理的政策和程序，建立风险限额设定、限额调整、超限额报告和处理制度。

银行业金融机构应当根据风险偏好，按照客户、行业、区域、产品等维度设定风险限额。风险限额应当综合考虑资本、风险集中度、流动性、交易目的等。

全面风险管理职能部门应当对风险限额进行监控，并向董事会或高级管理层报送风险限额使用情况。

风险限额临近监管指标限额时，银行业金融机构应当启动相应的纠正措施和报告程序，采取必要的风险分散措施，并向银行业监督管理机构报告。

第四章　风险管理政策和程序

第二十六条　银行业金融机构应当制定风险管理政策和程序，包括但不限于以下内容：

（一）全面风险管理的方法，包括各类风险的识别、计量、评估、监测、报告、控制或缓释，风险加总的方法和程序；

（二）风险定性管理和定量管理的方法；

（三）风险管理报告；

（四）压力测试安排；

（五）新产品、重大业务和机构变更的风险评估；

（六）资本和流动性充足情况评估；

（七）应急计划和恢复计划。

第二十七条　银行业金融机构应当在集团和法人层面对各附属机构、分支机构、业务条线，对表内和表外、境内和境外、本币和外币业务涉及的各类风险，进行识别、计量、评估、监测、报告、控制或缓释。

银行业金融机构应当制定每项业务对应的风险管理政策和程序。未制定的，不得开展该项业务。

银行业金融机构应当有效评估和管理各类风险。对能够量化的风险，应当通过风险计量技术，加强对相关风险的计量、控制、缓释；对难以量化的风险，应当建立风险识别、评估、控制和报告机制，确保相关风险得到有效管理。

第二十八条　银行业金融机构应当建立风险统一集中管理的制度，确保全面风险管理对各类风险管理的统领性、各类风险管理与全面风险管理政策和程序的一致性。

第二十九条　银行业金融机构应当建立风险加总的政策、程序，选取合理可行的加总方法，充分考虑集中度风险及风险之间的相互影响和相互传染，确保在不同层次上和总体上及时识别风险。

第三十条　银行业金融机构采用内部模型计量风险的，应当遵守相关监管要求，确保风险计量的一致性、客观性和准确性。董事会和高级管理层应当理解模型结果的局限性、不确定性和模型使用的固有风险。

第三十一条　银行业金融机构应当建立全面风险管理报告制度，明确报告的内容、频率和路线。

报告内容至少包括总体风险和各类风险的整体状况；风险管理策略、风险偏好和风险限额的执行情况；风险在行业、地区、客户、产品等维度的分布；资本和流动性抵御风险的能力。

第三十二条　银行业金融机构应当建立压力测试体系，明确压力测试的治理结构、政策文档、方法流程、情景设计、保障支持、验证评估以及压力测试结果运用。

银行业金融机构应当定期开展压力测试。压力测试的开展应当覆盖各类风险和表内外主要业务领域，并考虑各类风险之间的相互影响。

压力测试结果应当运用于银行业金融机构的风险管理和各项经营管理决策中。

第三十三条　银行业金融机构应当建立专门的政策和流程，评估开发新产品、对现有产品进行重大改动、拓展新的业务领域、设立新机构、从事重大收购和投资等可能带来的风险，并建立内部审批流程和退出安排。银行业金融机构开展上述活动时，应当经风险管理部门审查同意，并经董事会或董事会指定的专门委员会批准。

第三十四条　银行业金融机构应当根据风险偏好和风险状况及时评估资本和流动性的充足情况，确保资本、流动性能够抵御风险。

第三十五条　银行业金融机构应当制定应急计划，确保能够及时应对和处理紧急或危机情况。应急计划应当说明可能出现的风险以及在压力情况（包括会严重威胁银行生存能力的压力情景）下应当采取的措施。银行业金融机构的应急计划应当涵盖对境外分支机构和附属机构的应急安排。银行业金融机构应当定期更新、演练或测试上述计划，确保其充分性和可行性。

第三十六条　银行业金融机构应当按照相关监管要求，根据风险状况和系统重要性，制定并定期更新完善本机构的恢复计划，明确本机构在压力情况下能够继续提供持续稳定运营的各项关键性金融服务并恢复正常运营的行动方案。

第三十七条　银行业金融机构应当制定覆盖其附属机构的风险管理政策和程序，保持风险管理的一致性、有效性。银行业金融机构应当要求并确保各附属机构在整体风险偏好和风险管理政策框架下，建立自身的风险管理组织架构、政策流程，促进全面风险管理的一致性和有效性。

银行业金融机构应当建立健全风险隔离制度，规范内部交易，防止风险传染。

第三十八条　银行业金融机构应当制定外包风险管理制度，确定与其风险管理水平相适应的外包活动范围。

第三十九条　银行业金融机构应当将风险管理策略、风险偏好、风险限额、风险管理政策和程序等要素与资本管理、业务管理相结合，在战略和经营计划制定、新产品审批、内部定价、绩效考评和薪酬激励等日常经营管理中充分应用并有效实施。

第四十条　银行业金融机构应当对风险管理策略、风险偏好、风险限额、风险管理政策和程序建立规范的文档记录。

第五章　管理信息系统和数据质量

第四十一条　银行业金融机构应当具备完善的风险管理信息系统，能够在集团和法人层面计量、评估、展示、报告所有风险类别、产品和交易对手风险暴露的规模和构成。

第四十二条　银行业金融机构相关风险管理信息系统应当具备以下主要功能，支持风险报告和管理决策的需要：

（一）支持识别、计量、评估、监测和报告所有类别的重要风险；

（二）支持风险限额管理，对超出风险限额的情况进行实时监测、预警和控制；

（三）能够计量、评估和报告所有风险类别、产品和交易对手的风险状况，满足全面风险管理需要；

（四）支持按照业务条线、机构、资产类型、行业、地区、集中度等多个维度展示和报告风险暴露情况；

（五）支持不同频率的定期报告和压力情况下的数据加工和风险加总需求；

（六）支持压力测试工作，评估各种不利情景对银行业金融机构及主要业务条线的影响。

第四十三条　银行业金融机构应当建立与业务规模、风险状况等相匹配的信息科技基础设施。

第四十四条　银行业金融机构应当建立健全数据质量控制机制，积累真实、准确、连续、完整的内部和外部数据，用于风险识别、计量、评估、监测、报告，以及资本和流动性充足情况的评估。

第六章　内部控制和审计

第四十五条　银行业金融机构应当合理确定各项业务活动和管理活动的风险控制点，采取适当的控制措施，执行标准统一的业务流程和管理流程，确保规范运作。

第四十六条　银行业金融机构应当将全面风险管理纳入内部审计范畴，定期审查和评价全面风险管理的充分性和有效性。

银行业金融机构内部审计活动应独立于业务经营、风险管理和合规管理，遵循独立性、客观性原则，不断提升内部审计人员的专业能力和职业操守。

全面风险管理的内部审计报告应当直接提交董事会和监事会。董事会应当针对内部审计发现的问题，督促高级管理层及时采取整改措施。内部审计部门应当跟踪检查整改措施的实施情况，并及时向董事会提交有关报告。

第七章　监督管理

第四十七条　银行业金融机构应当将风险管理策略、风险偏好、重大风险管理政策和程序等报送银行业监督管理机构，并至少按年度报送全面风险管理报告。

第四十八条　银行业监督管理机构应当将银行业金融机构全面风险管理纳入法人监管体系中，并根据本指引全面评估银行业金融机构风险管理体系的健全性和有效性，提出监管意见，督促银行业金融机构持续加以完善。

第四十九条　银行业监督管理机构通过非现场监管和现场检查等实施对银行业金融机构全面风险管理的持续监管，具体方式包括但不限于监管评级、风险提示、现场检查、监管通报、监管会谈、与内外部审计师会谈等。

第五十条　银行业监督管理机构应当就全面风险管理情况与银行业金融机构董事会、监事会、高级管理层等进行充分沟通，并视情况在银行业金融机构董事会、监事会会议上通报。

第五十一条　对不能满足本指引及其他规范性文件中关于全面风险管理要求的银行业金融机构，银行业监督管理机构可以要求其制定整改方案，责令限期改正，并视情况采取相应的监管措施。

第八章　附则

第五十二条　各类具体风险的监管要求按照银行业监督管理机构的有关规定执行。

第五十三条　经银行业监督管理机构批准设立的其他金融机构参照本指引执行。

第五十四条　本指引自 2016 年 11 月 1 日起施行。本指引实施前已有规范性文件如与本指引不一致的，按照本指引执行。

（二）银行从业人员的风控行为规范

银行从业人员的风控行为规范，主要遵照《银行业从业人员职业操守和行为准则》（银协发〔2020〕120 号）执行。具体而言，银行业金融机构应当建立组织架构健全、职责边界清晰的风险治理架构，明确董事会、监事会、高级管理层、业务部门、风险管理部门和内审部门在风险管理中的职责分工，建立多层次、相互衔接、有效制衡的运行机制。其中，董事会承担风险管理的最终责任，监事会承担风险管理的监督责任，高级管理层承担风险管理的实施责任。具体风控行为规范要求归纳整理如下：

1. 严禁违法犯罪行为

银行业从业人员应自觉遵守法律法规规定，不得参与“黄、赌、毒、黑”、非法集资、高利贷、欺诈、贿赂等一切违法活动和非法组织。

2. 严禁非法催收

银行业从业人员不得以故意伤害、非法拘禁、侮辱、恐吓、威胁、骚扰等非法手段催收贷款。

3. 严禁组织、参与非法民间融资

银行业从业人员不得组织或参与非法吸收公众存款、套取金融机构信贷资金、高利转贷、非法向在校学生发放贷款等民间融资活动。

4. 严禁信用卡犯罪行为

银行业从业人员不得利用职务便利实施伪造信用卡、非法套现信用卡、滥发信用卡等行为。不得为特定客户优于同等条件办理高端信用卡，提供价值不符的高端服务。

5. 严禁信息领域违法犯罪行为

银行业从业人员不得利用职务便利实施窃取、泄露客户信息、所在机构商业秘密等的违法犯罪行为。发现泄密事件，应立即采取合理措施并及时报告。违反工作纪律、保密纪律，造成客户相关信息泄露的，应当按照有关规定承担责任。

6. 严禁内幕交易行为

银行业从业人员在业务活动中应当遵守有关禁止内幕交易的规定。不得以明示或暗示的形式违规泄露内幕信息，不得利用内幕信息获取个人利益，或是基于内幕信息为他人提供理财或投资方面的建议。

7. 严禁挪用资金行为

银行业从业人员不得默许、参与或支持客户用信贷资金进行股票买卖、期货投资等违反信贷政策的行为。不得挪用所在机构资金和客户资金，不得利用本人消费贷款进行违规投资。

8. 严禁骗取信贷行为

银行业从业人员不得向客户明示、暗示或者默许以虚假资料骗取、套取信贷资金。

9. 严禁泄露客户信息

银行业从业人员应当妥善保存客户资料及其交易信息档案。在受雇期间及离职后，均不得违反法律法规和所在机构关于客户隐私保护的规定，违规泄露任何客户资料和交易信息。

10. 必须充分披露信息

银行业从业人员在向客户销售产品的过程中，应当严格落实销售专区录音录像等监管要求，按照规定以明确的、足以让客户注意的方式向其充分提示必要信息，对涉及的法律风险、政策风险以及市场风险等进行充分的提示。严禁为达成交易而隐瞒风险或进行虚假或误导性陈述，严禁向客户做出不符合有关法律法规及所在机构有关规章制度的承诺或保证。

（三）证券业的风控要求

证券业的风控管理要求，主要遵循证券业协会第五届理事会第二十次会议审议通过的《证券公司全面风险管理规范》。具体细则如下：

第一章　总则

第一条　为加强和规范证券公司全面风险管理，增强核心竞争力，保障证券行业持续稳健运行，根据《中华人民共和国证券法》《证券公司监督管理条例》《证券公司风险控制指标管理办法》等法律法规及相关自律规则，制定本规范。

第二条　本规范所称全面风险管理，是指证券公司董事会、经理层以及全体员工共同参与，对公司经营中的流动性风险、市场风险、信用风险、操作风险、声誉风险等各类风险，进行准确识别、审慎评估、动态监控、及时应对及全程管理。

第三条　证券公司应当建立健全与公司自身发展战略相适应的全面风险管理体系。全面风险管理体系应当包括可操作的管理制度、健全的组织架构、可靠的信息技术系统、量化的风险指标体系、专业的人才队伍、有效的风险应对机制。

证券公司应当定期评估全面风险管理体系，并根据评估结果及时改进风险管理工作。

第四条　证券公司应将所有子公司以及比照子公司管理的各类孙公司（以下简称“子公司”）纳入全面风险管理体系，强化分支机构风险管理，实现风险管理全覆盖。

第五条　［风险文化］证券公司应当在全公司推行稳健的风险文化，形成与本公司相适应的风险管理理念、价值准则、职业操守，建立培训、传达和监督机制。

第二章　风险管理组织架构

第六条　证券公司应当明确董事会、监事会、经理层、各部门、分支机构及子公司履行全面风险管理的职责分工，建立多层次、相互衔接、有效制衡的运行机制。

第七条　证券公司董事会承担全面风险管理的最终责任，履行以下职责：

（一）推进风险文化建设；

（二）审议批准公司全面风险管理的基本制度；

（三）审议批准公司的风险偏好、风险容忍度以及重大风险限额；

（四）审议公司定期风险评估报告；

（五）任免、考核首席风险官，确定其薪酬待遇；

（六）建立与首席风险官的直接沟通机制；

（七）公司章程规定的其他风险管理职责。

董事会可授权其下设的风险管理相关专业委员会履行其全面风险管理的部分职责。

第八条　证券公司监事会承担全面风险管理的监督责任，负责监督检查董事会和经理层在风险管理方面的履职尽责情况并督促整改。

第九条　证券公司经理层对全面风险管理承担主要责任，应当履行以下职责：

（一）制定风险管理制度，并适时调整。

（二）建立健全公司全面风险管理的经营管理架构，明确全面风险管理职能部门、业务部门以及其他部门在风险管理中的职责分工，建立部门之间有效制衡、相互协调的运行机制。

（三）制定风险偏好、风险容忍度以及重大风险限额等的具体执行方案，确保其有效落实；对其进行监督，及时分析原因，并根据董事会的授权进行处理。

（四）定期评估公司整体风险和各类重要风险管理状况，解决风险管理中存在的问题并向董事会报告。

（五）建立涵盖风险管理有效性的全员绩效考核体系。

（六）建立完备的信息技术系统和数据质量控制机制。

（七）风险管理的其他职责。

第十条　证券公司应当任命一名高级管理人员负责全面风险管理工作（以下统称首席风险官）。首席风险官不得兼任或者分管与其职责相冲突的职务或者部门。

第十一条　证券公司应当指定或者设立专门部门履行风险管理职责，在首席风险官的领导下推动全面风险管理工作，监测、评估、报告公司整体风险水平，并为业务决策提供风险管理建议，协助、指导和检查各部门、分支机构及子公司的风险管理工作。

流动性风险、声誉风险等风险管理工作可由证券公司其他相关部门负责。

第十二条　证券公司应将全面风险管理纳入内部审计范畴，对全面风险管理的充分性和有效性进行独立、客观的审查和评价。内部审计发现问题的，应督促相关责任人及时整改，并跟踪检查整改措施的落实情况。

第十三条　证券公司各业务部门、分支机构及子公司负责人应当全面了解并在决策中充分考虑与业务相关的各类风险，及时识别、评估、应对、报告相关风险，并承担风险管理的直接责任。

第十四条　证券公司每一名员工对风险管理有效性承担勤勉尽责、审慎防范、及时报告的责任。包括但不限于：通过学习、经验积累增强风险意识；谨慎处理工作中涉及的风险因素；发现风险隐患时主动应对并及时履行报告义务。

第十五条　首席风险官除应当具有管理学、经济学、理学、工学中与风险管理相关专业背景或通过 FRM、CFA 资格考试外，还应具备以下条件之一：

（一）从事证券公司风险管理相关工作 8 年（含）以上，或担任证券公司风险管理相关部门负责人 3 年（含）以上；

（二）从事证券公司业务工作 10 年（含）以上，或担任证券公司两个（含）以上业务部门负责人累计达 5 年（含）以上；

（三）从事银行、保险业风险管理工作 10 年（含）以上，或从事境外成熟市场投资银行风险管理工作 8 年（含）以上；

（四）在证券监管机构、自律组织的专业监管岗位任职 8 年（含）以上。

第十六条　证券公司应当保障首席风险官能够充分行使履行职责所必需的知情权。首席风险官有权参加或者列席与其履行职责相关的会议，调阅相关文件资料，获取必要信息。证券公司应当保障首席风险官的独立性。公司股东、董事不得违反规定的程序，直接向首席风险官下达指令或者干涉其工作。

第十七条　证券公司应当配备充足的专业人员从事风险管理工作，并提供相应的工作支持和保障。风险管理人员应当熟悉证券业务并具备相应的风险管理技能。

证券公司风险管理部门具备 3 年以上的证券、金融、会计、信息技术等有关领域工作经历的人员占公司总部员工比例应不低于 2%。公司可在此基础上结合自身实际情况制定相应标准。风险管理部门人员工作称职的，其薪酬收入总额应当不低于公司总部业务及业务管理部门同职级人员的平均水平。

证券公司承担管理职能的业务部门应当配备专职风险管理人员，风险管理人员不得兼任与风险管理职责相冲突的职务。

第十八条　证券公司应当将子公司的风险管理纳入统一体系，对其风险管理工作实行垂直管理，要求并确保子公司在整体风险偏好和风险管理制度框架下，建立自身的风险管理组织架构、制度流程、信息技术系统和风控指标体系，保障全面风险管理的一致性和有效性。

证券公司子公司应当任命一名高级管理人员负责公司的全面风险管理工作，子公司负责全面风险管理工作的负责人不得兼任或者分管与其职责相冲突的职务或者部门。

子公司风险管理工作负责人的任命应由证券公司首席风险官提名，子公司董事会聘任，其解聘应征得证券公司首席风险官同意。

子公司风险管理工作负责人应在首席风险官指导下开展风险管理工作，并向首席风险官履行风险报告义务。

子公司风险管理工作负责人应由证券公司首席风险官考核，考核权重不低于50%。

第三章　风险管理政策和机制

第十九条　证券公司应当制定并持续完善风险管理制度，明确风险管理的目标、原则、组织架构、授权体系、相关职责、基本程序等，并针对不同风险类型制定可操作的风险识别、评估、监测、应对、报告的方法和流程。证券公司应当通过评估、稽核、检查和绩效考核等手段保证风险管理制度的贯彻落实。

第二十条　证券公司应当建立健全授权管理体系，确保公司所有部门、分支机构及子公司在被授予的权限范围内开展工作，严禁越权从事经营活动。通过制度、流程、系统等方式，进行有效管理和控制，并确保业务经营活动受到制衡和监督。

第二十一条　证券公司应当制定包括风险容忍度和风险限额等的风险指标体系，并通过压力测试等方法计量风险、评估承受能力、指导资源配置。风险指标应当经公司董事会、经理层或其授权机构审批并逐级分解至各部门、分支机构和子公司，证券公司应对分解后指标的执行情况进行监控和管理。

第二十二条　证券公司应当建立针对新业务的风险管理制度和流程，明确需满足的条件和公司内部审批路径。新业务应当经风险管理部门评估并出具评估报告。

证券公司应充分了解新业务模式，并评估公司是否有相应的人员、系统及资本开展该项业务。董事会、经理层、相关业务部门、分支机构、子公司和风险管理部门应当充分了解新业务的运作模式、估值模型及风险管理的基本假设、各主要风险以及压力情景下的潜在损失。

第二十三条　证券公司应当针对流动性危机、交易系统事故等重大风险和突发事件建立风险应急机制，明确应急触发条件、风险处置的组织体系、措施、方法和程序，并通过压力测试、应急演练等机制进行持续改进。

第二十四条　证券公司应当建立与风险管理效果挂钩的绩效考核及责任追究机制，保障全面风险管理的有效性。

第二十五条　证券公司应当全面、系统、持续地收集和分析可能影响实现经营目标的内外部信息，识别公司面临的风险及其来源、特征、形成条件和潜在影响，并按业务、部门和风险类型等进行分类。

第二十六条　证券公司应当根据风险的影响程度和发生可能性等建立评估标准，采取定性与定量相结合的方法，对识别的风险进行分析计量并进行等级评价或量化排序，确定重点关注和优先控制的风险。

证券公司应当关注风险的关联性，汇总公司层面的风险总量，审慎评估公司面临的总体风险水平。

第二十七条　证券公司应当建立逐日盯市等机制，准确计算、动态监控关键风险指标情况，判断和预测各类风险指标的变化，及时预警超越各类、各级风险限额的情形，明确异常情况的报告路径和处理办法。

第二十八条　证券公司应当建立健全压力测试机制，及时根据业务发展情况和市场变化情况，对证券公司流动性风险、信用风险、市场风险等各类风险进行压力测试。

第二十九条　证券公司应当根据风险评估和预警结果，选择与公司风险偏好相适应的风险回避、降低、转移和承受等应对策略，建立合理、有效的资产减值、风险对冲、资本补充、规模调整、资产负债管理等应对机制。

第三十条　证券公司应当在分支机构、子公司、业务部门、风险管理部门、经理层、董事会之间建立畅通的风险信息沟通机制，确保相关信息传递与反馈的及时、准确、完整。

风险管理部门发现风险指标超限额的，应当与业务部门、分支机构、子公司及时沟通，了解情况和原因，督促业务部门、分支机构、子公司采取措施在规定时间内予以有效解决，并及时向首席风险官报告。

风险管理部门应当向经理层提交风险管理日报、月报、年报等定期报告，反映风险识别、评估结果和应对方案，对重大风险应提供专项评估报告，确保经理层及时、充分了解公司风险状况。

经理层应当向董事会定期报告公司风险状况，重大风险情况应及时报告。

第四章　风险管理信息技术系统和数据

第三十一条　证券公司应当建立与业务复杂程度和风险指标体系相适应的风险管理信息技术系统，覆盖各风险类型、业务条线、各部门、分支机构及子公司，对风险进行计量、汇总、预警和监控，并实现同一业务、同一客户相关风险信息的集中管理，以符合公司整体风险管理的需要。

证券公司应每年制定风险管理信息技术系统专项预算。

第三十二条　证券公司风险管理信息技术系统应当具备以下主要功能，支持风险管理和风险决策的需要。

（一）支持风险信息的搜集，完成识别、计量、评估、监测和报告，覆盖所有类别的主要风险；

（二）支持风险控制指标监控、预警和报告；

（三）支持风险限额管理，实现监测、预警和报告；

（四）支持按照风险类型、业务条线、机构、客户和交易对手等多维度风险展示和报告；

（五）支持压力测试工作，评估各种不利情景下公司风险承受能力。

第三十三条　证券公司应当建立健全数据治理和质量控制机制。积累真实、准确、完整的内部和外部数据，用于风险识别、计量、评估、监测和报告。

证券公司应将数据治理纳入公司整体信息技术建设战略规划，制定数据标准，涵盖数据源管理、数据库建设、数据质量监测等环节。

第三十四条　证券公司应当规范金融工具估值的方法、模型和流程，建立业务部门、分支机构、子公司与风险管理部门、财务部门的协调机制，确保风险计量基础的科学性。金融工具的估值方法及风险计量模型应当经风险管理部门确认。

证券公司应当选择风险价值、信用敞口、压力测试等方法或模型来计量和评估市场风险、信用风险等可量化的风险类型，但应当充分认识到所选方法或模型的局限性，并采用有效手段进行补充。

证券公司风险管理部门应当定期对估值与风险计量模型的有效性进行检验和评价，确保相关假设、参数、数据来源和计量程序的合理性与可靠性，并根据检验结果进行调整和改进。

第五章　自律管理

第三十五条　中国证券业协会（以下简称“协会”）对证券公司实施本规范的情况进行自律管理，督促证券公司持续完善全面风险管理体系。

第三十六条　协会可以对证券公司全面风险管理情况进行评估和检查，证券公司应予以配合。

第三十七条　证券公司违反本规范的，协会依据《中国证券业协会自律管理措施和纪律处分实施办法》对公司及相关负责人采取自律管理措施。

第三十八条　证券公司违反本规范第十条、第十五条、第十六条、第十七条、第十八条、第三十一条、第三十二条、第三十三条、第三十四条的规定，情节严重的，协会依据《中国证券业协会自律管理措施和纪律处分实施办法》对公司及相关负责人进行纪律处分。

第六章　附则

第三十九条　法律法规对证券公司子公司风险管理工作负责人及风险管理工作另有规定的，应符合其规定。

第四十条　本规范由中国证券业协会负责解释。

第四十一条　本规范自公布之日起施行

（四）证券从业人员的风控行为规范

证券从业人员的风控行为规范，主要遵照2022年5月证券业协会第七届理事会第七次会议表决通过的《证券公司董事、监事、高级管理人员及从业人员管理规则》来执行。其中，证券公司董事、监事、高级管理人员及从业人员应当符合《监督管理办法》规定的任职条件、从业条件和法律法规、监管规定、自律规则、业务规范等要求，品行良好，具备相应的专业能力。同时，证券公司董事、监事、高级管理人员及从业人员在执业过程中不得有以下行为：

（1）直接或者间接参与非法证券活动，或者以介绍客户、业务培训、提供通道等形式协助、教唆他人从事非法证券活动；

（2）直接或者间接输送不正当利益、谋取不正当利益，或者不正当交易；

（3）采用诱导、胁迫、欺诈、隐瞒等不正当手段诱使客户购买金融产品或者接受金融服务，或者向客户违规承诺收益、承诺承担损失；

（4）私下接受客户委托买卖证券；

（5）自营或者为他人经营与所在证券公司同类或者存在利益冲突的业务，或者违规从事可能影响其独立客观执业的活动，或者从事与所在证券公司、投资者合法利益相冲突的活动；

（6）贬损同行或者以其他不正当竞争手段争揽业务；

（7）侵占、挪用客户资产，或者以获取佣金或者其他利益为目的，诱使客户进行不必要的证券交易；

（8）利用因职务便利获取的未公开信息从事相关证券交易活动，或者明示、暗示他人从事相关交易活动，或者泄露相关信息；

（9）编造、传播虚假信息或者误导性信息；

（10）违规向客户提供资金、证券或者违规为客户融资提供中介、担保或者其他便利；

（11）持有、买卖、收受法律禁止持有、买卖、收受的证券，或者其他违规从事投资的行为；

（12）滥用职权，玩忽职守，不按照规定履行职责；

（13）发表不当言论、违反公序良俗等损害职业声誉、行业声誉的行为；

（14）损害社会公共利益、所在证券公司或者他人的合法权益；

（15）干扰或者唆使、协助他人干扰证券监督管理或者自律管理工作；

（16）法律法规、监管规定、自律规则、业务规范等禁止的其他行为。

（五）保险业的风控要求

为强化保险公司风险管理，加强保险监管，提高风险防范能力，保监会制定了《保险公司风险管理指引（试行）》（保监发〔2007〕23号），具体细则如下：

第一章　总则

第一条　为指导保险公司加强风险管理，保障保险公司稳健经营，根据《关于规范保险公司治理结构的指导意见（试行）》及其他相关法律法规，制定本指引。

第二条　本指引适用于在中国境内依法设立的保险公司和保险资产管理公司。

保险集团（控股）公司已经按照本指引规定建立覆盖全集团的风险管理体系的，经中国保监会批准，其保险子公司可以不适用本指引。

第三条　本指引所称风险，是指对实现保险经营目标可能产生负面影响的不确定性因素。

第四条　本指引所称风险管理，是指保险公司围绕经营目标，对保险经营中的风险进行识别、评估和控制的基本流程以及相关的组织架构、制度和措施。

第五条　保险公司应当明确风险管理目标，建立健全风险管理体系，规范风险管理流程，采用先进的风险管理方法和手段，努力实现适当风险水平下的效益最大化。

第六条　保险公司风险管理应当遵循以下原则：

（一）全面管理与重点监控相统一的原则。保险公司应当建立覆盖所有业务流程和操作环节，能够对风险进行持续监控、定期评估和准确预警的全面风险管理体系，同时要根据公司实际有针对性地实施重点风险监控，及时发现、防范和化解对公司经营有重要影响的风险。

（二）独立集中与分工协作相统一的原则。保险公司应当建立全面评估和集中管理风险的机制，保证风险管理的独立性和客观性，同时要强化业务单位的风险管理主体职责，在保证风险管理职能部门与业务单位分工明确、密切协作的基础上，使业务发展与风险管理平行推进，实现对风险的过程控制。

（三）充分有效与成本控制相统一的原则。保险公司应当建立与自身经营目标、业务规模、资本实力、管理能力和风险状况相适应的风险管理体系，同时要合理权衡风险管理成本与效益的关系，合理配置风险管理资源，实现适当成本下的有效风险管理。

第七条　保险公司应当建立涵盖风险管理基本流程和控制环节的信息系统，提高风险管理的信息化水平。

保险公司应当统筹规划风险管理和业务管理信息系统，使风险信息能够在职能部门和业务单位之间实现集成与共享，充分满足对风险进行分析评估和监控管理的各项要求。

第八条　保险公司应当定期对高级管理人员和员工进行风险管理理念、知识、流程以及控制方式等内容的培训，增强风险管理意识，同时将风险管理绩效与薪酬制度、人事制度和责任追究制度相结合，培育和塑造良好的风险管理文化。

第二章　风险管理组织

第九条　保险公司应当建立由董事会负最终责任、管理层直接领导，以风险管理机构为依托，相关职能部门密切配合，覆盖所有业务单位的风险管理组织体系。

第十条　保险公司可以在董事会下设立风险管理委员会负责风险管理工作。

风险管理委员会成员应当熟悉保险公司业务和管理流程，对保险经营风险及其识别、评估和控制等具备足够的知识和经验。

没有设立风险管理委员会的，由审计委员会承担相应职责。

第十一条　保险公司董事会风险管理委员会应当全面了解公司面临的各项重大风险及其管理状况，监督风险管理体系运行的有效性，对以下事项进行审议并向董事会提出意见和建议：

（一）风险管理的总体目标、基本政策和工作制度；

（二）风险管理机构设置及其职责；

（三）重大决策的风险评估和重大风险的解决方案；

（四）年度风险评估报告。

第十二条　保险公司可以设立由相关高级管理人员或者部门负责人组成的综合协调机构，由总经理或者总经理指定的高级管理人员担任负责人。风险管理协调机构主要职责如下：

（一）研究制定与保险公司发展战略、整体风险承受能力相匹配的风险管理政策和制度；

（二）研究制定重大事件、重大决策和重要业务流程的风险评估报告以及重大风险的解决方案；

（三）向董事会风险管理委员会和管理层提交年度风险评估报告；

（四）指导、协调和监督各职能部门和各业务单位开展风险管理工作。

第十三条　保险公司应当设立风险管理部门或者指定工作部门具体负责风险管理相关事务工作。该部门主要职责如下：

（一）对风险进行定性和定量评估，改进风险管理方法、技术和模型；

（二）合理确定各类风险限额，组织协调风险管理日常工作，协助各业务部门在风险限额内开展业务，监控风险限额的遵守情况；

（三）资产负债管理；

（四）组织推动建立风险管理信息系统；

（五）组织推动风险文化建设。

设有本指引第十二条规定的风险管理协调机构的，该部门为其办事机构。

第十四条　保险公司各职能部门和业务单位应当接受风险管理部门的组织、协调和监督，建立健全本职能部门或者业务单位风险管理的子系统，执行风险管理的基本流程，定期对本职能部门或者业务单位的风险进行评估，对其风险管理的有效性负责。

第三章　风险评估

第十五条　保险公司应当识别和评估经营过程中面临的各类主要风险，包括：保险风险、市场风险、信用风险和操作风险等。

（一）保险风险指由于对死亡率、疾病率、赔付率、退保率等判断不正确导致产品定价错误或者准备金提取不足，再保险安排不当，非预期重大理赔等造成损失的可能性。

（二）市场风险是指由于利率、汇率、股票价格和商品价格等市场价格的不利变动而造成损失，以及由于重大危机造成业务收入无法弥补费用的可能性。

（三）信用风险是指由于债务人或者交易对手不能履行合同义务，或者信用状况的不利变动而造成损失的可能性。

（四）操作风险指由于操作流程不完善、人为过错和信息系统故障等原因导致损失的可能性。

保险公司还应当对战略规划失误和公司治理结构不完善等给公司带来不利影响的其他风险予以关注。

第十六条　保险公司风险管理部门应当与各职能部门和业务单位建立信息共享机制，广泛搜集、整理与风险管理相关的内外部信息，为风险评估奠定相应的信息基础。

第十七条　保险公司应当在广泛收集信息的基础上，对经营活动和业务流程进行风险评估。风险评估包括风险识别、风险分析、风险评价三个步骤。

风险识别是指识别经营活动及业务流程中是否存在风险以及存在何种风险。

风险分析是指对识别出的风险进行分析，判断风险发生的可能性及风险发生的条件。

风险评价是指评估风险可能产生损失的大小及对保险公司实现经营目标的影响程度。

第十八条　风险评估应当采用定性与定量相结合的方法。定量评估应当统一制定各风险的度量单位和风险度量模型，确保评估的假设前提、参数、数据来源和评估程序的合理性和准确性。

第十九条　保险公司进行风险评估时，应当对各种风险之间的相关性进行分析，以便发现各风险之间的自然对冲、风险事件发生的正负相关性等组合效应，对风险进行统一集中管理。

第二十条　风险评估由风险管理部门组织实施，必要时可以聘请中介机构协助实施。

第二十一条　保险公司应当对风险信息实行动态管理，及时识别新的风险，并对原有风险的变化进行重新评估。

第四章　风险控制

第二十二条　风险控制包括明确风险管理总体策略、制定风险解决方案和方案的组织实施等内容。

第二十三条　制定风险管理总体策略是指保险公司根据自身发展战略和条件，明确风险管理重点，确定风险限额，选择风险管理工具以及配置风险管理资源等的总体安排。

第二十四条　保险公司应当根据风险发生的可能性和对经营目标的影响程度，对各项风险进行分析比较，确定风险管理的重点。

第二十五条　确定风险限额是指保险公司根据自身财务状况、经营需要和各类保险业务的特点，在平衡风险与收益的基础上，确定愿意承担哪些风险及所能承受的最高风险水平，并据此确定风险的预警线。

第二十六条　保险公司针对不同类型的风险，可以选择风险规避、降低、转移或者自留等风险管理工具，确保把风险控制在风险限额以内。

第二十七条　保险公司应当根据风险管理总体策略，针对各类重大风险制定风险解决方案。风险解决方案主要包括解决该项风险所要达到的具体目标，所涉及的管理及业务流程，所需的条件和资源，所采取的具体措施及风险管理工具等内容。

第二十八条　保险公司应当根据各职能部门和业务单位职责分工，认真组织实施风险解决方案，确保风险得到有效控制。

第五章　风险管理的监督与改进

第二十九条　保险公司应当对风险管理的流程及其有效性进行检验评估，并根据评估结果及时改进。

第三十条　保险公司各职能部门和业务单位应当定期对其风险管理工作进行自查，并将自查报告报送风险管理部门。

第三十一条　保险公司风险管理部门应当定期对各职能部门和业务单位的风险管理工作进行检查评估，并提出改进的建议和措施。

第三十二条　保险公司风险管理部门应当每年至少一次向管理层和董事会提交风险评估报告。风险评估报告主要包括以下内容：

（一）风险管理组织体系和基本流程；

（二）风险管理总体策略及其执行情况；

（三）各类风险的评估方法及结果；

（四）重大风险事件情况及未来风险状况的预测；

（五）对风险管理的改进建议。

第三十三条　董事会或者其风险管理委员会可以聘请中介机构对保险公司风险管理工作进行评价，并出具评估报告。

第六章　风险管理的监管

第三十四条　保险公司应当及时向中国保监会报告本公司发生的重大风险事件。

第三十五条 保险公司应当按照本指引及偿付能力编报规则的要求，在年报中提交经董事会审议的年度风险评估报告。

第三十六条 中国保监会定期对保险公司及其分支机构的风险管理工作进行检查。检查内容主要包括：

（一）风险管理组织的健全性及履职情况；

（二）风险管理流程的完备性、可操作性和实际运行情况；

（三）重大风险处置的及时性和有效性。

第三十七条 中国保监会可以根据检查结果，对风险管理存在严重缺陷的保险公司出具风险提示函。保险公司应当按照风险提示函的要求及时提交整改方案，采取整改措施并提交整改情况报告。

第七章 附则

第三十八条 本指引由中国保监会负责解释。

第三十九条 本指引自二〇〇七年七月一日起施行。

（六）保险从业人员的风控行为规范

根据 2009 年 2 月 28 日修订通过的《中华人民共和国保险法》的规定，保险从业人员在保险业务活动中不得有下列风险行为：

（1）欺骗投保人、被保险人或者受益人；

（2）对投保人隐瞒与保险合同有关的重要情况；

（3）阻碍投保人履行本法规定的如实告知义务，或者诱导其不履行本法规定的如实告知义务；

（4）给予或者承诺给予投保人、被保险人、受益人保险合同约定以外的保险费回扣或者其他利益；

（5）拒不依法履行保险合同约定的赔偿或者给付保险金义务；

（6）故意编造未曾发生的保险事故、虚构保险合同或者故意夸大已经发生的保险事故的损失程度进行虚假理赔，骗取保险金或者谋取其他不正当利益；

（7）挪用、截留、侵占保险费；

（8）委托未取得合法资格的机构从事保险销售活动；

（9）利用开展保险业务为其他机构或者个人谋取不正当利益；

（10）利用保险代理人、保险经纪人或者保险评估机构，从事以虚构保险中介业务或者编造退保等方式套取费用等违法活动；

（11）以捏造、散布虚假事实等方式损害竞争对手的商业信誉，或者以其他不正当竞争行为扰乱保险市场秩序；

（12）泄露在业务活动中知悉的投保人、被保险人的商业秘密；

（13）违反法律、行政法规和国务院保险监督管理机构规定的其他行为。

第八章

金融从业人员的行为底线与清廉金融：预防金融犯罪

一、金融从业人员的红线和底线

在金融行业，“红线”与“底线”的概念对于维持行业的诚信与稳定至关重要。金融从业人员的每一次决策、每一项操作都直接关系到资金的安全、客户的利益以及市场的公平性。因此，深刻理解并严格遵守这些行业的红线和底线不仅是法律法规的要求，而且是金融从业者职业操守的体现。

“红线”代表了金融从业人员在职业活动中必须避免越过的界限。这些界限包括但不限于：绝对禁止的非法融资活动、利益冲突的避免、客户隐私的保护，以及反洗钱等合规要求。金融从业人员在日常工作中，可能面临各种诱惑和挑战，例如通过内幕交易获利、利用职务便利为自己或特定人群谋取不正当利益等。这些行为不仅违反了行业规则，而且破坏了市场秩序，损害了客户和公众的利益，因此被视为不可逾越的“红线”。

与“红线”相对应的是“底线”，它代表着金融从业人员在任何情况下都必须坚守的最基本的法律和道德标准。这包括诚实守信、公正交易、履行职责、保护客户资产安全等。“底线”是金融从业人员职业行为的基石，任何时候都不能因为个人利益、市场压力或其他任何理由而被忽视或践踏。比如，金融从业人员在推荐产品或服务时，必须全面准确地披露信息，不能夸大其词或隐瞒风险，以确保客户能够做出基于充分信息的决策。

（一）金融行业的法律红线

1. 遵守法律法规

金融从业人员需严格遵守国家金融法律法规及相关政策，这是职业行为的首要准则。任何违反法律法规的行为都将面临法律制裁，严重者可能导致刑事责任。在金融行业中，遵守法律法规是从业人员的首要责任和义务。这不仅是因为法律法规是社会行为的基本规范，更因为金融行业的特殊性决定了其对法律法规的遵守尤为重要。金融市场的稳定性、透明度和公正性直接关系到经济的健康发展和公众利益的保护。因此，金融从业人员必须深刻理解并严格遵守相关法律法规，以确保其职业行为的合法性和道德性。

金融从业人员需遵守的法律法规包括但不限于：

《中华人民共和国银行法》：规范银行业务运作和银行服务行为，确保银行系统的稳定性和安全性。

《中华人民共和国证券法》：规定了证券发行、交易、信息披露等方面的法律要求，保护投资者权益，维护证券市场秩序。

《中华人民共和国保险法》：对保险公司的成立、运营以及保险业务的开展进行规范，保护被保险人和受益人的合法权益。

《中华人民共和国反洗钱法》：旨在防止和打击洗钱活动，要求金融机构实施客户身份识别、记录保存、可疑交易报告等措施。

《中华人民共和国个人信息保护法》：规范个人信息的处理活动，保护个人隐私权和信息安全。

2. 金融从业人员的法律红线

金融从业人员必须严守一系列法律、道德和职业规定，以确保金融市场的诚信、稳定和透明。以下是金融从业人员绝不应越过的红线：

（1）**内幕交易**：金融从业人员不得利用未公开信息进行交易，这被称为内幕交易。这种行为不仅违反法律，而且破坏了市场公平性和信任。

（2）**市场操纵**：市场操纵是通过人为手段操纵市场价格或交易量，以谋取不正当利益的行为。这包括伪造交易、散布虚假信息或进行不当交易活动。市场操纵是非常严重的违法行为。

（3）**欺诈**：金融从业人员不得欺骗客户，包括提供虚假信息、故意误导或隐瞒关键信息。这可能包括欺诈性销售、虚假陈述和操纵账户。

（4）**未经客户同意的冒险投资**：金融从业人员不得将客户资金用于未经客户同意的高风险投资或投机活动。

（5）**洗钱和腐败**：金融从业人员必须遵守反洗钱和反腐败法规，不得参与洗钱、恐怖主义融资或收受贿赂。

（6）**不当利益冲突**：金融从业人员应识别和管理潜在的利益冲突，确保客户的利益始终处于首位。这包括避免滥用内幕信息或将自身利益置于客户利益之前。

（7）**未经授权的交易**：金融从业人员不得未经客户明确授权而进行交易或处理客户账户。

（8）**不当销售和募集**：金融从业人员不得采用不当或欺诈性的方法来销售金融产品或募集资金。这包括虚假宣传、未经证监会批准的募资活动等。

（9）**违反监管规定**：金融从业人员必须遵守监管机构的规定和要求，包括报告要求、记录保留和交易报告等。

所有金融从业者都需要遵守相关法律法规，违反金融法律法规可能导致严重的法律后果，包括罚款、吊销执照、刑事处罚等。法律合规是金融从业人员职业信誉的基石。一旦涉及违法违规行为，不仅会对个人职业生涯造成不可逆转的损害，而且会损害所在机构的声誉。金融市场的稳定依赖于从业人员的合规行为。违规行为会引发市场动荡，影响金融系统的稳定和经济健康发展。

康得新是一家曾在中国深圳证券交易所上市的高新技术企业，主要从事新材料的研发、生产和销售。2019 年，康得新因涉嫌虚假陈述和重大信息披露违规被中国证监会立案调查。调查发现，康得新通过虚构业务和收入、虚增存货等手段，在财务报表中大量夸大其收益和资产规模。

康得新案件有一系列的法律和道德问题。首先是虚假陈述，康得新通过发布虚假财务报告，误导投资者和公众，严重违反了信息披露的真实性、准确性、完整性原则；其次存在内幕交易和操纵市场行为，康得新的部分高管利用内部信息进行交易，获取不正当利益，损害了投资者的利益和市场的公平性；最后也暴露出监管机构在及时发现和处置信息披露违规行为方面的不足。

此案件对金融从业者也有着相应的启示。企业应建立和完善内部控制和合规管理体系，确保信息披露的真实性、准确性和完整性；金融从业者应提高自身的职业道德和法律意识，严格遵守法律法规和职业道德准则，防止类似违法违规行为的发生；监管机构和市场参与者应加强对上市公司财务报告和信息披露行为的监管和监督，及时发现并处置违规行为。

康得新案件对中国资本市场产生了深远的影响，引发了对上市公司治理结构、信息披露质量和监管机制有效性的广泛讨论和反思。此案例警示金融从业者，尤其是上市公司高管，必须严格遵守法律法规，维护资本市场的秩序和公信力。

（二）金融从业者的底线

作为金融行业的从业者，肩负着维护市场秩序、保护投资者利益的重要使命。应当明确金融从业者的行为准则，规范其职业行为，确保金融市场的健康运行。让我们深入探讨这八条底线，以更好地理解并践行。

1. 不得违反法律法规和职业道德

作为金融从业者，必须严格遵守国家法律法规，不得从事任何违法违规行为。职业道德是金融从业者行为的基石，应该时刻铭记并践行。

2. 不得泄露客户信息

客户隐私是至关重要的。金融从业者应该严格保护客户的个人信息，不得泄露给任何第三方。只有在法律允许或客户同意的情况下，才能分享相关信息。

3. 不得操纵市场

市场的公平、公正是金融行业的基石。金融从业者不得参与操纵市场、传播虚假信息等行为。只有遵循市场规则，才能维护市场的稳定和透明。

4. 不得违规销售金融产品

合规销售是金融从业者的职责。金融从业者应该了解金融产品，向客户提供真实、准确的信息，不得违规销售或误导客户。

5. 不得违规担保

金融从业者不应该为客户提供违规的担保或担保相关服务。风险管理是金融从业者的首要任务，金融从业者应该谨慎对待担保事务。

6. 不得违规融资融券

融资融券业务需要严格遵守相关规定。金融从业者应该了解业务流程，不得违规操作，以保护客户利益。

7. 不得违规从事证券投资咨询业务

作为证券投资咨询师，应该遵循相关规范，不得违规从事咨询业务。客户的利益应该始终放在首位。

8. 不得违规从事其他金融业务

金融行业涉及多个领域，金融从业者应该遵守各类业务的规定，不得违规操作。只有保持诚信，才能共同推动行业的健康发展。

作为金融从业者，应该时刻牢记底线，践行诚信、守法、合规的原则，为金融行业的繁荣稳定贡献自己的力量。违反底线的行为将受到严肃的处罚。具体的处罚取决于违规行为的性质和严重程度，通常包括以下几种可能的后果：

（1）行业自律处罚：金融行业协会或其他行业组织可能对违规行为进行调查，并根据情况对从业者进行警告、纪律处分或暂停资格等处理。

（2）法律责任：如果违规行为涉及违反法律法规，从业者可能面临刑事或民事法律责任。这可能包括罚款、刑事处罚，甚至刑事诉讼。

（3）职业声誉受损：违规行为会影响从业者的职业声誉。客户和雇主可能对其产生不信任，导致业务机会减少。

（4）经济损失：处罚可能导致从业者的经济损失，包括罚款、奖金减少、职位降级等。

遵守行业底线是每位金融从业者的责任。只有遵循规范，才能共同维护金融市场的健康和稳定。

二、我国金融行业犯罪现象、原因及防范措施

（一）我国目前金融犯罪的现象与特征

金融犯罪是指个人或团体利用金融系统进行的违法行为，以获取非法经济利益。这

类犯罪涉及广泛的非法活动，包括但不限于洗钱、诈骗、内幕交易、非法集资、网络金融犯罪以及腐败等。金融犯罪不仅对受害者造成直接经济损失，而且会破坏金融市场的秩序，降低公众对金融体系的信任，从而对经济和社会稳定造成深远影响。

金融犯罪通常涉及金融市场的操作，旨在通过违反金融监管法规或利用金融系统的漏洞获取非法收益。随着全球化和科技的发展，金融犯罪的手段和范围不断扩大，其复杂性和隐蔽性也在不断增强。全球金融市场的融合为金融犯罪提供了跨境操作的便利，使得这类犯罪日益国际化。同时，互联网和数字技术的快速发展，尤其是金融科技的应用，虽然极大地促进了金融服务的创新和普及，但也为犯罪分子提供了新的手段和渠道。

金融犯罪对经济的负面影响主要表现在以下几个方面：

（1）损害金融市场的稳定与公正：金融犯罪活动，如市场操纵和内幕交易，扭曲了市场价格机制，损害了市场的公平性和效率，影响了资源的合理配置。

（2）降低金融机构的声誉：金融机构如果卷入金融犯罪事件，将严重损害其声誉，影响客户信心，可能导致资金外流，甚至引发金融机构的危机。

（3）增加金融服务成本：为了防范金融犯罪，金融机构需要投入大量的人力和物力建立防范体系，这些成本最终会转嫁给普通消费者和企业。

（4）影响经济发展：金融犯罪的广泛存在会降低公众对金融体系的信任度，影响金融服务的正常运行，从而抑制经济活动和投资的积极性。

金融犯罪对社会发展的负面影响表现在以下几个方面：

（1）损害社会公平正义：金融犯罪往往涉及大量的非法资金流动，可能被用于贿赂、腐败等活动，破坏社会的公平与正义。

（2）影响社会治安稳定：金融犯罪所涉及的非法资金可能流向其他犯罪活动，如毒品交易、恐怖主义融资等，对社会治安造成威胁。

（3）侵蚀公众信心：频繁发生的金融犯罪事件会侵蚀公众对金融体系的信心，降低人们对未来经济前景的预期，影响消费和投资决策。

金融犯罪是一个严重的社会问题，需要金融机构、监管机构和全社会共同努力，通过加强法律法规的建设和执行、提高金融从业人员和公众的防范意识、利用科技手段加强监控和防范等多种措施，共同打击金融犯罪，保护经济和社会的稳定发展。

我国金融犯罪的现象与特征随着国内金融市场的发展和金融科技的应用日益多样化和复杂化。

第一，**互联网金融犯罪增加**。随着互联网技术的快速发展和金融服务的数字化转型，互联网金融犯罪在中国呈现显著增加的趋势。这类犯罪利用网络平台进行，包括但不限于网络诈骗、非法网络集资、虚拟货币相关犯罪、网络赌博，以及通过网络平台进行的洗钱等活动。网络诈骗是最常见的互联网金融犯罪形式之一，犯罪分子通过发送虚假的投资广告、制作假冒的金融平台网站、发送钓鱼邮件等手段诱骗受害者转账汇款或提供敏感个人信息。非法网络集资则通过建立虚假的投资项目或平台，承诺高额回报吸引公众投资，最终卷款潜逃。随着虚拟货币的流行，利用比特币等加密货币进行的洗钱、诈骗等犯罪也日益增多，这类犯罪由于加密货币的匿名性和去中心化特点，使得追踪和打击难度增加。此外，随着支付技术的发展，网络支付诈骗也频繁发生，包括 SIM 卡克隆、移动支付应用的恶意软件攻击等。这些犯罪手段的高科技化、智能化和隐蔽性强，给金融监管和消费者的资金安全带来了巨大挑战。总体而言，互联网金融犯罪的增加不仅对个人和企业的财产安全构成威胁，而且破坏了金融市场的正常秩序和网络空间的安全环境。因此，加强网络金融安全意识、提升金融科技安全防护水平，以及完善相关法律法规和监管机制，成为应对这一挑战的关键。

第二，**跨境金融犯罪日益突出**。随着全球化进程的加深和金融市场的国际化，跨境金融犯罪在中国日益突出，表现为犯罪活动跨国界进行，犯罪分子利用不同国家和地区之间的法律差异和监管空白进行非法金融活动。这类犯罪包括但不限于跨国洗钱、海外非法集资、国际信用卡诈骗、跨境网络诈骗等。犯罪分子可能通过复杂的金融操作，在多个国家和地区之间转移资金，隐藏非法所得的真实来源和性质，使追踪和调查变得极为困难。此外，跨境电子商务的兴起和虚拟货币的广泛使用为跨境金融犯罪提供了新的渠道和工具，增加了打击的难度。跨境金融犯罪不仅威胁到金融系统的安全和稳定，而且可能与其他跨国犯罪如恐怖主义融资、跨国有组织犯罪相联系，对国家安全和国际社会的稳定构成更大威胁。因此，打击跨境金融犯罪需要国际合作和协调，通过加强信息共享、提高法律兼容性和执行力，以及利用先进技术手段提高监管效率，共同应对这一挑战。

第三，金融犯罪的**手段高科技化**是当前中国乃至全球金融犯罪发展的显著特征。随着信息技术的飞速发展，尤其是大数据、人工智能、区块链等先进技术的广泛应用，金融犯罪分子也不断利用这些技术进行犯罪活动。这些高科技手段使得金融犯罪更加隐蔽、更难被发现和追踪。例如，通过复杂的网络技术，犯罪分子能够发起针对金融机构的网络攻击，包括钓鱼攻击、勒索软件攻击、系统渗透等，窃取大量敏感的金融数据和个人信息，甚至直接盗取资金。此外，利用人工智能技术，犯罪分子能够模拟正常的交易行为，进行洗钱或市场操纵，极大地提高了违法行为的隐蔽性和成功率。在加密货币领域，由于其匿名性和去中心化特点，犯罪分子利用虚拟货币进行跨境转移资金、洗钱等犯罪活动，给监管和打击带来了巨大挑战。同时，犯罪分子还利用区块链技术创建虚假的投资平台，吸引投资者投资后携款潜逃。这种高科技化的犯罪手段不仅要求金融机构和个人加强防范意识，提升自身的信息安全防护能力，而且要求监管机构和执法部门更新打击手段，利用科技手段提高侦查和打击的效率和效果。同时，加强国际合作，共享信息和资源，也成为应对高科技金融犯罪的重要途径。

第四，**金融欺诈手法多样**。金融欺诈在中国表现出多样化的手法，随着金融市场的发展和金融产品的创新，新型欺诈手段不断涌现。这些欺诈行为不仅涉及传统的金融领域，如银行、证券、保险等，而且广泛存在于新兴的互联网金融、P2P 借贷、虚拟货币交易等领域。一种常见的金融欺诈是，诈骗者通过构建虚假的投资平台或项目，承诺高额回报吸引投资者投资，最终卷走投资资金。此外，"庞氏骗局"也是一种典型的金融欺诈模式，新投资者的资金被用来支付早期投资者的回报，直到无法吸引更多投资者时崩溃。在互联网金融领域，金融欺诈的手段更加隐蔽和复杂，包括但不限于网络钓鱼、虚假的理财平台、利用虚拟货币进行的诈骗等。犯罪分子利用网络的匿名性和技术手段，制作高度仿真的网站或应用，诱导用户输入银行账户信息、密码等敏感信息，进而盗取资金。信用卡诈骗也是金融欺诈的常见形式之一，包括盗刷、伪造信用卡等手段。随着移动支付和电子商务的普及，相关的欺诈行为也日益增多，如通过非法手段获取他人支付账户信息进行盗刷。保险欺诈是另一种金融欺诈形式，包括虚报保险理赔、伪造保险事件等，旨在非法获得保险赔付。此外，内幕交易、市场操纵等也是金融市场中的欺诈行为，通过非法获取和利用内部信息，影响金融产品的价格以获取不正当利益。金融欺诈的手法日益多样化和复杂化，这不仅给投资者和消费者带来了巨大风险，而且对金融市场的稳定和健康发展构成了挑战。因此，增强公众的风险防范意识，加强金融监管和市场自律，以及采取有效的技术手段识别和防范金融欺诈行为，对于维护金融市场的秩序和保护投资者权益至关重要。

第五，**内部人员参与**的金融犯罪是金融行业面临的一个重大风险，这种犯罪形式涉及金融机构的员工或管理层利用其职务上的便利或对金融系统的深入了解，参与或促成非法金融活动。由于内部人员对金融机构的运营流程、风险管理体系以及客户信息有着深入认识，因此他们的犯罪行为往往更难被发现，且破坏力更大。内部人员参与的金融犯罪包括但不限于内幕交易、挪用客户资金、欺诈性财务报告、数据泄露等。例如，银行或证券公司的员工可能利用掌握的敏感信息，进行内幕交易或向外泄露以谋取非法利益；会计或财务部门的人员可能通过篡改财务报告，掩盖公司的真实财务状况或个人挪用公款；IT 部门的员工由于掌握技术手段，可能参与数据盗窃或系统篡改等犯罪活动。内部人员参与犯罪不仅给金融机构带来直接的经济损失，而且可能严重损害机构的声誉和客户信任，进而影响金融市场的稳定性和公平性。此外，内部犯罪往往与其他金融犯罪相结合，如洗钱、欺诈等，使得犯罪活动更加复杂和隐蔽。针对内部人员参与的犯罪，金融机构需要建立健全的内部控制和合规体系，加强对员工的背景审查和职业道德培训，实施严格的访问控制和信息安全管理，定期进行内部审计和风险评估，并鼓励员工通过内部举报机制揭露不当行为。此外，监管机构和行业协会也应加强对金融机构内部治理的监督和指导，共同提高金融行业抵御内部犯罪的能力。

第六，在我国，**非法集资的规模之大**成为金融犯罪中一个极为严重的问题，这种犯罪行为广泛存在于城乡各地，涉及的行业和领域也越来越广。这类活动通过虚构项目、夸大投资回报等手段，非法吸收公众资金，其规模之大往往达到数亿元甚至数十亿元人民币，影响数千至数万名投资者。非法集资的形式多样，包括但不限于伪装成合法的金融投资项目、虚假的房地产开发计划、农业合作社，以及利用新兴的互联网平台进行的众筹等。这些活动往往以高额利息或回报为诱饵，吸引不特定的社会公众投资。随着时间的推移，当新的资金流入不足以支持早期投资者的高额回报时，非法集资活动难以为继，最终导致资金链断裂，造成大规模的经济损失，并引发社会不安。非法集资的巨大规模不仅对投资者的财产安全构成直接威胁，而且破坏了金融市场的正常秩序，影响了金融安全和社会稳定。因此，加强监管、增强公众的风险意识和辨识能力，以及严厉打击非法集资活动，对维护经济秩序和社会稳定具有重要意义。

第七，在我国**监管与技术挑战并存**，随着金融市场的快速发展和金融科技的广泛应用，监管与技术挑战并存成为金融行业面临的重要问题。一方面，金融创新带来了更高效、更便捷的金融服务，促进了金融市场的繁荣发展；另一方面，新兴的金融模式和产品，如互联网金融、虚拟货币、P2P 借贷等，也引入了新的风险和挑战，给传统的金融监管体系带来了压力。技术挑战主要体现在金融犯罪手段的高科技化和智能化。犯罪分子利用先进的技术手段，如人工智能、大数据分析、加密技术等，进行洗钱、诈骗、市场操纵等违法行为，这些高科技手段的运用大大增加了监管和侦查的难度。同时，金融科技的迅猛发展也带来了数据安全和隐私保护的问题，如何在促进金融创新的同时保护消费者权益成为监管必须面对的挑战。监管挑战则在于如何建立和完善与金融创新相适应的监管框架。传统的金融监管体系可能难以适应快速变化的金融环境和新兴金融活动的特点。监管机构需要不断更新监管理念和方法，加强对新兴金融活动的了解和研究，制定相应的监管政策和措施。此外，跨境金融活动的增加也要求加强国际的监管合作，共同应对跨国金融犯罪和金融市场的全球性风险。因此，面对监管与技术挑战并存的局面，金融监管机构需要与时俱进，采用更灵活的监管策略，利用科技手段提高监管效率和效果，同时加强与金融机构、科技公司的沟通合作，共同促进金融市场的健康稳定发展。

中国金融犯罪的特征反映了金融市场的发展趋势和社会经济环境的变化，对金融监管和金融安全提出了新的挑战。随着金融市场的不断扩大和金融产品与服务的多样化，金融犯罪也表现出更加复杂和多变的特点。互联网金融的兴起、跨境金融活动的增加、金融犯罪手段的高科技化、金融欺诈的多样化，以及内部人员参与犯罪等现象，都在不断挑战现有的金融监管体系和金融安全保障机制。为应对这些挑战，中国的金融监管机构已经采取一系列措施，包括加强立法、完善监管框架、提升监管技术和能力、增强国际合作等，以保护投资者权益、维护金融市场秩序和促进金融行业的健康发展。

（二）金融行业职业犯罪行为的原因分析

金融行业职业犯罪是指金融机构内部人员利用职务之便进行的违法行为，包括但不限于内幕交易、欺诈、挪用资金、伪造或篡改财务报告等。内幕交易指的是利用未公开的公司内部信息进行证券交易以获取非法利益的行为，这种行为破坏了市场的公平性和透明度。欺诈行为涵盖了一系列通过虚假陈述、隐瞒关键信息或其他欺骗手段诱使他人做出对自己有利的金融决策的行为，常见于虚假的投资项目、保险欺诈等领域。挪用资金则是指金融从业人员非法使用客户或公司的资金进行个人消费或投资，严重违背了职业道德和法律规定。伪造或篡改财务报告涉及对公司财务状况的故意误报，以误导投资者和监管机构，操纵股价或隐藏公司真实的财务状况。这些行为不仅给金融机构带来经济损失，而且破坏了金融市场的稳定性和公平性，损害了公众对金融体系的信任。

金融行业职业犯罪行为的原因是多方面的，涵盖了个人、组织、制度及社会文化等多个层面。对这些原因进行深入分析，有助于更好地理解金融行业职业犯罪发生的背景，从而采取有效的预防和应对措施。

1. 个人因素

个人因素在金融职业犯罪中占据重要位置，这些因素通常涉及从业人员的个人道德、价值观、心理状态及个人经济状况等方面。首先，贪婪和对财富的强烈追求是驱动金融从业人员走向犯罪道路的主要个人因素之一。在面对可能获得巨额利益的诱惑时，一些人可能放弃职业道德和法律底线，选择非法手段来实现个人目标。其次，个人的道德和伦理标准对于其行为模式至关重要；道德感较弱的人更容易在遇到机会时从事非法活动。此外，心理因素也不可忽视，长期的工作压力、个人或家庭的经济困境、对成功的极端追求等都可能成为推动个人进行职业犯罪的心理动因。最后，个人经济状况的不稳定或债务压力也可能迫使一些金融从业者采取非法手段来缓解经济压力或改善生活状况。因此，加强职业道德教育，提高金融从业人员的法律意识，改善工作环境和压力管理，以及通过提供适当的经济支持和辅导服务来帮助面临经济困境的员工，是防范和减少金融职业犯罪发生的有效措施。

2. 组织因素

组织因素在金融职业犯罪中扮演着至关重要的角色，涉及金融机构的内部控制体系、企业文化、监督管理机制等方面。首先，内部控制的薄弱是导致职业犯罪发生的主要组织因素之一。当金融机构缺乏有效的风险管理和内部审计机制时，就容易为不法行为提供操作空间。其次，企业文化对于塑造员工行为具有深远影响。一种过分强调业绩和短期利益、忽视合规和道德责任的企业文化，可能促使员工为了实现业绩目标而采取不正当的手段。此外，监督与问责机制的不完善也是一个关键的组织因素。如果金融机构的管理层忽视对员工行为的监督，或者对违规行为缺乏有效的惩戒措施，就可能助长职业犯罪的发生。因此，构建一个健全的内部控制体系，培育一种强调诚信、合规和长期价值的企业文化，以及建立一个严格的监督与问责机制，对于预防和减少金融职业犯罪至关重要。这不仅需要金融机构自身的努力，而且需要行业协会、监管机构以及社会各界的共同参与和支持。

3. 制度因素

金融职业犯罪与制度因素高度相关，主要涉及法律法规的完备性、监管机构的有效性以及行业标准的严格性。首先，法律法规的缺失或滞后无法覆盖金融创新带来的新型犯罪手段，为金融犯罪提供了漏洞。例如，随着金融科技的发展，传统的法律可能难以应对互联网金融、虚拟货币等新兴领域的犯罪行为。其次，监管机构的监管能力和执行力直接影响金融市场的规范运作。如果监管机构缺乏足够的资源、技术或权限去有效监督金融市场，或者存在监管执行不严格的情况，都可能导致金融职业犯罪行为的滋生。此外，行业内部缺乏严格的自律机制和标准，也是制度因素中的一个重要方面。行业标准和自律规范的不健全，会减弱金融机构内部控制的约束力，为不法分子提供可乘之机。因此，加强制度建设，不断完善与金融市场发展相适应的法律法规体系，提升监管机构的监管能力和效率，以及加强行业内部的自律和标准制定，对于防范和打击金融职业犯罪至关重要。这要求政府、监管机构、金融机构以及行业协会等多方面的共同努力，通过制度创新和监管科技的应用，建立一个更加透明、公正和安全的金融市场环境。

4. 社会文化因素

社会文化因素对金融职业犯罪的影响不可忽视，它们通过塑造个体的价值观、道德观和行为准则间接地影响金融行为。在某些社会文化环境下，过度的物质主义和成功至上的观念可能促使个人不惜采取非法手段以追求经济利益和社会地位。当社会普遍认为经济成功是衡量个人价值的主要标准时，这种压力可能导致金融从业人员在面临道德和法律边界时做出错误的选择。此外，社会对金融犯罪的容忍度和对金融职业道德的关注程度也是重要的社会文化因素。在对金融违法行为采取宽容态度的社会环境中，金融从业人员可能感到从事职业犯罪的风险较低，从而降低了他们的心理防线。同时，社会对金融知识和金融安全意识的普及程度也对预防金融犯罪至关重要。公众对金融产品和市场运作机制的了解不足，不仅容易成为金融犯罪的受害者，而且可能无意中为金融犯罪提供了滋生土壤。因此，改善社会文化环境，树立正确的财富观和成功观，加强金融道德和法律教育，提高公众的金融素养，是预防和减少金融职业犯罪的重要途径。这需要政府、教育机构、媒体以及整个社会的共同努力，通过多渠道、多层次的教育和引导，营造一个健康、正向的社会文化环境，从根本上降低金融职业犯罪的发生率。

金融行业职业犯罪行为的原因是多元化的，需要从多个角度入手，采取综合性措施加以解决。这包括加强职业道德和法律法规教育，完善企业内部控制和监督机制，更新和完善相关法律法规以适应金融市场的发展，以及提高公众的金融知识水平和风险意识等。通过这些措施，可以在一定程度上减少金融行业职业犯罪行为的发生，维护金融市场的稳定和公正。

（二）金融行业职业犯罪的防范措施

针对金融行业职业犯罪，有效的防范措施应该从多个层面入手，包括加强法律法规建设、完善金融机构内部控制、提高金融从业人员的职业道德和法律意识，以及加强社会和公众的金融教育、强化监管技术和国际合作等。

1. 加强法律法规建设

加强法律法规建设是预防和打击金融行业职业犯罪的基石。这要求立法机构不断审视和更新现有的法律体系，确保其能够覆盖金融市场的新发展、新产品和新技术。首先，需要明确界定金融犯罪的范围和类型，包括但不限于内幕交易、欺诈、挪用资金等，为金融犯罪的认定和处罚提供清晰的法律依据。其次，法律法规应当设定严格的处罚措施，提高金融犯罪的违法成本，对潜在的犯罪分子形成有效的威慑。此外，法律法规还应包含对金融机构内部控制和风险管理的要求，强制金融机构建立健全的内部监督机制和透明的运营流程，以减少职业犯罪的机会。在法律的执行层面，加大执法力度和效率同样重要，这需要提高执法人员的专业能力和侦查技术，加大对金融犯罪的打击力度。同时，法律法规的完善也需要与国际标准接轨，加强与其他国家和地区在金融监管和犯罪打击方面的合作，共同构建跨国金融犯罪的防范和应对机制。通过这些措施，加强法律法规建设，能够为金融市场的健康发展提供坚实的法制保障，保护投资者的合法权益，并维护金融稳定和经济安全。

2. 完善金融机构内部控制

完善金融机构内部控制是防范职业犯罪的关键措施之一，它要求金融机构建立和维护一套有效的风险管理和内部监督体系。首先，金融机构应制定明确的内部控制政策和程序，包括但不限于财务管理、操作流程、合规审查以及员工行为规范等方面，确保所有业务活动都在既定的框架和标准下进行。其次，建立健全的内部审计机制至关重要，定期和不定期的审计能够及时发现内部控制的漏洞和不规范的行为，为管理层提供决策支持。同时，金融机构还需要强化合规管理，设立专门的合规部门，监督和确保机构运营符合相关法律法规和行业标准。此外，信息技术的应用对于内部控制同样至关重要，金融机构应利用先进的信息系统和技术手段，如数据分析、风险评估模型等，提高风险管理的效率和准确性。在人员管理方面，金融机构应实行岗位轮换和职责分离的原则，避免权力过度集中，减少职业犯罪的机会。同时，加强对员工的职业道德和合规意识培训，提高他们识别和防范职业犯罪的能力。最后，金融机构应建立有效的沟通和报告机制，鼓励员工报告可疑行为，保护举报人免受报复。通过这些综合措施，完善金融机构内部控制，能够有效降低职业犯罪的风险，维护金融机构的稳健运营和良好声誉。

3. 提高金融从业人员的职业道德和法律意识

提高金融从业人员的职业道德和法律意识是预防金融职业犯罪的重要措施。这一过程要求金融机构和监管机构共同努力，通过一系列教育和培训活动，培养从业人员的法律责任感和道德标准。首先，金融机构应定期组织职业道德和法律法规的培训课程，使员工充分理解金融行业的法律框架以及自身的法律义务和职责。这些培训不仅应涵盖基本的法律知识，而且应包括行业最佳实践、案例分析等内容，以提高培训的实用性和针对性。此外，金融机构应通过建立正面的激励机制和负面的惩戒机制来强化职业道德的重要性。正面激励可以包括表彰合规和道德表现突出的员工，将合规行为作为晋升和奖励的重要考虑因素；而负面惩戒则需要明确违反职业道德和法律规定的后果，确保违规行为受到适当的处罚。在组织文化层面，金融机构应倡导一种以诚信为核心的企业文化，将遵守法律法规和维护职业道德视为企业的基本价值观之一。通过领导层的示范作用和日常工作中对这些价值观的不断强调，形成一个促进诚信和合规的工作环境。最后，监管机构和行业协会也应发挥作用，通过公开宣传、组织行业论坛、发布行业指导原则等方式，提高整个行业对职业道德和法律意识的重视。通过这些综合措施，可以有效提升金融从业人员的职业道德和法律意识，为构建一个健康、稳定的金融市场奠定坚实的基础。

4. 加强社会和公众的金融教育

加强社会和公众的金融教育是构建稳健金融体系的重要组成部分，旨在提高公众的金融知识水平，增强他们的风险防范意识，从而使他们能够做出更加明智的金融决策，减少成为金融犯罪受害者的风险。金融教育应从多个层面入手，首先，学校教育系统应将金融知识纳入课程体系，从小培养学生的金融意识和基本的金融管理能力。其次，金融机构和监管机构应定期举办各种公开讲座、研讨会和线上课程，覆盖投资理财、风险管理、防范金融诈骗等内容，为不同年龄和背景的公众提供定制化的金融知识教育。此外，媒体和社交平台在金融教育中发挥着至关重要的作用，它们能够广泛传播金融知识，提高公众对当前金融热点和潜在风险的认识。通过定期发布金融知识专栏、金融安全提示和案例分析，媒体可以帮助公众建立起一套有效的风险防范机制。同时，非政府组织和行业协会也应参与到金融教育中来，通过组织社区活动、提供咨询服务等形式，直接面向基层公众，普及金融知识。最后，政府应支持和推动金融教育项目的实施，通过政策引导和资金支持，鼓励更多机构参与到公共金融教育中来。综合运用这些渠道和方法，加强社会和公众的金融教育，不仅可以帮助公众提升金融素养，做出更为理性的金融决策，而且能够提高整个社会对金融犯罪的防范能力，从而为维护金融市场的稳定和公平贡献力量。

5. 强化监管技术和国际合作

强化监管技术和国际合作是应对金融行业职业犯罪的关键策略之一。随着金融市场的全球化和金融科技的快速发展，金融犯罪手段日益高科技化和复杂化，单一国家或地区的监管机构往往难以独立应对。因此，提升监管技术和强化国家间的合作显得尤为重要。在监管技术方面，利用大数据分析、人工智能、区块链等先进技术，可以有效提高监管的效率和精准度。大数据和人工智能能够帮助监管机构分析大量的金融交易数据，及时识别异常交易模式，预测和防范潜在的金融风险。区块链技术的不可篡改性和透明性，可以用于提高金融交易的安全性和可追溯性。此外，云计算和加密技术也是提升金融数据处理能力和保护金融信息安全的重要工具。在国际合作方面，金融犯罪往往跨越国界，需要各国监管机构和执法部门之间建立紧密的合作关系，共享信息、协调行动，共同打击跨国金融犯罪。通过国际组织如 IMF、世界银行、金融行动特别工作组（FATF）

等平台，加强国家间的政策对话和经验交流，可以提升各国应对金融犯罪的整体能力。同时，建立跨国金融犯罪的快速响应机制和司法协助体系，对于有效追踪和打击跨国金融犯罪活动至关重要。总之，通过强化监管技术的应用和加强国际合作，可以为金融监管机构提供更多的资源和手段，有效应对日益复杂多变的金融犯罪挑战，维护金融市场的稳定和安全。

通过全面实施上述多维度的综合措施，我们能够在根本上加强对金融行业职业犯罪的预防和打击力度。从加强法律法规建设，确保有强有力的法律框架支撑，到完善金融机构内部控制，提高机构自身的防范能力；从提升金融从业人员的职业道德和法律意识，培养正直的金融文化，到加强社会和公众的金融教育，增强整个社会的风险防范意识；再到强化监管技术的应用和国际合作，打造跨国界的防范和应对网络。这些措施相互补充，形成了一个全方位、多层次的防范体系。这样的体系不仅能够有效减少金融行业中的职业犯罪行为，而且能够维护金融市场的稳定性和公正性，为金融消费者提供更加安全、透明的金融环境。在这样的环境中，金融消费者的合法权益得到充分保护，金融机构的健康发展得以促进，金融市场的长期稳定和繁荣也将得到保障。总之，通过这些综合措施的实施，我们能够构建一个更加健康、稳定、公正的金融市场环境，为经济的持续健康发展提供坚实的基础。

三、清廉金融思想政治教育与金融犯罪的预防

（一）加强清廉金融思想政治教育是预防金融犯罪的根本

在金融行业的快速发展中，金融犯罪行为日益成为威胁市场稳定和金融安全的重大隐患。如何有效预防和减少金融犯罪行为，维护金融市场的稳定性和公正性，成为摆在各国监管机构和金融机构面前的重要课题。在众多防范措施中，加强清廉金融思想政治教育，是预防金融犯罪的根本之策。

1. 清廉金融思想的核心

清廉金融思想的核心在于倡导金融从业人员树立和维护高标准的职业道德和诚信，坚决反对任何形式的金融犯罪和不正当行为。这种思想强调，金融行业的健康发展依赖于从业人员的个人品德和专业操守，要求他们在日常工作中严格遵守法律法规，公正诚实地对待每一项业务，公平对待每一位客户。清廉金融不仅要求个人拒绝贿赂、欺诈、内幕交易等直接的违法行为，而且要求从业人员避免任何可能导致利益冲突的情形，保持执业独立性和客观公正性。此外，清廉金融思想还包含了对金融机构文化的要求，即建立一种以诚信为核心，以客户为中心的企业文化，鼓励透明、负责任的金融实践，从而在整个金融行业内部营造出一种正直、清廉的氛围。通过培育和弘扬清廉金融思想，

可以有效提升金融行业的整体道德水平，减少金融犯罪和不道德行为，保障金融市场的稳定和公众利益的安全。

2. 思想政治教育的重要性

思想政治教育在预防金融犯罪中扮演着至关重要的角色，因为它不仅是知识传授的过程，而且是价值观塑造和道德观念培养的过程。首先，通过系统的思想政治教育，可以在金融从业人员心中树立正确的世界观、人生观和价值观，引导他们形成健康的职业态度和高尚的职业道德。这种教育能够使金融从业人员深刻认识到自己的社会责任和职业使命，理解遵守法律法规、维护金融市场秩序和公平正义的重要性。其次，思想政治教育能增强金融从业人员的法律意识和风险防范意识，使其在面对金融犯罪的诱惑和压力时，能够坚守法律底线，做出正确的职业行为选择。通过对金融犯罪案例的学习和分析，金融从业人员能够更加清楚地认识到金融犯罪的危害性和严重后果，从而在实际工作中提高警惕，积极预防和抵制金融犯罪行为。最后，思想政治教育还能够促进金融行业文化的建设，通过强化集体主义精神和团队协作意识，促进金融机构内部的和谐与团结，形成积极向上、清正廉洁的金融工作环境。这样的环境不仅有利于金融从业人员个人的健康成长和职业发展，而且有利于金融机构的长远发展和金融市场的稳定健康运行。因此，加强思想政治教育是构建清廉金融体系、预防金融犯罪的根本之策。

3. 实施路径

实施清廉金融思想政治教育的路径需要多方面展开，确保金融从业人员深刻理解并践行清廉金融的核心价值观。首先，金融机构应将思想政治教育纳入员工培训计划的核心内容，通过定期举办讲座、研讨会和培训班，涵盖职业道德、法律法规、风险管理等方面，以确保所有员工都能接受系统的教育。其次，应用案例教学方法，分析金融犯罪案例，让员工从中吸取教训，增强风险防范意识。金融机构还应建立健全的激励与约束机制，将职业道德表现作为员工评估、晋升和奖惩的重要依据，鼓励员工在工作中秉持诚信原则。同时，创建开放的沟通环境，鼓励员工积极提出建议和反馈，对观察到的不当行为进行报告，确保问题能够及时被发现和纠正。此外，金融机构应与外部专业机构合作，引进外部讲师和专家进行专题讲座，拓宽员工的视野，加深对金融职业道德和法律责任的理解。在更广泛的层面上，监管机构、行业协会和教育机构应共同参与，通过公共媒体宣传、社会活动和学术研究，进一步普及清廉金融思想，形成社会共识。通过这些实施路径的有机结合和协同努力，可以有效地推进清廉金融思想政治教育的深入开展，为建设一个健康、稳定、透明的金融市场环境打下坚实的基础。

加强清廉金融思想政治教育能够从根本上提高金融从业人员的职业道德水平和法律意识，为构建一个健康、稳定的金融市场奠定坚实的基础，有效预防金融犯罪行为的发生。

（二）强化内部控制预防金融职业犯罪

在金融行业的发展过程中，职业犯罪一直是一个棘手的问题，它不仅给金融机构自身带来巨大的经济损失，而且严重破坏了金融市场的稳定性和公众对金融体系的信任。为了有效预防和减少金融职业犯罪的发生，强化内部控制成为金融机构必须采取的关键措施之一。内部控制是指金融机构为了实现有效的运营、可靠的财务报告、法律法规的遵守以及资产的保护，而建立的一系列规章制度和操作流程。一个健全的内部控制体系能够及时发现和纠正金融活动中的错误和不规范行为，防止职业犯罪的发生。

1. 内部控制的核心要素

内部控制的核心要素构成了金融机构维护有效运营、确保财务报告可靠性、遵循法律法规和保护资产的基础框架。首要的是**控制环境**，它为内部控制系统提供基础，包括但不限于机构的组织结构、管理哲学、人力资源政策和职业道德标准。控制环境的强健性直接影响员工行为和内部控制制度的有效性。其次是**风险评估**，金融机构需要识别和评估其面临的各种风险，特别是那些可能威胁到机构达成其运营目标的风险。这包括外部环境带来的风险以及内部流程中潜在的风险点。**控制活动**则是指那些为了应对风险评估中识别出的风险而设计和实施的政策和程序。这些控制活动跨越了金融机构的各个层级和功能领域，包括授权、审核、记录、安全控制等。**信息与沟通**是确保所有组织成员获取、产生并利用相关信息以支持内部控制的运行。有效的信息系统和沟通渠道对于实现内部控制目标至关重要。最后，**监督**活动确保内部控制系统的持续运行和改进。这包括定期的内部控制评估和必要时对控制措施的调整，以适应环境的变化或解决在执行过程中发现的问题。

这些核心要素共同构成了一个互相补充、相互作用的综合体系，通过不断地监督和评估，确保内部控制系统能够有效地运行，从而预防金融职业犯罪，保障金融机构的稳定发展。

2. 强化内部控制的实施策略

强化内部控制的实施策略是金融机构维护稳定运营和防范职业犯罪的关键。首先，确立强有力的控制环境是基础，这意味着金融机构需要从最高管理层开始，树立清晰的道德标准和职业操守，营造一个重视合规和诚信的工作氛围。管理层的态度和行为将对全体员工产生示范效应，因此，领导层必须通过自身行为来传达内部控制的重要性。其次，金融机构应进行全面的风险评估，识别和分析可能影响机构目标达成的内外部风险。基于风险评估的结果，制定和实施针对性的控制活动，如制定清晰的操作程序、设定审批权限和交易限额，以及实施有效的监督和检查机制。此外，建立健全的信息和沟通系统也至关重要。金融机构需要确保信息的准确性和及时性，同时，建立有效的沟通渠道，确保所有层级的员工都能够获得执行内部控制所需的信息，并能够及时上报潜在的问题和风险。加强监督机制是持续优化内部控制体系的关键。这包括定期进行内部审计和评估，及时发现并纠正内部控制的不足，以及根据外部环境和内部条件的变化不断调整和优化控制措施。最后，金融机构应当重视员工的培训和发展，通过定期的培训和教育，提高员工的职业道德、法律法规知识和风险意识，从而使员工能够在日常工作中自觉遵守内部控制规定，有效防范风险。

金融机构通过强化内部控制，预防职业犯罪的发生，为金融市场的健康发展提供坚实的基础，保护投资者的利益，维护金融体系的稳定和公信力。

（三）完善法律及其他制度建设预防金融犯罪

在当今快速发展的金融市场中，金融犯罪成了一个日益突出的问题，它不仅威胁到金融机构的安全，而且破坏了市场的稳定性和公众的信任。因此，完善法律及其他制度建设成为预防金融犯罪的关键。

1. 法律体系的完善

完善法律体系是预防金融犯罪的基础和前提，需要法律制定者不断适应金融市场的发展和金融犯罪形式的演变，更新和修订相关法律法规。首先，法律应明确界定金融犯罪的范围和类型，包括但不限于传统的欺诈、内幕交易、挪用公款等，同时针对新兴的金融科技和互联网金融领域可能出现的犯罪行为，如网络诈骗、数据泄露、虚拟货币相关犯罪等，也要进行明确和具体的规定。其次，法律体系需要设定合理而严厉的处罚措施，确保对金融犯罪行为有足够的威慑力。这不仅包括对直接犯罪行为的处罚，而且应包括对犯罪行为的帮助者、纵容者的相应处罚，以及对受害者救济和权益保护的规定。此外，法律体系还应强化对金融监管机构的授权，赋予其必要的监管权限和手段，使其能够有效地执行监管职责，及时发现和处理金融犯罪行为。这包括但不限于对金融机构的审查、对可疑交易的调查、对违法行为的处罚等。最后，法律体系的完善还需要考虑国际合作的需要，与国际金融犯罪打击的标准和实践保持一致，加强与其他国家在金融犯罪打击方面的协作和信息共享，共同提高全球金融市场的安全性和稳定性。通过这些措施，完善的法律体系能够为预防金融犯罪提供坚实的法制基础，保护金融消费者的权益，维护金融市场的正常秩序和稳定发展。

2. 监管制度的强化

强化监管制度是预防金融犯罪的关键措施之一，它要求监管机构不仅要拥有足够的权威和能力，而且需要采取先进的监管技术和方法。首先，监管机构应具备全面的监管权限，能够对金融市场的各个方面进行有效监督，包括但不限于金融机构的资本充足性、风险管理体系、业务操作以及市场行为等。监管制度应明确规定监管机构的职责和权力，确保其能够在必要时介入金融活动，采取相应的监管措施。其次，监管机构需要采用基于风险的监管方法，对不同的金融机构和金融活动根据其风险特征和影响程度进行差异化监管。这要求监管机构具备强大的风险评估和分析能力，能够及时识别金融市场中的潜在风险点和不稳定因素。此外，监管机构还应利用金融科技，如大数据、人工智能等技术，提高监管的效率和精确度。通过对大量金融交易数据的分析和挖掘，监管机构可以更快地发现异常交易行为，提前预警潜在的金融风险和犯罪活动。监管机构还应加强与金融机构的沟通和协作，建立有效的信息共享和反馈机制，确保监管措施的及时性和针对性。同时，监管机构也需要加强国际合作，与其他国家的监管机构共享信息，协调监管行动，共同打击跨国金融犯罪。强化的监管制度能够为金融市场提供更加安全、稳定的运行环境，有效预防金融犯罪，保护投资者和消费者的合法权益。

3. 社会共治的推动

推动社会共治是预防金融犯罪的一项重要策略，它依赖于政府、金融机构、媒体、公众以及其他社会组织的共同参与和努力。在社会共治的框架下，各方利益相关者通过协作和资源共享，形成了一个多元化的金融犯罪防控网络。政府部门应担当领导角色，制定明确的政策和法规，引导和协调各方面的力量参与到金融犯罪防控中。同时，政府还可以提供必要的资金支持和技术平台，促进金融知识的普及和金融安全意识的提升。金融机构作为直接管理和运营金融资产的主体，应负责加强内部控制，提高透明度和公信力，主动与监管机构和公众沟通，及时公布相关信息和数据，增强公众对金融市场的了解和信任。媒体和社交平台在社会共治中扮演着信息传播者的角色。通过发布金融安全知识、分析金融犯罪案例、揭露非法金融活动等，媒体不仅可以帮助提高公众的警惕性和防范能力，而且可以形成对金融犯罪行为的社会舆论压力。公众的参与是社会共治机制中不可或缺的一环。通过教育和培训，公众应增强自身的金融知识和风险意识，学会识别和防范金融诈骗和欺诈行为。公众还可以通过举报可疑行为、参与社区金融安全活动等方式，直接参与到金融犯罪的防控中。最后，其他社会组织如非政府组织、行业协会等，也可以通过举办讲座、研讨会、提供咨询服务等形式，为金融犯罪防控贡献力量。社会共治机制能够有效地集聚和利用社会资源，形成合力，为预防和打击金融犯罪提供有力支持，维护金融市场的稳定和公众利益的安全。

通过完善法律体系、强化监管制度，以及推动社会共治，可以构建一个多层次、全方位的金融犯罪防控体系，有效预防和减少金融犯罪行为，维护金融市场的稳定和公众的利益。

第九章
开展清廉金融思想政治教育的工作方法与经典案例

近年来，金融机构从业人员犯罪案量呈上升态势，其中银行涉案最多。2021 年 2 月 1 日，中国司法大数据研究院与 21 世纪经济报道、北京市京师律师事务所金融犯罪研究中心联合发布《中国金融机构从业人员犯罪问题研究白皮书（2018—2020）》（以下简称“白皮书”）。澎湃新闻注意到，前述白皮书依托中国裁判文书网已公开的裁判文书，对 2018 年 1 月 1 日至 2020 年 12 月 31 日的金融机构从业人员犯罪案件进行深入分析（赵修彬，2023）。

白皮书指出，在金融反腐高压下，金融机构从业人员犯罪案件审结态势整体呈上升趋势，预计未来几年有望实现触顶回落。数据显示，2018—2020 年，全国各级人民法院审结金融机构从业人员犯罪案件共 1 573 件，从年度分布来看，2018 年审结 264 件；2019 年审结 688 件，同比增长 160.61%；2020 年审结 621 件，同比下降 9.74%。

从罪名分布来看，诈骗罪占比最高，共 428 件，占比为 27.21%；其余排名靠前的罪名分别为：违法发放贷款罪（124 件，7.88%），职务侵占罪（106 件，6.74%），受贿罪（101 件，6.42%），集资诈骗罪（84 件，5.34%），挪用资金罪（72 件，4.58%），骗取贷款、票据承兑、金融票证罪（69 件，4.39%），贪污罪（67 件，4.26%）；其他占比为 33.18%。

从涉案金额分布来看，1 万元（不含）以下的占 4.05%；1 万（含）～10 万元（不含）的占 14.27%；10 万（含）～100 万元（不含）的占 27.38%；100 万元（含）及以上的占 54.30%。平均涉案金额为 717.48 万元。白皮书显示，在诈骗罪案件中，虚构理财产品的占 31.45%、谎称减少利息或无息贷款的占 23.14%、骗取保险的占 20.56%、谎称保险分红的占 15.78%、谎称提高借款额度的占 9.07%。

在违法发放贷款罪中，银行占 85.27%、信用社占 12.40%、小额贷款公司占 2.33%。白皮书同时指出，在金融机构从业人员犯罪案件中，银行是涉案最多的金融机构类型，涉案工作人员多为基层员工。数据显示，2018—2020 年，在前述犯罪案件中，从身份为自然人的被告人所在金融机构分布特点来看，银行占 31.90%。涉案的工作人员超九成为自然人，基层员工占近七成，且年龄集中在 30～39 岁，学历较高。

由此可见，做好金融机构从业人员的清廉金融思想政治工作任重而道远。

一、清廉金融思想政治教育机制的构建

（一）完善组织领导架构

推进清廉金融思想政治教育时，完善组织领导机制是确保教育活动有效开展的前提，如何构建组织领导体系，可以从以下几个方面进行（陈志法，2020）：

1. 明确领导责任

金融机构的高级管理层必须认识到清廉金融思想政治教育的重要性，并将其作为机构文化建设和风险管理的重要组成部分。为此，需要确立领导架构，明确由金融机构的主要负责人，如董事长或总经理，担任清廉金融教育领导小组的组长，负责整体的指导和监督。同时，分管领导作为副组长，负责具体的执行和日常管理。

（1）**确立领导架构：**这一架构应明确各级领导在清廉金融教育中的责任和角色，确保从上到下形成一种责任传导机制。领导层的示范作用对于推动整个机构的清廉文化至关重要。领导层的承诺和行动将直接影响员工的行为和态度。

（2）**第一责任人制度：**第一责任人制度要求金融机构的主要负责人对清廉金融教育的成效负总责。这意味着，主要负责人需要亲自参与教育计划的制订，定期听取进展汇报，并在必要时做出决策。这种制度有助于确保清廉金融教育不会被忽视或边缘化，而是成为金融机构运营的核心部分。

2. 建立领导小组和工作机构

为了确保清廉金融思想政治教育的有效实施，金融机构需要建立专门的领导小组和工作机构。这个领导小组应由来自不同部门的代表组成，包括但不限于人力资源部门、合规部门、风险管理部门和内部审计部门。这样的跨部门合作有助于确保教育活动能够全面覆盖金融机构的各个方面，并能够针对不同的业务特点和风险点进行定制化的教育。

（1）**成立专项工作组：**领导小组的成立应基于明确的目标和任务，例如制订教育计划、监督教育实施、评估教育效果等。工作组的成员应当具备相应的专业知识和经验，能够有效地推动教育活动的开展。

（2）**明确职责分工：**领导小组内部应有明确的职责分工，每个成员都应清楚自己的任务和责任。例如，人力资源部门可负责组织培训和考核，合规部门可负责制定教育内容和标准，风险管理部门可负责识别教育需求和评估风险，内部审计部门可负责监督和评估教育活动的合规性。

（二）制定清廉相关准则

在推进清廉金融思想政治教育的过程中，制定清廉准则是构建金融行业廉洁文化的

基础，制定清廉金融相关准则时可以从以下几个方面入手：

1. 确立核心价值观与法律基础

首先，金融机构需要明确其核心价值观，这些价值观应当与清廉金融的理念相契合，如诚信、公正、透明和责任。这些价值观将成为制定具体准则的基础，并引导员工的行为和决策。同时，清廉准则的制定应当基于国家法律法规和金融行业的标准，确保准则内容合法合规，并与国家法律和行业最佳实践保持一致。这包括反洗钱法规、反腐败法规、职业道德规范等，为准则提供坚实的法律基础。

2. 参考国际最佳实践与内部风险评估

在制定清廉准则时，金融机构应参考国际上公认的最佳实践，如国际金融协会的廉洁标准、国际透明组织的建议等。这有助于提升金融机构的国际形象，并与国际金融界的清廉标准接轨。同时，通过对内部风险进行评估，识别可能存在的腐败和不道德行为的风险点，从而在准则中对这些风险点进行明确的规范和防范。风险评估应当全面，涵盖所有业务领域和操作流程，确保准则能够针对性地解决实际问题。

3. 员工参与与行为规范明确化

制定清廉准则的过程中，应当鼓励员工参与，收集他们的意见和建议。员工是准则的执行者，他们的参与可以提高准则的可操作性和接受度。同时，准则应当包含具体的行为规范，明确哪些行为是被鼓励的、哪些行为是被禁止的。例如，可以接受的礼物和服务的范围、处理利益冲突的规定、保护客户隐私的要求等。这些规范应当具体、明确，易于理解和执行。

4. 制定实施细则与持续更新

除了原则性的规定外，还应当制定具体的实施细则，包括如何遵守准则、违反准则的后果、监督和执行机制等。实施细则应当具有可操作性，能够指导员工在日常工作中的具体行为。同时，清廉准则不应当是一成不变的，而应当根据法律法规的变化、行业发展、内外部环境的变化等因素进行定期的更新和改进。这有助于确保准则的时效性和适应性。

5. 培训宣导与监督执行

制定清廉准则后，需要通过培训和宣导活动，确保所有员工都了解和理解准则的内容。可以通过内部培训、研讨会、在线课程等方式进行宣导，并通过考试、问卷调查等手段检验员工对准则的掌握情况。最后，建立有效的监督和执行机制，确保清廉准则得到实际遵守。这包括定期的内部审计、违规行为的调查处理、激励和惩戒措施等。监督和执行机制的建立有助于提升准则的权威性和有效性。

（三）建立有效的激励和惩戒机制

推进清廉金融思想政治教育时，建立有效的激励和惩戒机制是确保教育成效和持续推进的关键。

1. 明确激励措施

激励措施是推动员工积极参与清廉金融思想政治教育的重要手段。通过正面的激励，可以提高员工的参与度和执行力，从而形成良好的清廉文化氛围。

（1）**表彰与奖励：**对于积极参与清廉金融教育并在实际工作中表现出色的个人或团队，应给予表彰和奖励。这些奖励可以是荣誉证书、奖金、额外的假期、优先晋升机会等形式。通过公开的表彰和奖励，不仅可以激励受奖者，而且可以激励其他员工效仿其行为。

（2）**职业发展：**将清廉行为和思想政治教育的参与度作为员工晋升、职位调整和职业发展的重要考量因素。这可以通过制定明确的晋升政策和职业发展路径来实现，确保员工明白清廉行为对其职业生涯的积极影响。

（3）**公开认可：**通过内部通信、会议或公开场合，对展现出良好清廉行为的员工进行公开认可，提升其在同事和行业中的声誉。这种认可可以是定期的“清廉之星”评选、优秀案例分享等，通过正面的宣传，增强员工的荣誉感和归属感。

2. 制定惩戒措施

惩戒措施是确保清廉金融思想政治教育得到有效执行的必要手段。通过明确的约束，可以防止和减少不廉洁行为的发生。

（1）**制度规范：**制定和完善一系列规章制度，明确禁止的不廉洁行为及其后果，如利益冲突、内幕交易、收受贿赂等。这些制度应当详尽具体，涵盖金融机构运营的各个方面，为员工提供清晰的行为指南。

（2）**责任追究：**对于违反清廉准则的行为，实行严格的责任追究制度，包括纪律处分、职务调整、解聘等措施。责任追究应当公正、透明，确保所有员工都能看到违规行为的严重后果。

（3）**监督机制：**建立健全的监督机制，包括内部审计、合规检查、匿名举报系统等，确保清廉准则得到有效执行。监督机制应当独立于被监督对象，以保证监督的有效性和公正性。

3. 将激励与惩戒相结合

激励和惩戒机制应当相互配合，共同作用于员工行为的引导和规范。

（1）**绩效考核：**将清廉行为和思想政治教育的参与度纳入员工的绩效考核体系，使之成为评价员工表现的重要指标。绩效考核的结果应与员工的薪酬、晋升等直接挂钩，形成正向激励和负向约束的双重效果。

（2）**教育培训：**通过定期的教育培训，强化员工对清廉金融重要性的认识，提升其遵守清廉准则的自觉性。教育培训应包括法律法规、职业道德、案例分析等内容，确保员工全面理解清廉金融的要求。

（3）**文化建设：**通过建设清廉金融文化，形成一种正面的激励氛围，使员工内化清廉价值观，自觉抵制不正之风。文化建设可以通过组织文化活动、创建宣传材料、建立文化标识等方式进行，使清廉金融成为金融机构的核心竞争力。

4. 持续优化机制

激励和约束机制不是一成不变的，需要根据实际情况进行持续的优化和调整。

（1）**反馈与调整**：定期收集员工对激励和约束机制的反馈，根据反馈结果进行必要的调整和优化。这种反馈可以通过问卷调查、座谈会、意见箱等方式收集，确保机制的适应性和有效性。

（2）**案例分析**：通过对典型案例的分析，总结经验教训，不断完善激励和约束机制。案例分析可以帮助员工认识到清廉金融的实际意义，同时为管理层提供改进机制的依据。

（3）**持续宣导**：通过持续的宣导和教育，使激励和约束机制深入人心，成为员工行为的自觉遵循。宣导可以通过内部媒体、培训会议、主题活动等形式进行，确保清廉金融的理念得到广泛传播和深入理解。

5. 强化组织领导

领导层的示范作用和组织领导是激励和约束机制得以有效实施的关键。

（1）**领导示范**：要求金融机构的领导层以身作则，成为清廉金融的模范，通过自身行为对下属产生正面影响。领导层的行为将直接影响整个机构的文化和氛围。

（2）**责任落实**：确保各级管理层对激励和约束机制的实施负有明确的责任，形成上下一致的执行力度。这需要明确各级领导的责任范围和职责，确保每个人都知道自己在清廉金融中的角色和任务。

（3）**资源整合**：整合人力资源、财务资源和信息资源，确保激励和约束机制的有效运行。资源的合理配置和有效利用是机制成功实施的基础。

（四）建立监督机制

在推进清廉金融思想政治教育的过程中，建立有效的监督机制对于确保教育活动得到有效执行和持续改进至关重要，可以通过以下 5 个方面实现监督机制的建立：

1. 明确监督责任与制定监督流程

金融机构必须首先明确监督责任的分配。这通常涉及设立一个或多个专门的监督委员会或监察部门，负责制订和执行监督计划。这些部门或个人应具备足够的权威和资源，以确保他们能够有效地执行监督职责。监督流程应详细规定监督的频率、方法、内容和标准，包括但不限于定期的自我评估、同行评审、上级评估以及第三方独立评估。

2. 强化内部控制与跨部门协作

强化内部控制机制是防范风险和确保合规的关键。金融机构应建立和完善查审分离机制、履职回避机制、工作督办机制、廉政风险排查机制等，以防范和化解纪检监察干部履职风险。此外，建立跨部门协作机制，如合规部门、人力资源部门、内部审计部门等，共同参与监督工作，形成监督合力，提高监督效率和效果。这种协作机制有助于确保监督活动的全面性和连贯性，同时促进信息共享和资源整合。

3. 利用信息技术进行高效监督

信息技术的应用可以显著提高监督的效率和准确性。金融机构可以建立在线监控系统，实时跟踪教育活动的进展，收集和分析员工的反馈和培训效果数据。数据分析工具可以帮助识别教育活动中的不足和风险点，从而及时调整策略。此外，可以建立电子化的举报和反馈平台，鼓励员工积极参与监督，并保证匿名性和安全性。

4. 鼓励员工参与与定期报告

员工的参与是监督机制成功的关键。金融机构应鼓励员工通过匿名举报系统、员工反馈渠道等方式，积极参与监督工作。这不仅可以增加监督的广度和深度，而且可以提升员工的责任感和归属感。同时，定期向管理层和相关监管机构报告监督结果，必要时向社会公开，以增加透明度和公信力。这种公开透明的监督报告机制有助于建立金融机构的正面形象，并促进外部监督。

5. 持续改进与反馈循环

监督机制的有效性在于其能够促进持续改进。金融机构应建立一个反馈循环机制，确保监督结果得到有效利用，不断调整和完善教育活动。这包括定期审查和更新教育内容、方法和策略，以适应金融行业的发展和变化。同时，应定期组织培训和研讨会，提升监督人员的专业能力和水平。通过持续改进，金融机构可以确保清廉金融思想政治教育始终保持活力和相关性。

通过上述措施，金融机构可以建立一个全面、有效的监督机制，确保清廉金融思想政治教育得到有效执行，并根据实际情况进行持续改进，从而促进金融行业的廉洁文化建设和健康发展。

（五）建立高效的评估机制

推进清廉金融思想政治教育时，建立一个有效的评估机制是确保教育活动达到预期目标并持续改进的重要环节，可以通过以下几个方面建立评估机制：

1. 制定评估目标和指标

评估机制的建立应以明确的评估目标为基础，这些目标应与清廉金融思想政治教育的整体目标相一致。接下来，需要制定一系列量化和定性的评估指标，如员工对清廉金融知识的掌握程度、廉洁行为的改进、腐败案件的减少等，以便于对教育成效进行客观衡量。

2. 设计评估方法和工具

为了确保评估的有效性和准确性，需要设计合适的评估方法和工具。这可能包括问卷调查、访谈、观察、案例研究、自我评估、同行评审等。同时，可以利用信息技术，如在线评估平台和数据分析软件，来提高评估的效率和科学性。

3. 确定评估主体

评估主体的选择对评估的客观性和全面性至关重要。可以由内部的纪检监察部门、人力资源部门或外部的第三方专业机构来执行评估工作。确保评估主体具有必要的专业知识和独立性，以保证评估结果的公正和可信。

4. 实施定期评估

评估不应是一次性的活动，而应定期进行，以监测和评价清廉金融思想政治教育的长期效果。定期评估可以及时发现问题和不足，为调整和改进教育策略提供依据。

5. 反馈与改进

评估结果应及时反馈给相关管理层和员工，并根据评估结果采取相应的改进措施。这可能包括调整教育内容、方法、频率等，以更好地满足员工的需求和达成金融机构的目标。

6. 建立持续改进的循环

评估机制应包含一个持续改进的循环，即“计划-执行-评估-反馈-改进”的循环。通过这个循环，清廉金融思想政治教育可以不断适应变化的环境和需求，实现持续优化。

7. 整合外部评估和内部评估

外部评估可以提供独立和客观的观点，而内部评估则更贴近实际运营和员工的具体情况。两者的结合可以提供更全面和深入的评估结果。

8. 确保评估结果的透明度和公开性

评估结果的透明度和公开性有助于提高金融机构的责任感和公信力。可以通过内部报告、会议、公告等方式，以及在适当的情况下向社会公开评估结果。

通过上述措施，金融机构可以建立一个全面、有效的评估机制，确保清廉金融思想政治教育得到有效执行，并根据实际情况进行持续改进，从而促进金融行业的廉洁文化建设和健康发展。

（六）建立交流与合作机制

金融机构在推进清廉金融思想政治教育时，建立合作与交流机制是一项至关重要的任务。这样的机制不仅有助于提升教育的效果，而且能促进金融机构之间的信息共享、经验交流以及深度合作，共同构建一个清廉、健康的金融生态环境。可以通过以下几个方面建立合作与交流机制：

1. 明确合作与交流的目标与意义

首先，金融机构需要明确合作与交流的目标和意义。这不仅仅是为了加强清廉金融思想政治教育的推广和实施，更是为了提升整个金融行业的形象和信誉，维护金融市场的稳定和健康发展。通过合作与交流，金融机构可以共享教育资源、交流教育经验，共同提升清廉金融思想政治教育的质量和效果。

2. 建立多样化的合作与交流平台

为了推动合作与交流的深入发展，金融机构需要建立多样化的合作与交流平台。这些平台可以包括定期召开的研讨会、座谈会等线下活动，也可以包括在线教育平台、微信公众号等线上渠道。通过这些平台，金融机构可以方便地进行信息共享、经验交流以及问题探讨，从而推动清廉金融思想政治教育的深入开展。

3. 加强金融机构之间的沟通与协作

金融机构之间的沟通与协作是建立合作与交流机制的关键。各金融机构应积极参与合作与交流活动，分享各自在清廉金融思想政治教育方面的经验和做法，共同探讨解决面临的问题和挑战。同时，金融机构之间还可以建立信息共享机制，及时传递有关清廉金融的最新政策、法规以及行业动态，以便更好地把握市场脉搏和发展趋势。

4. 促进金融机构与监管部门、行业协会等的合作

除了金融机构之间的合作与交流外，还需要加强金融机构与监管部门、行业协会等的合作。监管部门和行业协会在清廉金融思想政治教育方面具有丰富的经验和资源，可以为金融机构提供有力的支持和指导。金融机构可以积极与监管部门、行业协会等建立合作关系，共同推动清廉金融文化的建设和发展。

5. 完善合作与交流机制的保障措施

为了确保合作与交流机制的有效运行，还需要完善相关的保障措施。这包括建立健全的组织机构和管理制度，明确各方的职责和权利；制订详细的合作计划和实施方案，确保合作项目的顺利推进；加强人员培训和队伍建设，提升参与合作与交流人员的专业素质和综合能力；建立有效的监督和评估机制，对合作与交流的效果进行定期评估和总结，以便及时调整和优化合作方案。

6. 注重合作与交流的实际效果

在推进合作与交流的过程中，金融机构应注重实际效果的提升。这要求金融机构不仅要积极参与合作与交流活动，而且要将合作与交流的成果转化为实际的教育实践和改进措施。例如，金融机构可以将合作与交流中获得的先进经验和做法引入自身的清廉金融思想政治教育，提升教育的针对性和实效性；同时，也可以将合作与交流中发现的问题和不足作为改进工作的切入点，不断完善和优化清廉金融思想政治教育的体系和机制。

综上所述，金融机构在推进清廉金融思想政治教育时建立合作与交流机制具有重要意义。通过明确合作与交流的目标与意义、建立多样化的合作与交流平台、加强金融机构之间的沟通与协作、促进金融机构与监管部门和行业协会的合作，以及完善合作与交流机制的保障措施等方面的努力，金融机构可以共同推动清廉金融文化的建设和发展，为金融行业的健康稳定发展贡献力量。

二、如何进行清廉金融思想政治教育

（一）加强员工入职培训的清廉金融思想政治教育

金融机构在员工入职培训时进行清廉金融思想政治教育具有重要的意义。这不仅有

助于提升金融机构的自身形象和竞争力，而且能够促进员工个人成长和企业文化建设，推动金融行业的健康发展（李张光，2020）。因此，金融机构应高度重视清廉金融思想政治教育工作，并将其作为员工入职培训的重要内容之一，金融机构在员工入职培训时可以通过以下方式进行清廉金融思想政治教育：

1. 专题讲座与报告：深化理论认识

金融机构应组织专题讲座和报告会，邀请业内的专家、学者或资深从业人员为员工讲解清廉金融的内涵、原则和实践案例。这种面对面的交流方式，有助于员工深入理解清廉金融的核心理念，掌握其背后的理论支撑，以及其在金融业务中的具体应用。同时，专家们的经验和见解，能够为员工提供宝贵的参考和启示，帮助他们更好地将清廉金融的理念融入日常工作中。

2. 案例分析与讨论：强化实践应用

案例分析是清廉金融思想政治教育中不可或缺的一环。金融机构可以选取一些具有代表性的案例，组织员工进行深入剖析和讨论。通过对案例中的成功经验和失败教训进行总结，员工可以更加直观地了解清廉金融在实际操作中的重要性，以及如何在具体业务中运用清廉金融的原则。同时，案例分析还可以激发员工的思考和创新能力，促使他们不断探索更加有效的清廉金融实践方式。

3. 互动式教学与角色扮演：提升参与感与体验度

互动式教学和角色扮演是增强员工参与感和体验度的重要方法。金融机构可以设计一些与清廉金融相关的互动游戏、小组讨论或角色扮演活动，让员工在轻松愉快的氛围中学习和掌握清廉金融知识。通过参与这些活动，员工可以更加深入地了解清廉金融的操作流程和注意事项，提升自己在实际工作中的应对能力。同时，这种教学方式还能够增强员工之间的交流和合作，促进团队氛围的融洽和协作能力的提升。

4. 在线学习与课程学习：突破时空限制

随着信息技术的不断发展，在线学习和课程学习已经成为一种便捷的学习方式。金融机构可以利用网络平台为员工提供清廉金融相关的在线课程和学习资源。员工可以根据自己的时间和进度进行学习，随时随地获取清廉金融的知识和信息。同时，在线学习平台还可以提供学习进度跟踪、学习效果评估等功能，帮助员工更好地掌握学习内容和效果。

5. 签订廉洁从业承诺书：强化自律意识

在员工入职培训过程中，金融机构可以组织员工签订廉洁从业承诺书。通过签字仪式和承诺书的发放，让员工明确自己在清廉金融方面的责任和义务，增强他们的自律意识和责任感。承诺书的内容可以包括遵守法律法规、坚守职业道德、拒绝利益诱惑等方面的承诺，以及对于违反承诺的相应惩罚措施。这种方式有助于形成员工自我约束和相互监督的良好氛围，推动清廉金融文化的深入发展。

6. 建立廉洁档案与跟踪评估：确保教育效果

为了确保清廉金融思想政治教育的效果，金融机构可以建立员工的廉洁档案，并定期进行跟踪评估。廉洁档案可以记录员工在清廉金融方面的学习、实践和表现情况，以及对于违规行为的处理和纠正措施。跟踪评估则可以通过问卷调查、面谈交流等方式进行，了解员工在清廉金融方面的进步和存在的问题，为后续的培训和教育提供依据。通过这种方式，金融机构可以及时发现并解决员工在清廉金融方面存在的问题，确保教育的针对性和实效性。

除了以上几种方式外，金融机构还可以结合自身的实际情况和员工的特点，探索更多适合清廉金融思想政治教育的方式和方法。同时，金融机构还可以加强与监管部门、行业协会等的合作与交流，共同推动清廉金融文化的建设和发展。

（二）在日常工作中加强清廉金融思想政治教育

金融机构在日常工作时进行清廉金融思想政治教育的重要性不容忽视。这不仅有助于提升金融机构的内部管理水平、维护金融市场的稳定、防范系统性金融风险，而且是金融机构履行社会责任的重要体现。因此，金融机构应高度重视清廉金融思想政治教育工作，将其纳入日常工作的重要内容，确保金融业务的健康、稳健发展，金融机构在日常工作中可以通过以下方式进行清廉金融思想政治教育：

1. 开展廉政文化建设活动

金融机构可以积极开展廉政文化建设活动，如举办廉政知识竞赛、廉政主题征文比赛等，激发员工参与廉政建设的热情。同时，通过悬挂廉政标语、设置廉政展板等方式，营造浓厚的廉政文化氛围，使员工在日常工作中时刻受到廉政文化的熏陶。

2. 模拟法庭与角色扮演

金融机构可以模拟法庭审判过程，让从业人员参与角色扮演，亲身体验法律程序，增强法律实践能力。通过模拟法庭，从业人员可以在模拟的法律环境中学习如何运用法律知识解决问题。

3. 法律知识竞赛与考核

通过举办法律知识竞赛、法律知识测试等形式，激发从业人员学习法律知识的积极性。竞赛和考核可以作为激励机制，鼓励从业人员主动学习法律，提高法律知识水平。同时，考核结果可以作为员工绩效评价的一部分，与晋升、奖励等挂钩。

4. 强化家风建设

家风建设是廉洁文化建设的重要方面。金融机构应倡导良好的家风，通过家庭助廉活动，如家庭廉洁教育讲座、家风家训展示等，引导从业人员在家庭生活中也树立廉洁观念。家风建设有助于形成良好的社会风尚，为廉洁文化建设提供坚实的社会基础。

5. 利用网络平台进行教育宣传

金融机构可以利用网络平台进行清廉金融思想政治教育的宣传和推广。通过内部网站、微信公众号等渠道，发布清廉金融政策、案例剖析、警示教育等内容，使员工随时了解清廉金融的最新动态和要求。同时，可以建立在线学习平台，为员工提供丰富的廉政学习资源，方便员工随时随地进行学习。

6. 结合业务实际开展教育

职业道德教育不应仅限于培训课程，而应融入日常管理和业务流程中。在招聘、晋升、考核等环节，应将职业道德表现作为重要考量因素。在业务操作中，应强调职业道德的重要性，确保员工在实际工作中能够遵循职业规范，如在信贷审批、投资决策、客户服务等环节，始终坚持诚信原则。

7. 开展清廉金融主题实践活动

党性教育是理想信念教育的核心内容。金融机构应通过党课、党日活动、红色教育基地参观等形式，加强党性教育，使从业人员深刻理解党的性质、宗旨和使命。通过学习党的历史，特别是党的奋斗历程和革命先烈的英勇事迹，激发从业人员的爱国情怀和革命精神，增强党性修养。

（三）加强在校学生清廉金融思想政治教育

加强在校学生清廉金融思想政治教育的意义不仅在于培养具备高尚职业道德的金融从业人员，而且在于推动金融行业的健康发展、提升社会道德风尚以及落实全面从严治党和全面依法治国的要求（教育部，2020）。因此，应该高度重视并加强在校学生的教育工作。可以通过以下几种方式加强在校学生清廉金融思想政治教育：

1. 开展专题课程，奠定理论基础

为了使学生全面、深入地了解清廉金融的重要性，可以在学校的金融、经济等相关专业中，设置清廉金融思想政治教育的必修或选修课程。这些课程应由具备专业知识和丰富教学经验的教师担任，确保教学质量和效果。

在课程内容方面，可以围绕清廉金融的理论知识、政策法规、案例分析等方面展开。通过系统讲解清廉金融的基本概念、原则和要求，使学生明确清廉金融的内涵和外延；通过解读相关政策法规，使学生了解清廉金融的制度保障和法律责任；通过分析实际案例，使学生深刻认识到清廉金融在金融行业中的重要作用和现实意义。

此外，还应注重课程教学方法的创新和多样化。可以采用讲授、讨论、案例分析等多种教学方法，激发学生的学习兴趣和积极性。同时，还可以利用多媒体教学工具和网络资源，丰富教学手段和内容，提高教学效果。

2. 举办讲座和研讨会，拓宽学生视野

为了使学生更好地了解清廉金融的实践经验、行业动态和前沿观点，可以定期邀请金融行业的专家、学者或从业人员来校举办讲座和研讨会。

这些讲座和研讨会可以围绕清廉金融的热点问题、发展趋势和未来展望等方面展开。通过专家的讲解和分享，学生可以了解清廉金融的最新动态和实践经验，拓宽视野和思路。同时，还可以为学生提供一个与专家面对面交流的平台，使他们能够更深入地了解清廉金融的相关问题，提出自己的见解和疑问。

此外，还可以鼓励学生积极参与讲座和研讨会的组织和筹备工作，提高他们的组织能力和实践能力。通过参与这些活动，学生不仅能够增长知识，而且能够锻炼自己的综合素质和能力。

3. 开展实践活动，提升实际操作能力

为了使学生在实践中深入了解清廉金融的具体要求和实践方法，可以组织学生参与清廉金融的实践活动。

这些实践活动可以包括社会调查、志愿服务、模拟金融交易等多种形式。通过社会调查，学生可以了解金融行业中的清廉金融现状和存在的问题，提出改进意见和建议；通过志愿服务，学生可以参与金融机构的清廉金融宣传和教育工作，为社会贡献自己的力量；通过模拟金融交易，学生可以模拟真实的金融交易场景，了解清廉金融在实际操作中的应用和要求。

在实践活动过程中，还应注重对学生实践能力的培养和指导。可以安排专业的教师或行业导师进行指导和点评，帮助学生解决实践中遇到的问题和困难，提高他们的实际操作能力和解决问题的能力。

4. 建立校园文化，营造良好氛围

为了引导学生树立正确的价值观和职业道德观，形成崇尚清廉、鄙视腐败的良好风气，可以在校园内营造清廉金融的文化氛围。

首先，通过举办主题班会、文化展览、征文比赛等活动，宣传清廉金融的理念和价值观，引导学生树立正确的职业道德观念。同时，还可以利用校园媒体和网络平台，定期发布清廉金融的相关资讯和案例，方便学生随时随地进行学习和交流。

其次，鼓励学生自发组织清廉金融社团或兴趣小组，开展相关活动和研究。通过社团或小组的活动，学生可以更深入地了解清廉金融的相关知识，增强自身的职业素养和综合能力。

此外，还可以加强与金融机构、政府部门等的合作与交流，共同开展清廉金融思想政治教育活动。通过合作与交流，借鉴和吸收其先进经验和做法，提升教育水平和效果。

5. 建立合作机制，实现资源共享

为了加强清廉金融思想政治教育的针对性和实效性，可以与学校、金融机构、政府部门等建立合作机制，共同开展清廉金融思想政治教育活动。

首先，与金融机构建立实习实践基地，为学生提供实地学习和实践的机会。通过与金融机构的合作，学生可以更深入地了解金融行业的运作机制和清廉金融的具体要求，提升自己的职业素养和实践能力。

其次，与政府部门合作开展清廉金融政策宣传和解读活动。通过邀请政府部门的工作人员来校举办讲座或座谈会，学生可以了解政策制定的背景和目的，加深对清廉金融政策的理解和认同。

此外，还可以加强与其他高校的合作与交流，共同研究和探讨清廉金融思想政治教育的有效方法和途径。通过分享经验和资源，不断提升清廉金融思想政治教育的水平和质量。

（四）利用科技支撑清廉金融建设

在金融行业中，清廉金融思想政治教育是确保行业健康发展的重要保障。随着科技的快速发展，科技支撑成为推动清廉金融建设的重要力量。可以通过以下几种方式实现科技支撑清廉金融建设的目的：

1. 大数据与人工智能的应用

大数据技术能够收集和分析海量的金融交易数据，通过算法模型识别异常交易模式，及时发现潜在的不廉洁行为。人工智能技术，尤其是机器学习和自然语言处理（NLP），可以帮助金融机构理解复杂的交易背景，预测风险，甚至在某些情况下，自动执行合规性检查。这些技术的应用不仅提高了监管效率，而且增强了对金融腐败的预防能力。

2. 在线教育平台的建立

金融机构可以开发在线教育平台，为员工提供清廉金融相关的课程和资源。这些平台可以包含视频讲座、互动讨论、模拟案例分析等功能，通过科技手段提高教育的互动性和吸引力。在线平台还可以通过数据分析，为员工提供个性化的学习路径，确保教育内容与员工的实际需求相匹配。

3. 电子监控系统的实施

在关键业务流程中实施电子监控系统，确保所有交易和操作都有迹可循。这些系统可以记录交易的每一个细节，为监管提供坚实的数据支持。同时，电子监控系统可以作为警示教育的案例，展示违规操作的后果，增强员工的合规意识。

4. 区块链技术的应用

区块链技术的不可篡改性和透明性特点，使其成为提高金融交易透明度的理想工具。在清廉金融建设中，区块链可以用于记录和追踪资金流向，确保资金使用的合规性和透明度。此外，区块链还可以用于智能合约的执行，自动处理合同条款，减少人为干预，降低腐败风险。

5. 智能合规工具的开发

智能合规工具，如合规检查软件，可以帮助金融机构自动检测和提醒潜在的合规风险。这些工具可以集成到金融机构的日常运营中，实时监控业务流程，确保所有活动都符合法律法规和内部规定。智能合规工具的开发和应用，有助于提高金融机构的合规水平，降低违规风险。

6. 风险预警系统的建立

利用数据分析和风险评估模型，建立风险预警系统，对可能的廉洁风险进行实时监控和预警。这有助于金融机构提前发现问题，采取预防措施，减少风险发生。风险预警系统可以结合人工智能技术，提高预警的准确性和及时性。

7. 电子签名和电子合同的推广

在合同签订和文件审批等环节推广电子签名和电子合同，减少纸质文件的使用，提高工作效率，同时降低因文件篡改或丢失带来的风险。电子签名和电子合同的普及，有助于提高合同执行的透明度和可追溯性，为清廉金融提供技术支持。

8. 网络安全和数据保护的强化

在利用科技支撑清廉金融建设的同时，金融机构应加强网络安全和数据保护措施，确保敏感信息的安全，防止数据泄露导致的廉洁风险。这包括采用加密技术保护数据传输，实施严格的访问控制，以及定期进行安全审计。

通过上述科技手段的应用，金融机构不仅能够提高清廉金融教育的实效性，而且能够在实际业务中实现更高效、更透明的监管。科技支撑的清廉金融建设，有助于构建一个更加公正、透明、高效的金融市场环境，为金融行业的稳定和发展提供坚实的基础。同时，这也有助于提升金融机构的公信力，增强公众对金融行业的信任，促进金融市场的健康发展。

三、开展清廉金融思想政治教育工作的优秀案例

在开展清廉金融思想政治教育工作中，多个金融机构和监管部门采取了一系列创新举措，形成了一些优秀案例。以下是几个具有代表性的案例：

（一）上海浦东发展银行廉政建设

上海浦东发展银行作为上海地区的重要金融机构之一，一直高度重视清廉金融思想政治教育工作。该行充分认识到清廉金融对于银行稳健发展和社会和谐稳定的重要性，因此，在推进业务发展的同时，也积极加强员工的清廉金融教育和培训，努力营造风清气正的金融环境。

1. 建立完善的清廉金融教育体系

上海浦东发展银行注重从源头上预防腐败和违规行为的发生，因此，在清廉金融教育方面投入了大量精力。该行建立了完善的清廉金融教育体系，将清廉金融课程纳入新员工入职培训、在岗员工定期培训以及领导干部进修计划。通过系统的培训，使员工深入了解清廉金融的内涵和要求，明确自己在工作中的职责和使命。

在培训内容上，上海浦东发展银行注重结合实际情况，针对员工可能遇到的廉洁风险点进行重点讲解。同时，该行还邀请业内专家和学者为员工们进行深入浅出的讲解和案例分析，使员工们能够更加直观地理解清廉金融的重要性。

此外，上海浦东发展银行还注重运用现代化的教育手段，如在线教育平台、微信公

众号等，为员工提供多样化的学习途径。员工们可以根据自己的时间和需求，随时随地学习清廉金融知识，提高学习效果。

2. 加强清廉金融文化建设

上海浦东发展银行认为，清廉金融不仅是一种制度要求，而且是一种文化自觉。因此，该行在推进清廉金融教育的同时，也注重加强清廉金融文化建设。

该行通过举办清廉金融主题活动、制作清廉金融宣传资料、设立清廉金融文化墙等方式，营造浓厚的清廉氛围。同时，该行还鼓励员工积极参与清廉金融文化建设，如开展清廉金融征文比赛、征集清廉金融标语等，让员工在参与中感受到清廉金融的魅力和力量。

此外，上海浦东发展银行还注重将清廉金融文化与业务发展相结合，通过制定清廉金融业务规范、推广清廉金融产品等方式，将清廉金融理念融入业务经营中，实现业务发展与清廉金融文化的良性互动。

3. 严格监督考核机制

为了确保清廉金融教育工作落到实处，上海浦东发展银行建立了一套严格的监督考核机制。该行定期对员工的清廉金融知识进行测试，评估员工对清廉金融的理解和掌握程度。同时，该行还对员工的行为进行定期检查和评估，对发现的违规行为进行严肃处理，确保清廉金融准则得到有效执行。

此外，上海浦东发展银行还建立了举报奖励机制，鼓励员工积极举报身边的违规行为，共同维护清廉的金融环境。对于举报属实的员工，该行将给予一定的奖励和表彰，激发员工参与清廉金融工作的积极性和主动性。

4. 加强合作共建，推动行业自律

上海浦东发展银行还积极与政府部门、监管机构以及行业协会等合作，共同推进清廉金融文化建设。该行与相关部门建立了良好的沟通机制，定期分享清廉金融工作的经验和做法，共同探讨解决行业中存在的问题和困难。同时，该行还积极参与行业自律组织的活动，推动行业自律标准的制定和执行，为整个金融行业的健康发展贡献力量。

5. 创新清廉金融教育形式，提高员工参与度

上海浦东发展银行在清廉金融教育工作中，不断创新教育形式，提高员工的参与度和学习效果。该行通过举办清廉金融知识竞赛、清廉金融主题演讲比赛等活动，激发员工学习清廉金融知识的热情和兴趣。同时，该行还利用微信公众号、短视频等新媒体平台，定期发布清廉金融教育资讯和案例，让员工们在轻松愉快的氛围中学习清廉金融知识。

6. 强化领导干部的示范引领作用

上海浦东发展银行充分认识到领导干部在清廉金融工作中的示范引领作用。因此，该行在加强员工清廉金融教育的同时，也注重提升领导干部的廉洁自律意识和能力。该行通过开展领导干部廉洁自律教育、签订廉洁承诺书等方式，强化领导干部的廉洁意识，确保他们在工作中能够发挥表率作用，带动全体员工共同营造清廉的金融环境。

通过以上措施的实施，上海浦东发展银行在清廉金融思想政治教育工作方面取得了显著成效。员工们的廉洁意识和职业道德水平得到了显著提升，违规违法行为得到了有效遏制，整个银行的经营环境更加健康、稳定。同时，该行也赢得了社会各界的广泛认可和赞誉，为金融行业的健康发展树立了良好的榜样。

（二）中国太平洋保险（集团）股份有限公司上海分公司廉政建设

中国太平洋保险（集团）股份有限公司上海分公司（以下简称“太平洋保险上海分公司”）作为国内领先的综合性保险服务提供商，在业务快速发展的同时，始终坚守清廉金融的底线，不断加强清廉金融思想政治教育工作，为公司的稳健发展和社会的和谐稳定提供了有力保障。

1. 构建完善的清廉金融教育体系

太平洋保险上海分公司深知清廉金融教育工作的重要性，因此，构建了完善的清廉金融教育体系。该体系以清廉金融为核心，涵盖了廉洁从业、诚信服务、风险防控等多个方面，旨在全面提升员工的廉洁意识和职业道德水平。

在教育内容上，太平洋保险上海分公司结合行业特点和公司实际情况，制定了一系列具有针对性的培训课程。这些课程既包括了对国家法律法规和公司内部规章制度的深入解读，也涵盖了对清廉金融理念和实践案例的生动讲解。通过系统的培训，使员工们能够全面了解和掌握清廉金融的相关知识，明确自己在工作中的职责和使命。

此外，太平洋保险上海分公司还注重将清廉金融教育贯穿于员工的日常工作中。通过定期的在线学习、专题研讨会等形式，使员工们能够时刻保持清醒的头脑，严守廉洁底线，确保业务操作的合规性。

2. 加强清廉金融文化建设

文化是一种软实力，对于提升员工的廉洁意识和职业道德具有重要作用。太平洋保险上海分公司注重将清廉金融文化融入公司的日常运营中，营造风清气正的工作环境。

一方面，该公司通过制作清廉金融宣传资料、设立清廉金融文化墙等方式，将清廉金融理念渗透到公司的每一个角落。这些宣传资料以图文并茂的形式展示了清廉金融的重要性和意义，使员工们在潜移默化中接受清廉金融文化的熏陶。

另一方面，太平洋保险上海分公司积极开展清廉金融主题活动，如清廉金融知识竞赛、廉洁从业演讲比赛等，激发员工参与清廉金融工作的热情和积极性。这些活动不仅丰富了员工的业余文化生活，而且提高了他们对清廉金融的认同感和参与度。

3. 强化监督考核机制

为了确保清廉金融教育工作落到实处，太平洋保险上海分公司建立了一套严格的监督考核机制。该机制以制度为保障，以执行为关键，确保清廉金融准则得到有效执行。

在制度方面，太平洋保险上海分公司制定了一系列与清廉金融相关的规章制度，明确了员工在业务操作中的行为规范。同时，该公司还建立了举报奖励机制，鼓励员工积极举报身边的违规行为，共同维护清廉的金融环境。

在执行方面，太平洋保险上海分公司定期对员工的清廉金融知识进行测试，评估员工对清廉金融的理解和掌握程度。对于发现的违规行为，该公司将依法依规进行严肃处理，绝不姑息迁就。通过严格的监督考核机制，确保清廉金融教育工作取得实效。

4. 深化内外部合作，共同推进清廉金融建设

太平洋保险上海分公司深知清廉金融建设不是一家之事，需要社会各界的共同参与和努力。因此，该公司积极深化内外部合作，共同推进清廉金融建设。

在内部合作方面，太平洋保险上海分公司加强与总部和其他分支机构的沟通协作，共同分享清廉金融工作的经验和做法，形成合力推动清廉金融文化的传播和实践。

在外部合作方面，该公司积极与政府部门、监管机构以及行业协会等建立良好的合作关系，共同推动清廉金融标准的制定和执行。同时，太平洋保险上海分公司还积极参与行业自律组织的活动，通过共同研究和探讨行业内的廉洁风险点和防控措施，推动整个行业的健康发展。

5. 创新清廉金融教育方式方法

太平洋保险上海分公司注重创新清廉金融教育方式方法，提高教育的针对性和实效性。该公司充分利用现代科技手段，如在线教育平台、虚拟现实技术等，打造沉浸式的清廉金融教育体验。员工们可以通过模拟场景、角色扮演等方式，深入了解清廉金融的重要性和实践要求，增强教育的吸引力和感染力。

此外，太平洋保险上海分公司还注重将清廉金融教育与业务实践相结合。通过案例分析、现场教学等方式，使员工们能够直观地了解清廉金融在业务操作中的具体应用和效果，提高教育的实用性和可操作性。

6. 发挥领导干部的示范引领作用

领导干部是清廉金融建设的关键力量。太平洋保险上海分公司高度重视领导干部在清廉金融工作中的示范引领作用，通过加强领导干部的廉洁自律教育、建立廉洁档案等方式，提升他们的廉洁意识和道德水准。同时，该公司还鼓励领导干部在日常工作中发挥表率作用，带动全体员工共同营造清廉的金融环境。

通过以上措施的实施，太平洋保险上海分公司在清廉金融思想政治教育工作方面取得了显著成效。员工们的廉洁意识和职业道德水平得到了显著提升，违规违法行为得到了有效遏制，整个公司的经营环境更加健康、稳定。同时，该公司也赢得了社会各界的广泛认可和赞誉，为金融行业的健康发展树立了良好的榜样。

然而，清廉金融思想政治教育工作是一项长期而艰巨的任务，需要持续不断地加强和改进。未来，太平洋保险上海分公司将继续深化清廉金融教育工作，探索更加有效的教育方法和手段，不断提升员工的廉洁从业意识和能力。同时，该公司还将加强与行业内外各方的合作与交流，共同推动清廉金融文化建设走向深入，为金融行业的稳健发展和社会的和谐稳定做出更大的贡献。

（三）上海证券有限责任公司廉政建设

上海证券有限责任公司作为国内知名的证券公司，在业务迅猛发展的同时，始终坚守清廉金融的底线，不断加强清廉金融思想政治教育工作，为公司的稳健发展和社会的和谐稳定提供了有力保障。以下将详细介绍上海证券有限责任公司清廉金融思想政治教育工作的内容、措施与成效。

1. 工作内容与目标

上海证券有限责任公司清廉金融思想政治教育工作的主要内容包括廉洁从业教育、诚信服务教育、风险防控教育等多个方面。其工作目标是通过系统性的教育，提高员工的廉洁意识，增强其职业道德，确保公司业务操作的合规性，从而维护公司的声誉和形象，促进公司的长远发展。

2. 建立完善的清廉金融教育体系

上海证券有限责任公司建立了一套完善的清廉金融教育体系，包括制订清廉金融教育计划、编写清廉金融教育教材、开展清廉金融培训课程等。该体系旨在确保员工全面了解和掌握清廉金融的相关知识，明确自己在工作中的职责和使命。

3. 开展形式多样的清廉金融教育活动

上海证券有限责任公司定期举办清廉金融知识讲座、廉洁从业演讲比赛、诚信服务案例分享会等活动，通过生动的案例和讲解，使员工深入理解清廉金融的重要性和意义。同时，公司还利用内部网站、微信公众号等平台，发布清廉金融教育资讯和文章，方便员工随时随地进行学习。

4. 强化实践教育，注重学以致用

上海证券有限责任公司注重将清廉金融教育与实践相结合，鼓励员工在实际工作中践行清廉金融理念。公司定期组织员工参与清廉金融实践活动，如清廉金融宣传周、廉洁从业主题日等，让员工在实践中深化对清廉金融的理解，提高实际操作能力。

5. 加强与监管机构的沟通与协作

上海证券有限责任公司积极与监管机构保持密切联系，及时了解最新的监管政策和要求，确保公司的清廉金融教育工作与监管要求保持一致。同时，公司还积极参与监管机构组织的清廉金融培训和交流活动，借鉴其他金融机构的先进经验，不断提升清廉金融教育工作水平。

6. 营造风清气正的工作环境

上海证券有限责任公司注重营造风清气正的工作环境，通过制定廉洁从业规范、设立廉洁举报机制等方式，确保员工在工作中能够坚守廉洁底线，远离腐败行为。同时，公司还加强内部监督，对违规行为进行严肃处理，维护公司的良好秩序。

7. 强化廉洁文化的传播与渗透

上海证券有限责任公司注重将廉洁文化融入公司的日常运营中，通过制作廉洁文化宣传资料、设立廉洁文化墙等方式，将廉洁理念渗透到公司的每一个角落。同时，公司还积极开展廉洁文化活动，如廉洁书画比赛、廉洁歌曲演唱等，增强员工对廉洁文化的认同感和归属感。

8. 建立严格的监督考核机制

上海证券有限责任公司建立了一套严格的监督考核机制，对员工在清廉金融方面的表现进行定期评估和考核。公司通过设立清廉金融考核指标、开展员工廉洁档案等方式，全面了解员工的廉洁从业情况，对发现的违规行为及时进行处理和纠正。

9. 实施奖惩制度，激励员工积极参与

上海证券有限责任公司制定了明确的奖惩制度，对在清廉金融方面表现突出的员工进行表彰和奖励，树立榜样和典型。同时，对于违反清廉金融规定的员工，公司将依法依规进行严肃处理，以儆效尤。这种奖惩分明的制度，有效激发了员工参与清廉金融工作的积极性和主动性。

10. 成效与影响

通过一系列清廉金融思想政治教育工作的实施，上海证券有限责任公司廉洁建设取得了显著的成效。员工的廉洁意识和职业道德水平得到了大幅提升，违规违法行为得到了有效遏制，整个公司的经营环境更加健康、稳定。同时，公司的业务也得到了稳健发展，客户满意度和市场竞争力得到了提升。

此外，上海证券有限责任公司的清廉金融思想政治教育工作也得到了社会各界的广泛认可和赞誉。公司成为行业内清廉金融的典范，为其他金融机构提供了宝贵的经验和借鉴。同时，公司还积极参与社会公益活动，推动清廉金融文化的传播和普及，为社会的和谐稳定做出了积极贡献。

（四）上海财经大学清廉金融思想政治教育工作的开展

随着金融行业的快速发展和金融市场的不断深化，清廉金融已经成为金融行业健康发展的重要保障。作为我国经济、金融的重要中心，上海在清廉金融建设方面一直走在前列。

上海财经大学作为一所历史悠久、声誉卓著的财经类高校，始终坚持以培养高素质金融人才为己任。近年来，随着金融行业对清廉金融要求的不断提高，学校深刻认识到清廉金融思想政治教育的重要性，因此，将清廉金融思想政治教育纳入人才培养体系，贯穿于教育教学的全过程。

1. 课程设置与教学内容创新

上海财经大学金融学院针对清廉金融思想政治教育，专门开设了相关课程，将清廉金融理念、法律法规、职业道德等内容融入课程教学中。课程内容既包括理论知识的讲解，也包括实际案例的分析，旨在帮助学生全面了解清廉金融的内涵和要求。同时，学校还邀请金融行业专家、监管机构代表等参与课程设计和教学，确保教学内容的时效性和针对性。

此外，学校还注重实践教学环节的设置。通过组织学生进行金融行业的实地调研、参与金融机构的实习项目等方式，让学生在实践中深化对清廉金融的理解，提高实际操作能力。这种理论与实践相结合的教学模式，有效提升了清廉金融思想政治教育的效果。

2. 校园文化建设与氛围营造

上海财经大学注重将清廉金融文化融入校园文化建设中，通过举办各种形式的活动，营造浓厚的清廉金融文化氛围。学校定期举办清廉金融主题讲座、演讲比赛、征文比赛等活动，吸引广大学生积极参与。这些活动不仅增强了学生对清廉金融文化的认同感和归属感，而且提高了他们的廉洁意识和职业道德水平。

同时，学校还利用校园媒体平台，如校园网站、微信公众号等，发布清廉金融教育资讯和文章，普及清廉金融知识，引导学生树立正确的价值观和职业观。这种全方位的宣传和教育方式，使得清廉金融理念深入人心，成为校园文化的重要组成部分。

3. 实践活动与志愿服务

上海财经大学积极组织学生参与清廉金融实践活动和志愿服务活动，让学生在实践中践行清廉金融理念。学校与金融机构合作开展清廉金融宣传周活动，组织学生走进社区、企业等基层单位，宣传清廉金融理念，普及金融知识。这些活动不仅提高了学生的社会责任感和公益意识，而且增强了他们对清廉金融重要性的认识。

此外，学校还鼓励学生参与金融行业的志愿服务项目，如扶贫济困、支教助学等。通过这些活动，学生能够将所学知识与实际工作相结合，为社会的和谐稳定贡献自己的力量。

上海财经大学通过一系列清廉金融思想政治教育工作的实施，取得了显著的成效。学生的廉洁意识和职业道德水平得到了大幅提升，对金融行业的认知和理解也更加深刻。同时，学校的清廉金融文化氛围日益浓厚，成为校园文化建设的一大亮点。此外，学校还培养了一批具有清廉金融素养的优秀金融人才，为上海乃至全国的金融行业输送了新鲜血液。

这些优秀的人才在金融行业中发挥着重要作用，他们不仅在工作中严格遵守法律法规和职业道德规范，而且积极传播清廉金融理念，推动整个行业的健康发展。他们的表现也得到了社会的广泛认可和赞誉，为上海财经大学赢得了良好的声誉。

（五）招商证券清廉金融文化建设实践

清正廉洁是中华民族的传统美德，也是中国共产党人的政治本色。习近平总书记在二十届中央纪委二次全会上指出："要在不想腐上巩固提升，更加注重正本清源、固本培元，加强新时代廉洁文化建设，涵养求真务实、团结奋斗的时代新风。"中共中央办公厅印发《关于加强新时代廉洁文化建设的意见》明确指出："必须站在勇于自我革命、保持党的先进性和纯洁性的高度，把加强廉洁文化建设作为一体推进不敢腐、不能腐、不想腐的基础性工程抓紧抓实抓好。”这些重要论述为新时代清廉金融文化建设指明了方向。

为全面贯彻落实党中央关于加强廉洁文化建设的要求，招商证券结合贯彻中央金融工作会议精神，积极探索具有招商证券特点的纪检监督新机制，以党的思想文化建设为清廉金融文化建设铸“魂”、以纪律教育工作为清廉金融文化建设立“根”、以廉洁共建工作机制为清廉金融文化建设强“基”，扎实有序培育清廉金融文化，进一步筑牢金融从业人员廉洁从业的思想防线。

一、积极推动党的思想建设、意识形态工作与企业文化建设深度融合，以思想文化建设引领清廉金融文化建设，引导员工坚定金融报国理想信念

一是把思想建设放在首位，坚定落实中央统一部署，扎实开展主题教育、党员思想教育、党史学习教育，持续抓好日常理论学习，帮助全体党员干部筑牢信仰之基、补足精神之钙、把稳思想之舵，引导干部员工不断提升政治判断力、政治领悟力、政治执行力，坚定金融报国理想信念。实践中，公司党委层面常态化开展党委会“第一议题”、中心组、读书班等学习，突出学习的系统性、深入性、全面性；基层党组织层面，在常态化开展“三会一课”学习的基础上，结合主题党日，以联合党员、主题研讨、党员讲党课、在线知识竞赛、红色基地参观、主题演讲比赛等员工喜闻乐见的方式深化理论学习，突出学习的参与性、日常性、丰富性，取得了实实在在的效果。

二是重视打造党建品牌，并将党建品牌建设与业务活动、经营管理相结合。持续深入开展“一支部一品牌，一组织一阵地，一党员一标杆”创建评选工作，号召基层党支部梳理提炼总结各自支部党建品牌，对应开展品牌深化建设，公司每年开展党建品牌评选和经验分享。如济南营业部党支部全力打造“齐鲁铁军”党建品牌，既注重培养党员干部听党话跟党走的朴素情感，又着力打造一个能打硬仗、纪律严明、业绩出色的优秀团队，生动体现了思想文化建设的基础性作用。

三是重视青年员工的思想教育，针对性开展主题活动和国情教育。以青年员工为重点对象，持续开展“培养健康情趣、崇尚简朴生活”主题活动，大力营造健康节俭氛围，坚决反对奢靡炫富之风；结合党员培训，组织党组织书记、党员骨干到贵州威宁、安徽石台等集团及公司对口帮扶县参访考察，深入了解当地经济民生和国资央企助力乡村振兴的生动实践，并组织青年调研团为当地政府提供专业咨询；持续推进青年支教团赴四川凉山、甘肃夏河山区小学开展支教助学活动，让青年员工在实践中接受国情教育，坚定金融报国理想，助力乡村振兴。

四是从中华优秀传统文化和百年招商文化中汲取营养，弘扬践行中国特色金融文化，以文化建设凝聚鼓舞员工。作为招商局集团旗下的央企券商，招商证券在传承百年招商局“招商血脉、海辽精神、蛇口基因”文化血脉的基础上，结合监管要求，通过修订企业文化共识、举办企业文化节、开展传统文化体验展示活动等多种形式，大力弘扬优秀传统文化，切实增进全体员工对中国特色金融文化的认知认同，将“五要五不”的实践要求内化于心、外化于行，守正笃实推进文化建设。

二、加强纪律教育，强化廉洁合规红线，提升员工职业操守

公司深刻把握证券行业文化建设要求，积极探索文化建设有益实践，构建富有招商特色的文化理念体系，把“只要合规和道德底线之上的业绩”写入《招商证券企业文化共识》，号召员工“永葆正直底色”，多措并举，厚植廉洁从业的文化氛围，持续提升公司员工廉洁意识，为公司稳健高质量发展注入动力。

一是分层分类，增强廉洁教育的针对性。公司每年召开全员纪律警示教育大会，结合典型案例，以案说纪、以案明纪。对公司内部违规违纪典型案例在全公司通报，以身边事教育身边人，发挥警示教育作用。梳理投行、自营、资产管理、证券经纪等重点业务的禁止行为，制定廉洁从业承诺书，公司领导带头，全体干部员工集体签署。开展投行业务违规违纪典型案例专项警示教育活动，组织保荐代表人现场签署依法合规履职尽责执业承诺书。针对分支机构开展专项警示教育培训，进一步提升分支机构员工廉洁自律意识，树立廉洁从业、合规操作的职业操守。针对子公司开展“廉洁风险防范”主题调研，深入了解其存在的突出问题并开展专项廉洁警示教育培训。开展新员工廉洁从业警示教育，帮助新员工扣好职业生涯第一粒纽扣。

二是创新形式，增强廉洁教育的感染力。充分运用新媒体手段，在公司内部开设“招证清风”微信公众号平台，通过多层次内容设计，以生动活泼、喜闻乐见的宣传形式，聚焦党风廉政建设、传递反腐倡廉声音，着力营造清廉向上的工作氛围。在 OA 党建专栏开设“党风廉政建设”子栏目，通过纪法学堂、案例警示等内容，引导广大干部员工认知规则底线、知悉行为后果。举办“清风杯”廉洁文化作品征集大赛活动，对优秀作品进行表彰并在“招证清风”微信公众号平台进行专题刊登，打造廉洁从业教育的生动课堂。

三是参与行业文化建设，积极践行行业廉洁文化使命。公司深度参与深圳市资本市场廉洁文化教育基地建设，牵头基地建设内容设计及培训课程制作；结合廉洁从业管理实践，开展行业课题研究，完成中国证券业协会 2022 年重点课题“证券行业廉洁文化建设研究”及深圳证券业协会 2022 年重点课题“证券行业廉洁从业的内涵与外延浅析”；参与中国证券业协会制度修订工作，配合撰写《证券经营机构及其工作人员廉洁从业实施细则》（以下简称《实施细则》）实施情况评估报告，对《实施细则》具体内容的修订提出意见建议。

三、建立“廉洁共建”工作机制，努力构建“大监督”格局，完善反腐倡廉制度体系

公司纪检监察部门党支部结合实际，自 2021 年 10 月起，先后与各相关单位部门支部陆续开展廉洁共建活动。支部共建活动以贴近实际、贴近群众的方式，让廉洁教育更“走心”，不断增强廉洁文化的吸引力、渗透力和影响力，大力营造弘扬廉洁文化的浓厚氛围。

一是案例警示，以案为鉴知敬畏。在廉洁共建活动中，播放金融行业生动鲜活的案例警示教育片，讲解发生在身边的反面“活教材”，以身边事教育身边人。“案中人”的教训极其深刻，非常有代入感，使警示教育效果更直接、更生动、更震撼，教育引导共建单位干部员工摒弃看客心态、破除侥幸心理，常思贪欲之害、常怀律己之心，时时绷紧党纪国法之弦。

二是制度宣导，纪律意识再提升。在廉洁共建活动中，对公司纪检监察重要制度进行解读，如廉洁从业管理办法、问责管理规定、违规违纪行为处理规定、容错纠错实施办法及澄清正名规定等，从制定目的、制度的意义及主要内容等方面进行深入浅出的讲解，让员工加深对公司纪检监察相关制度规定的认知和理解，提高员工学习制度、遵守制度和执行制度的自觉性，为制度有效执行打下坚实的基础。

三是交流座谈，相互学习促发展。在廉洁共建活动中，公司纪检监察部门与各单位就党建工作、业务发展、廉洁从业管理等方面进行深入的交流与沟通，取长补短、互通有无。通过座谈交流，进一步明确了共建目标和责任分工，形成优势互补、火力交叉的监督格局，补齐党风廉政建设中的工作短板，消除全面从严治党的监督盲区，共同构建廉洁从业的长效机制，为公司持续健康发展提供有力的纪律保证。

清廉金融文化建设是一项长期而艰巨的任务。未来，招商证券将继续坚持党建引领，持续分层分类开展廉洁从业教育，从源头抓好治理，注重运用新媒体、新形式，不断提升教育的针对性和实效性，把廉洁从业理念贯穿到公司各项工作中去，夯实廉洁文化底蕴，推动公司党风廉政建设迈上新台阶，助力行业文化健康发展。

参 考 文 献

[1] 安起雷.金融系统廉政工作的难点及对策 [J].党建研究，2011（5）：45-46.
[2] 白卫星.中国经济学人物研究 [M].太原：山西经济出版社，2021.
[3] 鲍展斌，沈雯.货币中的哲理故事 [M].杭州：浙江工商大学出版社，2022.
[4] 毕晓莹，迟晓静.红色基因 信念篇 [M].济南：泰山出版社，2021.
[5] 卜宪群.谈谈我国历史上的廉洁文化 [EB/OL].（2024-02-17） [2024-04-01].https://theory.gmw.cn/2024-02/17/content_37147980.html.
[6] 蔡燕辉.回归金融本源 守住风险底线 [J].经济，2020（12）：34.
[7] 陈昊.严查金融风险背后的腐败问题 [EB/OL].（2021-01-23）[2024-04-01].https://www.ccdi.gov.cn/yaowen/202101/t20210123_234520.html.
[8] 陈育程.金融诈骗犯罪与诈骗罪的竞合问题研究 [D].厦门：华侨大学，2017.
[9] 陈志法."清廉文化大家庭"打造清廉金融文化 涵养良好金融生态 [EB/OL].（2020-12-23）[2024-04-01].http://www.cbimc.cn/zt/2020-12/23/content_375959.html.
[10] 陈志法.推进政治警示教育树牢金融监管精神 [J].中国银行业，2021（11）：101-104+6.
[11] 程继隆.激浊扬清：习近平引经据典论廉政 [M].北京：中国方正出版社，2015.
[12] 褚红素.金融伦理与职业道德 [M].上海：立信会计出版社，2019.
[13] 丁灿.国际银行业金融犯罪监管：案例研究与经验启示 [J].金融监管研究，2017（4）：46-57.
[14] 丁海丽.对金融院校大学生进行金融伦理教育必要性探究 [J].思想政治教育研究，2012（10）：247-248.
[15] 丁宗平.浅谈金融行业廉政工作文化建设 [J].现代金融，2020（6）：54-55.
[16] 段慧芳，张哲.新时代地方金融企业廉政建设助力实体经济高质量发展研究 [J].中国市场，2022（29）：46-48.
[17] 范金民.中国古代的商业是如何发展？ [EB/OL].（2020-08-17） [2024-04-01].https://chiculture.org.hk/sc/china-five-thousand-years/2104.
[18] 范仁碧.廉洁从心开始 [EB/OL].（2017-08-21） [2024-04-01].https://www.ccdi.gov.cn/lswh/shijian/201708/t20170811_121670.html.
[19] 冯鹏志.以文化自信培育新时代廉洁文化 [J].中国纪检监察，2019（24）：39-40.
[20] 顾海峰，闫君.互联网金融对银行盈利的影响：一个文献综述 [J].征信，2019（2）：79-84.
[21] 韩亚栋.学习领会十九届四中全会精神完善权力运行制约和监督机制 [EB/OL].（2019-11-10）[2024-04-01].https://www.ccdi.gov.cn/special/sjjzyjw4cqh/jiedu_sjj4cqh/201911/t20191111_204083.html.
[22] 黄良谋.金融腐败的机理分析与防治策略 [J].海南金融，2006（11）：57-61.
[23] 黄琪.清廉金融文化落地实施方式探究——以银行业金融机构合规管理工作为载体 [J].辽宁广播电视大学学报，2021（2）：82-95.

[24] 姜弘.高校金融人才培养伦理教育实践性建设思考 [J].经济研究导刊，2018 (26)：131－132.
[25] 蒋晓春.积极发挥法律监督作用服务保障金融产业健康发展 [J].人民检察，2022，(23)：41.
[26] 教育部等八部门关于加快构建高校思想政治工作体系的意见 [EB/OL].(2020－04－22) [2024－04－01].https://www.gov.cn/zhengce/zhengceku/2020－05/15/content_5511831.html.
[27] 金剃刀评论.中国金融改革与发展的历程 [EB/OL].(2018－06－27) [2024－04－01].https://www.sohu.com/a/238058859_100009200.
[28] 李峰.培植清廉文化 打造清廉银行 [EB/OL].(2020－11－02) [2024－04－01].http://www.xysyhyxh.cn/infodisp.asp?id=766.
[29] 李洪峰.中国古代的廉政思想 [EB/OL].(2013－12－18) [2024－04－01].https://www.ccdi.gov.cn/yaowen/201312/t20131218_128934.html.
[30] 李张光.充分发挥廉洁教育基础作用 [EB/OL].(2020－05－23) [2024－04－01].https://www.ccdi.gov.cn/yaowenn/202305/t20230523_265600.html.
[31] 厉以宁，辜胜阻，高培勇，等.中国经济学 70 年：回顾与展望——庆祝新中国成立 70 周年笔谈（下）[J].经济研究，2019，54 (10)：4－23.
[32] 刘少军.金融法学 [M].北京：中国政法大学出版社，2016.
[33] 刘伟.当前中国金融面临的机遇和挑战 [EB/OL].(2021－01－27) [2024－04－01].https://www.sohu.com/a/447018363_120815451.
[34] 刘颖.百年先锋 | 毛泽民：从韶山冲走出来的“红色管家”[EB/OL].(2021－11－04) [2024－04－01].https://mp.weixin.qq.com/s/PFUTcKyNrKH2eKaRloADRA.
[35] 楼民展.对清廉文化建设的思考 [N].中国纪检监察报，2018－11－22 (6).
[36] 吕松锋.以廉政文化助力全面从严治党 [N].中国纪检监察报，2019－06－13 (6).
[37] 吕炜，靳继东.始终服从和服务于社会主义现代化强国建设——新中国财政 70 年发展的历史逻辑、实践逻辑与理论逻辑 [J].管理世界，2019，35 (09)：1－15.
[38] 马克斯·韦伯.新教伦理与资本主义精神 [M].简惠美，译.上海：上海三联书店，1987.
[39] 潘光伟.清廉金融文化建设必须以行业共同的价值观为根本推动力 [J].中国银行业，2021 (10)：10－15+6.
[40] 濮旭.始终坚持金融工作的政治性和人民性 [EB/OL].(2022－05－13) [2024－04－01].http://www.banyuetan.org/dfgc/detail/20220513/1000200033136151652409923831474014_1.html.
[41] 卿定文.金融伦理研究的现代进展 [J].湖南师范大学社会科学学报，2009 (2)：24－28.
[42] 芮晓鸥.金融监管 紧跟时代发展 筑牢安全底线 [J].中国金融家，2018 (12)：39－40.
[43] 瑞·达利欧.债务危机 [M].北京：中信出版社，2019.
[44] 史宁，初铁华，王雪超.强化金融高校大学生金融伦理教育的探究 [J].中国外资，2013 (4)：70.
[45] 史全伟.永久的感动——走近老一辈革命家·风范篇 [M].福州：福建少年儿童出版社，2022.
[46] 是说新语.学习总书记关于金融工作的重要论述 [EB/OL].(2021－01－27) [2024－04－01].http://www.qstheory.cn/laigao/ycjx/2022－05/25/c_1128681857.htm.
[47] 孙国祥.金融合规是金融犯罪的治理之策 [J].人民检察，2022，(23)：39.
[48] 唐松.新中国金融改革 70 年的历史轨迹、实践逻辑与基本方略——推进新时代金融供给侧改革，构建强国现代金融体系 [J].金融经济学研究，2019，34 (06)：3－6.
[49] 万凯.廉洁故事 | 陈云：严于律己 清正廉洁的典范 [EB/OL].(2023－09－29) [2024－04－01].https://mp.weixin.qq.com/s/v_L5－t8OUKBoPIdodycoaA.
[50] 王标兵.金融系统廉政工作的难点及对策 [J].现代金融，2020 (2)：44－46.
[51] 王路曼.“富可敌国”的山西票号——迷思与现实 [EB/OL].(2023－03－03) [2024－04－01].https://www.thepaper.cn/newsDetail_forward_22095184.

[52] 王曙光.金融伦理学 [M].北京：北京大学出版社，2011.
[53] 王曙光.《金融伦理学》的缘起、旨趣、方法与框架 [EB/OL].（2011-09-14）[2024-04-04].http://culture.efnchina.com/show-2228-52745-1.html.
[54] 魏占辰.经济“总司令”买不起一个烧饼——董必武与中国人民银行的成立 [EB/OL].（2021-06-25）[2024-04-01].https://mp.weixin.qq.com/s/in3jBEynaeUaw1Q66NX9eA.
[55] 习近平.习近平谈治国理政（第三卷）[M].北京：外文出版社，2020.
[56] 习近平在十九届中央纪委四次全会上发表重要讲话 [EB/OL].（2020-01-13）[2024-04-01].https://www.ccdi.gov.cn/special/sjj4cqh/tpxw_sjjzy4cqh/202001/t20200113_207650.html.
[57] 杨文佳，侯颗. 惩治金融腐败和防控金融风险一体推进打掉“老鼠”护住“玉盘”[EB/OL].（2021-09-27）[2024-04-01].https://www.ccdi.gov.cn/yaowen/202109/t20210927_251281.html.
[58] 杨志勇.新中国财政政策 70 年：回顾与展望 [J].财贸经济，2019，40（09）：21-34.
[59] 佚名.无欲则刚的王安石之“倡言‘三不足’变法留青史”[EB/OL].（2022-08-18）[2024-04-01].https://mp.pdnews.cn/Pc/ArtInfoApi/article? id=30680744.
[60] 张绍红，吕新发.金融廉政文化研究 [M].长春：吉林大学出版社，2022.
[61] 张维迎.博弈论和信息经济学 [M].上海：上海人民出版社，1996.
[62] 赵雷.浅谈新形势下清廉金融文化推动金融业高质量发展的重要性 [EB/OL].（2020-11-02）[2024-04-01].http://www.xysyhyxh.cn/infodisp.asp? id=765.
[63] 赵晓舟.中国金融之治：清廉金融文化建设 [EB/OL].（2020-06-08）[2024-04-01].http://www.dameishaanxi.com/news/20200608/4391.htm.
[64] 赵修彬.“五廉一体”推进清廉金融文化建设 [EB/OL].（2023-04-03）[2024-04-01].http://www.cbimc.cn/content/2023-04/03/content_480724.html.
[65] 郑永年.关键时刻中国改革何处去 [M].北京：东方出版社，2014.
[66] 中国人民银行金融稳定分析小组.中国金融稳定报告 2014 [R].北京：中国金融出版社，2014.
[67] 中国社会科学院经济研究所.中国经济报告：迈向现代化新征程 [R].北京：中国社会科学出版社，2021.
[68] 钟纪言.以立足新的历史方位担当尽责 [J].理论导报，2020（3）：51-52.
[69] 钟覃琳，陆正飞，袁淳.反腐败、企业绩效及其渠道效应——基于中共十八大的反腐建设的研究 [J].金融研究，2016（9）：161-176.
[70] 周建波，孙圣民，张博，等.佛教信仰、商业信用与制度变迁——中古时期寺院金融兴衰分析 [J].经济研究，2018（06）：186-198.
[71] 卓志，陈育林.清廉金融 [M].成都：西南财经大学出版社，2021.
[72] Donna J. Wood. Corporate Social Performance Revisited [J]. Academy of Management Review, 1991, 16 (4): 691-718.
[73] Eric Rasmusen.Games and Information: An Introduction to Game Theory [M]. 2nd ed. Cambridge: Blackwell, 1994.
[74] Fanfani A.. Catholicism, Protestantism, and Capitalism [M]. New York: Sheed and Ward, 1939.
[75] Wartick Steven Leslie, Philip L.Cochran. The Evolution of the Corporate Social Performance Model [J]. Academy of Management Review, 1985, 10 (4): 758-769.

跋

写给《清廉金融：从大学迈入实践前沿的人生基石》

青年兴则国家兴，青年强则国家强。当前，我们党正团结带领人民以中国式现代化全面推进强国建设、民族复兴伟业。当代中国青年生逢其时，是推进中国式现代化的重要力量。青年人尤其是高校学子作为历史的接棒人，除了掌握自身的业务、专业知识外，还要有理想、有担当、能吃苦、肯奋斗，更要具备清正廉洁的品质。2021 年 9 月 1 日，习近平总书记在中央党校（国家行政学院）中青年培训班开班式上讲话指出：“一些年轻干部前脚刚踏上仕途，后脚就走入歧途，刚成为单位骨干或走上领导岗位就陷入贪腐，不是晚节不保，而是早节就没有保住。大家要引以为戒，时刻绷紧纪律规矩这根弦。”

习近平总书记多次强调金融安全是国家安全的重要组成部分，是总体国家安全观的重要组成部分。然而，金融腐败与金融风险相互交织，严重威胁金融安全。惩治腐败是治标之策，真正治本还需文化的浸润。2022 年，中共中央办公厅印发《关于加强新时代廉洁文化建设的意见》，指出必须站在勇于自我革命、保持党的先进性和纯洁性的高度，把加强廉洁文化建设作为一体推进不敢腐、不能腐、不想腐的基础性工程抓紧抓实抓好，为推进全面从严治党向纵深发展提供重要支撑。在“不想腐”意识的形成中，廉洁文化和职业操守起到相当重要的作用。

为了加强对年轻干部的教育管理监督，坚决斩断“前腐后继”的代际传递，让年轻人引以为戒，不走弯路，健康茁壮成长，国家金融监督管理总局上海监管局与上海各高校签订合作备忘录，推进清廉金融文化进高校，设立廉洁文化大讲堂，旨在通过鲜活的案例给年轻人上一堂生动的廉洁教育课，推动年轻人更好地系好人生的“第一粒扣子”。

《清廉金融：从大学迈入实践前沿的人生基石》，是国家金融监督管理总局上海监管局与上海财经大学推进局校合作总体框架下的重要合作项目，是把清廉金融与高校思政课程相结合的重要举措，对学校培养堪当民族复兴重任的财经领域优秀人才具有十分重要的意义，对培养有金融报国理想和情怀的金融后备人才具有十分重要的意义。该书以习近平新时代中国特色社会主义思想为指导，以习近平总书记关于金融工作的重要论述贯穿始终，挖掘了中国优秀传统文化中关于清廉金融的观念、典故和要求，详细阐述了中国革命史中的红色金融基因与传承，中国改革开放与发展中清廉金融的初心与使命；也从实践与操作层面，论述了金融行业的职业道德、合规风控要求以及从业人员行为规范。通过理论与实践的结合统一，为指导金融从业者及在校学生预防金融犯罪、树立清廉金融意识提供了综合性参考，帮助教育引导广大金融专业学生和金融从业人员学思想、见行动，增强责任感和使命感，塑造良好的职业道德，提高防范金融风险的本领。

习近平总书记在省部级主要领导干部推进金融高质量发展专题研讨班上的重要讲话，提出要积极培育中国特色金融文化，提出“五要五不”，即“诚实守信，不逾越底线；以义取利，不唯利是图；稳健审慎，不急功近利；守正创新，不脱实向虚；依法合规，不胡作非为”，对推进金融高质量发展具有重要意义。在中央金融工作会议上，习近平总书记指出要增强上海国际金融中心的竞争力和影响力。清廉金融文化是上海国际金融中心的鲜明底色，如何擦亮底色，为上海国际金融中心建设提供良好的营商环境，是金融监管部门、高校及社会各界需要共同思考和研究的课题。相信通过共同努力，引导金融机构和广大金融从业者坚持以人民为中心的价值取向，树立正确的金融观、发展观和服务观，共同助推金融业高质量发展，走稳、走顺、走宽中国特色金融发展之路，金融强国建设目标定能早日实现。

国家金融监督管理总局上海监管局
党委书记、局长王俊寿
2024 年 6 月